新能源纯电动汽车
常用维修资料

XINNENGYUAN CHUNDIANDONG QICHE
CHANGYONG WEIXIU ZILIAO
SUCHA

速查

顾惠烽 等编著

化学工业出版社

·北京·

本书介绍了市面上常见的新能源纯电动汽车主流车型的维修资料，以国产纯电动汽车为主、进口车为辅进行，包括比亚迪、北汽、长安、荣威、宝马、特斯拉等。重点介绍各类车型纯电动汽车的维修相关数据，包括工作原理、系统组成、技术参数、检查诊断、故障代码、线束及传感器、电路图、关键零件的拆装等。

全书图表结合、图文并茂、资料新颖、实用便查，有利于读者快速查阅新能源纯电动汽车维修相关数据，提高日常工作效率。

图书在版编目（CIP）数据

新能源纯电动汽车常用维修资料速查/顾惠烽等编著．—北京：化学工业出版社，2019.3
ISBN 978-7-122-33651-4

Ⅰ.①新⋯　Ⅱ.①顾⋯　Ⅲ.①电动汽车-维修　Ⅳ.①U469.72

中国版本图书馆CIP数据核字（2019）第003650号

责任编辑：黄　滢　刘　琳　　　　　　　　　装帧设计：王晓宇
责任校对：张雨彤

出版发行：化学工业出版社（北京市东城区青年湖南街13号　邮政编码100011）
印　　刷：三河市延风印装有限公司
装　　订：三河市宇新装订厂
787mm×1092mm　1/16　印张16¼　字数423千字　2019年4月北京第1版第1次印刷

购书咨询：010-64518888　　　　　　　　　　售后服务：010-64518899
网　　址：http://www.cip.com.cn
凡购买本书，如有缺损质量问题，本社销售中心负责调换。

定　　价：88.00元　　　　　　　　　　　　　　　　　　　版权所有　违者必究

前言
Preface

新能源汽车是指采用非常规的车用燃料作为动力来源（或使用常规的车用燃料、采用新型车载动力装置），综合车辆的动力控制和驱动方面的先进技术，形成技术原理先进，具有新技术、新结构的汽车。

新能源汽车包括纯电动汽车、增程式电动汽车、混合动力汽车、燃料电池电动汽车、氢发动机汽车以及其他新能源汽车等。目前我国应用最广泛的是纯电动汽车和混合动力汽车。

纯电动汽车（Blade Electric Vehicles，BEV）是一种采用单一蓄电池作为储能动力源的汽车。它利用蓄电池作为动力源向电机提供电能，驱动电机运转，从而推动汽车行驶。新能源纯电动汽车技术相对简单成熟，可以说只要有电力供应的地方都能够充电，因而发展速度非常快。

混合动力汽车（Hybrid Electric Vehicle，HEV）是指驱动系统由两个或多个能同时运转的单个驱动系统联合组成的车辆，车辆的行驶功率依据实际的车辆行驶状态由单个驱动单独或多个驱动系统共同提供。混合动力汽车是我国发展最早的一种新能源汽车。

本书介绍新能源纯电动汽车的常用维修资料。编写原则是与传统汽油车差别不大的内容一带而过、相近的内容简要介绍、不同的内容重点介绍。

全书按照国内新能源纯电动汽车的主流车型进行分类，以国产纯电动汽车为主、进口车为辅，涉及的车型主要有比亚迪 E5、E6、北汽 E150EV、EV160/EV200、宝马 i3、吉利帝豪 EV300、特斯拉 ModelX、荣威 E50 等。每种车型按照驱动电机系统、动力电池系统、高压电控系统、充电系统、电池管理系统、空调系统的顺序分别进行介绍。

驱动电机系统部分，重点介绍驱动电机的维修说明、故障诊断、拆装与安装、线束和传感器电路图等内容。

动力电池系统部分，重点介绍动力电池的技术参数、故障代码、故障检查、电池接口及接插件引脚定义、电路图、拆装作业、操作注意事项等内容。

高压电控系统部分，重点介绍高压电控箱（盒）的故障代码、接口定义、拆装操作、电路图、故障检查与诊断排除等内容。

充电系统部分，重点介绍充电系统的接口定义、技术参数、故障诊断、拆装作业、电路图、充电流量传递、充电机规格、故障代码等内容。

电池管理系统部分，重点介绍电池管理系统的接口定义、故障代码、监测数据、电脑板拆装、电路图、故障诊断等内容。

空调系统部分，重点介绍空调系统的工作原理、系统组成、接口定义、故障代码及诊断、故障检查、关键零件的拆装、电路图等内容。

全书图表结合、图文并茂，以资料新颖、实用便查为特色。技术参数、故障代码、故障诊断方法步骤等内容，尽量安排到表中进行介绍，清晰直观，便于对照理解；接口定义、拆装操作、电路图等内容则是以图片辅以简洁的文字形式进行介绍，图片与文字内容互为补充，通俗易懂。

有利于读者快速查阅新能源纯电动汽车维修相关数据和维修操作方法、要领，提高日常工作效率。

本书由顾惠烽、罗永志、冼绕泉、杨沛洪、彭川、陈浩、刘晓明、李金胜、钟民安、杨立、郑启森、潘平生、冼锦贤、王兴、周迪培、刘春宁、丘会英、黄木带、顾森荣、张运宇编著。 在编写过程中参考了相关文献、资料及原车维修手册，在此一并表示感谢！

由于笔者水平有限，书中不妥之处在所难免，敬请广大读者批评指正。

编著者

目录 Contents

第1章 驱动电机系统 1

- 1.1 比亚迪 E5 纯电动汽车 / 1
- 1.2 比亚迪 E6 纯电动汽车 / 8
- 1.3 北汽 EV150 纯电动汽车 / 14
- 1.4 北汽 EV160/EV200 纯电动汽车 / 21
- 1.5 长安逸动纯电动汽车 / 25
- 1.6 荣威 E50 纯电动汽车 / 30
- 1.7 吉利帝豪 EV300 纯电动汽车 / 38
- 1.8 宝马 i3 纯电动汽车 / 46
- 1.9 特斯拉 Model X 纯电动汽车 / 56

第2章 动力电池系统 59

- 2.1 比亚迪 E5 纯电动汽车 / 59
- 2.2 比亚迪 E6 纯电动汽车 / 63
- 2.3 北汽 E150EV 纯电动汽车 / 67
- 2.4 北汽 EV160/EV200 纯电动汽车 / 73
- 2.5 荣威 E50 纯电动汽车 / 77
- 2.6 吉利帝豪 EV300 纯电动汽车 / 85
- 2.7 宝马 i3 纯电动汽车 / 94
- 2.8 特斯拉纯电动汽车 / 98

第 3 章 高压电控系统
101

3.1 比亚迪 E5 纯电动汽车 / 101
3.2 比亚迪 E6 纯电动汽车 / 110
3.3 北汽 E150EV 纯电动汽车 / 121
3.4 北汽 EV160/EV200 纯电动汽车 / 127
3.5 长安逸动纯电动汽车 / 137
3.6 荣威 E50 纯电动汽车 / 144
3.7 吉利帝豪 EV300 纯电动汽车 / 151
3.8 宝马 i3 纯电动汽车 / 161
3.9 特斯拉纯电动汽车 / 165

第 4 章 充电系统
169

4.1 比亚迪 E5 纯电动汽车 / 169
4.2 比亚迪 E6 纯电动汽车 / 173
4.3 北汽 E150EV 纯电动汽车 / 177
4.4 北汽 EV160/EV200 纯电动汽车 / 182
4.5 长安逸动纯电动汽车 / 186
4.6 荣威 E50 纯电动汽车 / 188
4.7 吉利帝豪 EV300 纯电动汽车 / 192
4.8 宝马 i3 纯电动汽车 / 204
4.9 特斯拉 Model X 纯电动汽车 / 206

5.1 比亚迪 E5 纯电动汽车 / 210

5.2 比亚迪 E6 纯电动汽车 / 215

5.3 吉利帝豪 EV300 纯电动汽车 / 218

第5章
电池管理系统
210

6.1 比亚迪 E5 纯电动汽车 / 222

6.2 比亚迪 E6 纯电动汽车 / 227

6.3 北汽 E150EV 纯电动汽车 / 233

6.4 北汽 EV160/EV200 纯电动汽车 / 238

6.5 荣威 E50 纯电动汽车 / 241

第6章
空调系统
222

第 1 章 驱动电机系统

1.1 比亚迪 E5 纯电动汽车

1.1.1 驱动电机简介

依靠内置传感器来提供电机的工作信息,这些传感器包括以下装置。

旋转变压器:用以检测电机转子位置,控制器解码后可以获知电机转速。

温度传感器:用以检测电机的绕组温度,控制器可以保护电机避免过热。

驱动电机技术参数如表 1-1-1 所示。

表 1-1-1

电机最大输出扭矩	310N·m	电机重量	65kg
电机最大输出功率	160kW	螺纹胶型号	赛特 242
电机最大输出转速	12000r/min	密封胶型号	耐油硅酮密封胶 M-1213 型
电机散热方式	水冷		

1.1.2 驱动电机维修说明

(1)电机内部

维修装配时都要清洁电机内部,不能有杂质(图 1-1-1)。

(2)密封处

❶ 彻底清洗接合面。

❷ 接合面一定要涂抹密封胶(耐油硅酮密封胶 M-1213 型)。接合面:接线盒盖与箱体、端盖与箱体接合处。

❸ 铭牌要用 AB 胶涂抹接合处。

(3)卡环

❶ 勿过分扩张卡环,以免使其变形。如果变形,需要更换。

❷ 确保卡环完全卡入环槽。

图 1-1-1

(4)螺栓

电机上所有的螺栓要用螺纹胶赛特 242 涂抹紧固。如果螺栓有裂纹或者损坏,应及时更换。螺栓拧完扭矩后用油漆笔作标记。

(5) 轴承

❶ 安装轴承前要用轴承加热器加热所用的轴承 80s。

❷ 安装过程中，采用规定的工装进行操作。

❸ 同样尺寸的轴承外圈与内圈不可以更换。

(6) 装配时用润滑油处

❶ 三相动力线束总成与箱体装配孔装配时涂抹润滑油。

❷ O 形圈与箱体装配时涂抹润滑油。

❸ 密封盖与盖板装配时要涂抹润滑油。

❹ 旋变接插件、温控接插件与箱体装配时涂抹润滑油。

1.1.3 驱动电机故障诊断

电机运行常见故障及维修方法见表 1-1-2。

表 1-1-2

原因	维修方法
电机自身故障	
电源电压过低	调整电压到所需值
电机过载	减轻负载后再启动
机械卡住	检查后先停车解除机械锁止然后再启动电机
电机运行温升高	
负载过大	减轻负载
电机扫堂	检查气隙及转轴、轴承是否正常
电机绕组故障	检查绕组是否有接地、短路、断路等故障，给与排除
电源电压过高、过低或三相不平衡	检查电源调整电压值，使其符合要求
电机运行时振动过大	
定子三相电压不对称	检查电源供三相电平衡
铁心转配不平衡	重新拧紧拉紧螺杆或在松动的铁心片中打入楔子固定
定子绕组并联支路中某支路断裂	检查直流电阻，查处后焊接
定转子气隙不均	调整电机气隙，使其均匀
电机底座和基础板不坚固	坚固电机地脚螺栓，加强基础
联轴器松动	拧紧连接螺栓，必要时更换螺栓
转轴弯曲	进行调直或更新
转子磁极松动	检查固定键，重新紧固
负载不平衡	检查机械负载故障并排除
机组定中心不好	重新定中心
基础自由振动频率与电机的振动频率接近	改变基础的自由振动频率，使两者不产生共振
转子不平衡	作平衡检查试验

1.1.4 驱动电机拆装

(1) 拆卸前的检查和试验

电机拆卸前，要熟悉电机结构特点和检修技术要领，准备好拆卸所需工具和设备。另外，要清理现场工具，电机外表吹风清扫干净。

向用户了解电机运行情况，必要时，也可作一次检查试验。将电机空转，测出空载电流和空载损耗，同时检查电机各部温度、声响、振动等情况，并测出电压、电流、转速等数据，这些情况和数据对检修后的电机质量检查有帮助。

另外，在切断电源情况下测出电机的绝缘电阻和直流电阻值，对于高压电机还可测出泄漏电流值，以备与检修后进行比较。

以上检查和试验数据要详细记录下来。

(2) 旋变接插件拆卸与维修

❶ 当旋变接插件处出现问题时，需要对旋变接插件进行拆卸维修。在拆分过程中，请注意保护好所有零部件，防止零部件被意外损坏（图 1-1-2）。

❷ 用扳手将 M6×10 六角头螺栓 1 拧下来。

❸ 将旋变接插件 2 取出来，斜口钳将旋变接插件中间部分取下。

❹ 取新的旋变接插件连上旋变引线端插件，在旋变接插件装配面涂上一层润滑油，箱体配合孔也涂上一层润滑油。再将旋变接插件插入后箱体配合孔内。最后将 M6×10 六角头螺栓 1 拧上，扭力为 12N·m。

(3) 温控接插件拆卸与维修

❶ 当温控接插件处出现问题时，需要对温控接插件进行拆卸维修。在拆分过程中，请注意保护好所有零部件，防止零部件被意外损坏（图 1-1-3）。

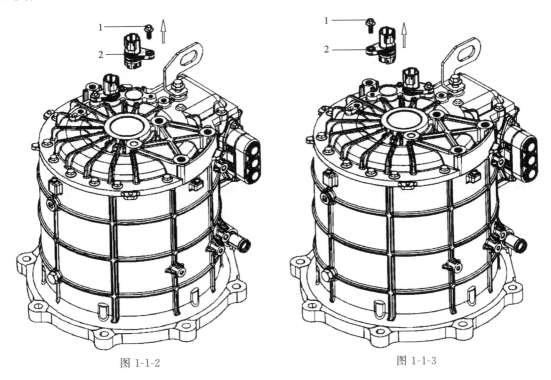

图 1-1-2　　　　　　　　　　　　图 1-1-3

❷ 用扳手将 M6×10 六角头螺栓 1 拧下来。

❸ 将温控接插件 2 取出来，斜口钳将温控接插件中间部分取下。

❹ 取新的温控接插件连上旋变引线端插件，在温控接插件装配面涂上一层润滑油，箱体配合孔也涂上一层润滑油。再将温控接插件插入后箱体配合孔内。最后将 M6×10 六角头螺栓 1 拧上，扭力为 12N·m。

(4) 通气阀拆卸与维修

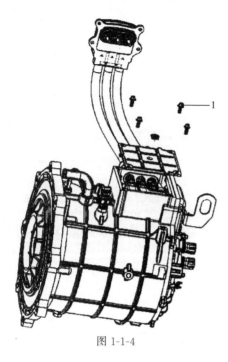

❶ 当通气阀处出现问题时,需要对通气阀进行拆卸维修。在拆分过程中,请注意保护好所有零部件,防止零部件被意外损坏(图1-1-4)。

❷ 将固定接线盒盖的M6×16六角头螺栓1拧下,去除接线盒盖,通气阀就在接线盒盖上。

❸ 用工具夹住通气阀的卡环将通气阀取下来。

❹ 取新的通气阀,均匀用力,将通气阀压入接线盒的安装孔上,压到位刚好卡住。

❺ 安装接线盒盖时,先在箱体接合面处涂抹上密封胶,盒盖凸点对应机壳的凸点装配,用12N·m的力矩拧紧M6×16六角头螺栓1。

(5)电机骨架油封拆卸与安装

当电机骨架油封处需要维修时,就要更换电机骨架油封。

利用工具取出油封后,更换新油封,在安装之前要用润滑油在骨架油封处和壳体配合处涂抹。利用专用工具把油封向里压紧,千万不能硬砸硬冲。

(6)电机端盖拆卸与安装

图1-1-4

当电机机壳内部零部件出现问题时,需要对电机端盖进行拆卸。在拆卸端盖前,要检查紧固件是否齐全,并记录损伤情况,以免在装配过程中有紧固件遗落在电机内部。拆下的小零件应配在一起,放在专用零件箱内,便于装配(图1-1-5)。拆卸端盖时,螺栓取下后要用专用的台架将轴的花键端顶起(转子与端盖是一体的)。

具体拆卸过程如下。

❶ 用扳手将法兰面螺栓扭下。

❷ 用专用工具将端盖从壳体上取下来。由于之前装端盖时在接合面处涂抹了密封胶,在端盖拆下后要对电机内部进行清洁,不得让异物掉入电机内部。

❸ 电机内部维修完毕后,要对端盖进行安装。安装端盖时,先在箱体接合面处涂抹上密封胶。

❹ 利用定位销对端盖与箱体进行定位,然后用扭力扳手将M8×30法兰面螺栓1拧紧,力矩25N·m。

(7)电机内部零部件拆卸与修理

当电机端盖拆下后,就可以修理壳体内部零部件。

(8)滚动轴承的拆卸与安装

由于拆卸滚动轴承时会磨损配合表面,降低配合强度,所以不应轻易拆卸轴承。在检修中,遇到下列情况时才需拆卸滚动轴承(图1-1-6)。

❶ 修理或更换有故障的轴承。

❷ 轴承已超过使用寿命,需更换。

❸ 更换其他零部件时必须拆下轴承。

❹ 轴承安装不良,需重新装配。

从轴上拆轴承时,应使轴承内圈均匀受力;从轴承室拆轴承时,应使外圈均匀受力。热套的轴承因过盈量大,不允许改用冷拆办法。因为这样做不但拆卸困难,同时也会损伤轴承配合精度，增大轴承噪声，所以必须采用热拆法。

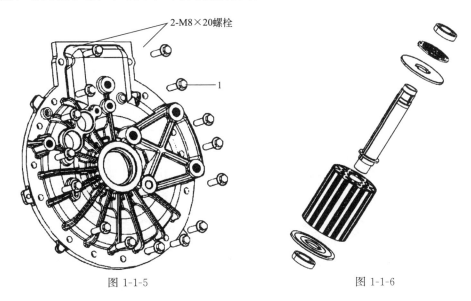

图 1-1-5　　　　　　　　　　　　图 1-1-6

（9）电机转子拆卸与安装

❶ 当电机转子损坏需要维修时，就要把电机转子取出。

❷ 利用提转子工具取出电机转子 1，再维修电机转子。维修完后装配转子再安装端盖（图 1-1-7）。

  注意

直接用手抽出转子，较重的转子要考虑起重工具和起重设备。为了一次抽出转子，在检修现场往往是在短轴端塞入一个"假轴"，将轴接长，便可一次抽出转子。

（10）三相动力线束拆卸与安装

❶ 拆卸前。将电机平放于工作台上，使其平稳放置，确保拆分时的电机安全。

❷ 拆卸维修。当三相动力线束需要维修时，先对接线盒盖进行拆卸。用扳手将固定三相动力线束和接线座铜排的螺栓 1 拧下。将固定三相动力线束法兰的 M6×16 六角头螺栓拧下，拔出三相动力线束 2 维修。（拔出时注意不要损坏三相动力线束）（图 1-1-8）。

❸ 维修完毕后，再将三相动力线束涂抹润滑油装入箱体。将 M6×16 六角头螺栓涂螺纹胶固定三相动力线束法兰。然后用螺栓 1 将三相线端子固定在接线座铜排上。

❹ 再对接线盒盖进行安装。安装盒盖时，先在箱体接合面处涂抹上密封胶，然后用扭力扳手将 M6×16 螺栓扭紧。

（11）电机定子拆卸与安装

❶ 当电机定子损坏需要维修时，就要把电机定子取出。

❷ 拆卸维修。用扳手将固定接线座铜排和定子引出线的螺栓 2 拧下（图 1-1-9）。用扳手将固定定子六角头螺栓（M8×194）1

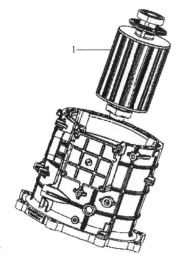

图 1-1-7

拧下。将定子 3 从电机内取出维修。

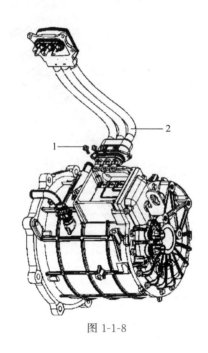
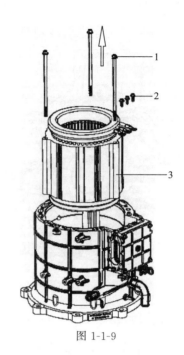

图 1-1-8　　　　　　　　　图 1-1-9

❸ 后续处理。维修完毕后，将电机定子装入电机内，将螺栓 2 用 12N·m 力矩拧紧。将六角头螺栓（M8×194）1 用 25N·m 力矩拧紧。

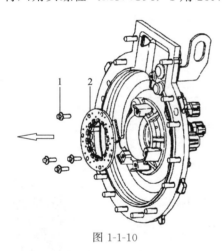

图 1-1-10

安装端盖时，先在箱体接合面处涂抹上密封胶，利用定位销对端盖与箱体进行定位，然后用扭力扳手将 2 个 M8×20 法兰面螺栓和 13 个 M8×30 法兰面螺栓拧紧。

（12）电机旋变定子拆卸与安装

❶ 当旋变定子需要维修时，对箱体端盖进行拆卸，电机的旋变就安装在端盖上（图 1-1-10）。

❷ 用扳手将螺栓 1 拧下，将定子引出线从旋变接插件中拔出后取出旋变定子 2。

❸ 维修完旋变定子后，就可以安装后端盖了。

（13）密封环拆卸与安装

❶ 拆卸。在拆卸密封环之前要确保电机水道内冷却液排放干净（图 1-1-11）。将电机旋变接插件端朝下平放，在入水管通上气压，而出水管道堵塞密封。利用气压将密封环带 O 形圈 1、2 压出后箱体。

❷ 维修与安装。将密封环带 O 形圈或水道筋进行维修或更换。将维修好的密封环带 O 形圈或水道筋涂抹润滑油进行安装。安装完毕后进行水压密封性测验。

（14）电机装配注意事项

❶ 电机装配前，要清扫定子、转子内外表面尘垢，并用沾汽油的棉布擦拭干净。清除电机内部异物和浸漆留下的漆瘤，特别是机座和端盖止口上的漆瘤和污垢，一定要用刮刀或铲刀铲除干净，否则影响电机装配质量。

❷ 检查槽楔、齿压板、绕组端部绑扎和绝缘块是否松动和脱落，槽楔和绑扎的五纬带或绑扎绳是否高出铁心表面。铁心通风沟要清洗干净，不得堵塞。绕组绝缘和引线绝缘以及出线盒绝缘应良好，不得损伤。绝缘电阻值不应低于规定，还要检查装配零部件是否齐全。检查后要用30MPa左右的压缩空气吹净电机铁心和绕组上的灰尘。最后按与拆卸时相反的顺序进行电机装配工作。

（15）滚动轴承的装配

❶ 原来是热套装的轴承，在装配时仍要采用热套配合，不要改冷套配合，否则会使轴承在运转时产生噪声、发热，缩短使用寿命。通常5号机座以下的小型电机是采用冷压入的。

❷ 套装滚动轴承前，要检查轴承内圈与轴径配合公差以及轴承外圈与端盖轴承座的配合公差。同时还要检查轴承、轴颈、端盖轴承座三者配合的表面粗糙度。

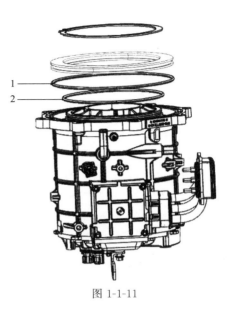

图 1-1-11

❸ 装配滚动轴承时，要先把内轴承盖涂好润滑脂套入轴内，然后再套装轴承。在轴颈上薄薄涂上一层机油，便可着手装配轴承。采取铜棒敲打内轴承办法会使轴承内圈受力不均，装配质量不高，所以原则上不允许采取此方法。

❹ 热套配合前，先要仔细检查轴承与轴颈的配合尺寸，因为热套与冷套不同，热套过程中不易发觉轴颈的配合公差和过盈程度是否适宜，而冷套过程中可以根据套入过程的压紧力大小间接判断出配合过盈量是否合适。热套前将轴承加热至100℃左右，非密封轴承可在机油中煮5min左右，立即将轴承套入轴颈上。对于密封式轴承，因内部已涂满润滑脂，不要用油煮加热，可用电加热法将轴承加热后套在轴上。

❺ 装配轴承时，要使轴承带型号的一面朝外，以便检修更换时方便。

（16）电机故障

❶ 电机启动前的准备工作。

a. 做好励磁装置的调试工作。调试和整定好灭磁、脉冲、投励、移相等装置。调试好之后，要检查各装置环节工作是否正常。

b. 检查电机定子回路控制开关、操纵装置是否可靠，各保护系统是否正常。

c. 电机在起动前，首先应采用风压为0.196～0.294MPa的干燥压缩气体对电机进行吹风清扫工作，检查绕组绝缘表面等。

d. 检查冷却系统，检查铁心状况，如通水管道是否打开，水压是否正常，冷却器和管道有无漏水现象。

e. 检查轴承和润滑系统，要求轴承内油质清洁。

f. 清扫和检查起动设备，清查电机和附属设备有无他人正在工作。

g. 测试电机和控制设备的绝缘电阻，并与上次值相对照，应不低于上次测量值的50%～80%。

❷ 电机运行中的维护检查。

维护人员必须按照有关专业规程和管理制度对电机进行正确的检查和操作，使电机能安全可靠地运行。同时要按规定做好巡回检查，如电机各部温度、振动、噪声和气味等检查工作。一般电机运行中的检查内容如下。

a. 三相电压不平衡不应大于5%。

b. 轴承最高温度：滚动轴承为95℃，滑动轴承为75℃。

c. 用温度计法测量，绕组与铁心的最高温升不应超过105K（H级绝缘）。

d. 环境温度：最低为5℃，最高为35℃。长期停用的电机要保存在温度在5～15℃的环境中。

e. 空气相对湿度应在75%以下。

❸ 停机后的检查。

a. 电机停转后，要进行吹风清扫工作，详细检查绕组绝缘有无损伤，引线绝缘是否完好。

b. 零部件是否有松动。转子支架和机械零部件是否有开焊和裂缝现象，磁轭紧固磁极螺栓、穿芯螺栓是否松动，最后检查轴承状态。

1.1.5　驱动电机三相线束、温度传感器、旋变传感器电路图

驱动电机三相线束、温度传感器、旋变传感器电路图如图1-1-12所示。

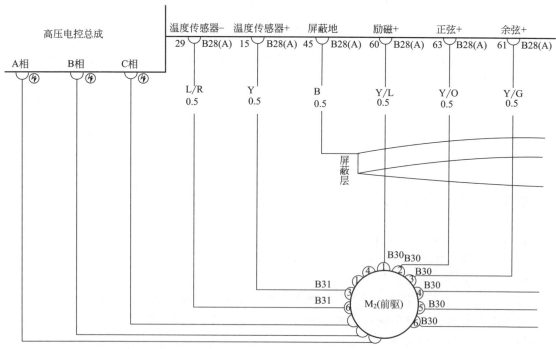

图 1-1-12

1.2　比亚迪E6纯电动汽车

1.2.1　驱动电机简介

驱动电机技术参数如表1-2-1所示。

表 1-2-1

电机最大输出扭矩	450N·m	螺纹胶型号	赛特 242
电机最大输出功率	120kW	密封胶型号	耐油硅酮密封胶 M-1213 型
电机最大输出转速	7500r/min	电机润滑油量	2L
电散热水式	水冷	润滑油型号	美孚 ATF220
电机重量	88.5kg		

1.2.2 驱动电机维修说明

(1) 电机内部

❶ 维修装配时都要清洁电机内部，不能有杂质。

❷ 电机在修理后，若电机内部润滑油不够 2L，电机内部则需要加足 2L 的美孚 ATF220 润滑油（保证电机内部有 2L 的美孚 ATF220 润滑油）（图 1-2-1）。

(2) 密封处

❶ 彻底清洗接合面。

❷ 接合面一定要涂抹密封胶（耐油硅酮密封胶 M-1213 型）。接合面：注油塞螺纹、排油塞螺纹、端盖与箱体接合处。

❸ 通气阀、铭牌要用 AB 胶涂抹接合处。

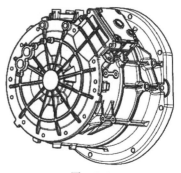

图 1-2-1

(3) 卡环

❶ 勿过分扩张卡环，以免使其变形。如果变形，需要更换。

❷ 确保卡环完全卡入环槽。

(4) 螺栓

电机上所有的螺栓要用螺纹胶赛特 242 涂抹紧固（除固定三相动力线束与定子三相引出线的外六角螺栓 M6×16 _ GB/T5782-4000 外）。如果螺栓有裂纹或者损坏，应及时更换。螺栓扭紧后用油漆笔作标记。

(5) 轴承

❶ 安装轴承前要用轴承加热器加热所用的轴承 80s。

❷ 安装过程时，采用规定的工装进行操作。

❸ 同样尺寸的轴承外圈与内圈不可以更换。

(6) 装配时用润滑油处

❶ 三相动力线束总成与箱体装配孔装配时涂抹润滑油。

❷ O 形圈与箱体装配时涂抹润滑油。

❸ 骨架油封与盖板装配时要涂抹润滑油。

❹ 旋变接插件、温控接插件与箱体装配时涂抹润滑油。

1.2.3 驱动电机故障诊断

MG2 电机回路故障诊断检查步骤如下。

(1) 检查线束

❶ 拔下 VTOG 控制器 B32 连接器。

❷ 拔下 MG2 电机 B22、B23 连接器。

❸ 根据图 1-2-2 和表 1-2-2 测量线束端连接器各电阻。

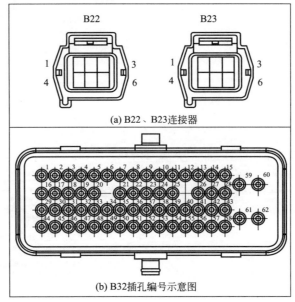

图 1-2-2

表 1-2-2

端子	线色	端子	线色
B32-19→B23-1	O	B32-42→B22-4	Y/G
B32-4→B23-4	Lg	B32-4→B22-4	L/W
B32-1→B22-1	Y/L	B32-17→B22-5	L/O
B32-16→B22-4	Y/O	B33-31→B22-6	Gr

注：正常值为小于 1Ω。

如果异常，则更换线束或连接器；如果正常，则使用诊断仪诊断。

（2）使用诊断仪诊断

❶ 用诊断仪检查电机控制器和 MG2 电机。

❷ 对照（表 1-2-3）更换相应的组件。

表 1-2-3

结果	进行	结果	进行
VTOG 电机控制器故障	A（更换电机控制器）	MG2 电机故障	B（更换 MG2 电机）

1.2.4 驱动电机拆装

（1）拆卸前的检查和试验

❶ 电机拆卸前，要熟悉电机结构特点和检修技术要领，准备好拆卸所需工具和设备。另外，要清理现场工具，电机外表吹风清扫干净。

❷ 向用户了解电机运行情况，必要时，也可作一次检查试验。将电机空转，测出空载电流和空载损耗，同时检查电机各部温度、声响、振动等情况，并测出电压、电流、转速等

数据，这些情况和数据对检修后的电机质量检查有帮助。

❸ 另外，在切断电源情况下测出电机的绝缘电阻和直流电阻值，对于高压电机还可测出泄漏电流值，以备与检修后进行比较。

❹ 以上检查和试验数据要详细记录下来。

（2）旋变接插件拆卸与维修

当旋变接插件处出现问题时，需要对旋变接插件进行拆卸维修。在拆分过程中，请注意保护好所有零部件，防止零部件被意外损坏。

❶ 拆卸前。打开排油塞 2，将电机内的润滑油排放干净（图 1-2-3 中 1 为 ϕ14 垫圈）。清洁排油塞和后箱体装配孔，排油塞涂抹密封胶，再用扳手拧紧排油塞 2 于后箱体上，防止在拆卸过程中，异物掉入电机内。

❷ 拆卸维修（图 1-2-4）。

a. 用扳手将 M6×20 六角头螺栓 1 拧下来。

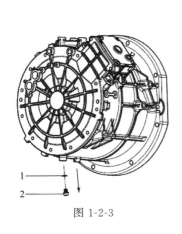
图 1-2-3

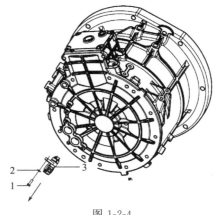
图 1-2-4

b. 将旋变接插件 3 取出来，斜口钳将旋变接插件中间部分取下。

c. 取新的旋变接插件连上旋变引线端插件，在旋变接插件装配面涂上一层润滑油，箱体配合孔也涂上一层润滑油。再将旋变接插件插入后箱体配合孔内。最后将 M6×20 六角头螺栓 1 带平垫圈 2 扭上，扭力为 12N·m。

❸ 加润滑油。打开注油塞 1，其中 2 为 ϕ20 垫圈（图 1-2-5），清洁注油塞和箱体装配孔（不让杂物进入电机内）。用漏斗将 2L 润滑油从箱体注油孔注入电机内。注完润滑油后，用扳手将注油塞带 ϕ20 垫圈固定箱体上（注油塞要用密封胶涂抹）。

（3）温控接插件拆卸与维修

当温控接插件处出现问题时，需要对温控接插件进行拆卸维修。在拆分过程中，请注意保护好所有零部件，防止零部件被意外损坏。

❶ 拆卸前（图 1-2-3）。打开排油塞 2，将电机内的润滑油排放干净（1 为 ϕ14 垫圈）。清洁排油塞和后箱体装配孔，排油塞涂抹密封胶，再用扳手拧紧排油塞 2 于后箱体上，防止在拆卸过程中，异物掉入电机内。

❷ 拆卸维修（图 1-2-6）。

a. 用扳手将 M6×20 六角头螺栓 1 拧下来。

b. 将温控接插件 3 取出来，斜口钳将温控接插件中间部分取下。

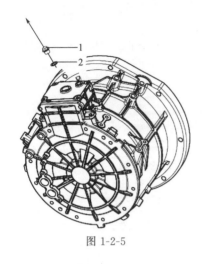
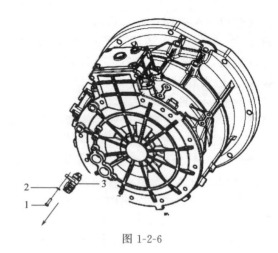

图 1-2-5　　　　　　　　　　　　图 1-2-6

c. 取新的温控接插件连上旋变引线端插件，在温控接插件装配面涂上一层润滑油，箱体配合孔也涂上一层润滑油。再将温控接插件插入后箱体配合孔内。最后将 M6×20 六角头螺栓 1 带平垫圈 2 扭上，扭力为 12N·m。

❸ 加润滑油（图1-2-5）。打开注油塞 1，其中 2 为 ϕ20 垫圈，清洁注油塞和箱体装配孔（不让杂物进入电机内）。用漏斗将 2L 润滑油从箱体注油孔注入电机内。注完润滑油后，用扳手将注油塞带 ϕ20 垫圈固定箱体上（注油塞要用密封胶涂抹）。

（4）通气阀拆卸与维修

当通气阀处出现问题时，需要对通气阀进行拆卸维修。在拆分过程中，请注意保护好所有零部件，防止零部件被意外损坏。

❶ 拆卸前。打开排油塞 2，将电机内的润滑油排放干净。清洁排油塞和后箱体装配孔，排油塞涂抹密封胶，再用扳手拧紧排油塞 2 于后箱体上，防止在拆卸过程中，异物掉入电机内。

❷ 拆卸维修。

a. 用专用工具将通气阀取下来。

b. 取新的通气阀涂上一层 AB 胶，再用装通气阀工装将通气阀装到箱体上。

❸ 加润滑油。打开注油塞 1，其中 2 为 ϕ20 垫圈，清洁注油塞和箱体装配孔（不让杂物进入电机内）。用漏斗将 2L 润滑油从箱体注油孔注入电机内。注完润滑油后，用扳手将注油塞带 ϕ20 垫圈固定箱体上（注油塞要用密封胶涂抹）。

（5）电机骨架油封拆卸与安装

当电机骨架油封处需要维修时，就要更换电机骨架油封。利用工具取出油封后，更换新油封，在安装之前要用润滑油在骨架油封处和壳体配合处涂抹。利用专用工具把油封向里旋转压紧，千万不能硬砸硬冲。

（6）电机端盖拆卸与安装

当电机机壳内部零部件出现问题时，需要对电机端盖进行拆卸。在拆卸端盖前，要检查紧固件是否齐全，并记录损伤情况，以免在装配过程中有紧固件遗落在电机内部。拆下的小零件应配在一起，放在专用零件箱内，便于装配。

拆卸端盖时，一定要考虑到端盖一端拆下后，转子会倾斜下沉，使另一端轴承承受损伤，解决的办法是轴端用千斤顶顶上或在转子尚未沉下时，垫上胶板垫。

具体拆卸过程如下。

❶ 用扳手将法兰面螺栓拧下。
❷ 用专用工具将端盖从壳体上取下来。由于之前装端盖时在接合面处涂抹了密封胶，在端盖拆下后要对电机内部进行清洁，不得让异物掉入电机内部。
❸ 当电机内部维修完毕后，要对端盖进行安装。安装端盖时，先在箱体接合面处涂抹上密封胶，利用定位销对端盖与箱体进行定位，然后用扭力扳手将 M8×35 法兰面螺栓 1 拧紧（图 1-2-7）。

（7）滚动轴承的拆卸与安装
由于拆卸滚动轴承时会磨损配合表面，降低配合强度，所以不应轻易拆卸轴承。在检修中，遇到下列情况时才需拆卸滚动轴承（图 1-2-8）。

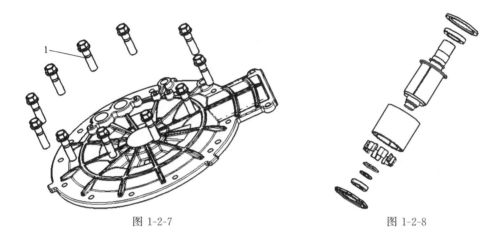

图 1-2-7　　　　　　　　　　　图 1-2-8

❶ 修理或更换有故障的轴承。
❷ 轴承已超过使用寿命，需更换。
❸ 更换其他零部件时必须拆下轴承。
❹ 轴承安装不良，需重新装配。

从轴上拆轴承时，应使轴承内圈均匀受力；从轴承室拆轴承时，应使外圈受力均匀。热套的轴承因过盈量大，不允许改用冷拆办法。因为这样做不但拆卸困难，同时也会损伤轴承配合精度，增大轴承噪声，所以必须采用热拆法。

（8）电机转子拆卸与安装
当电机转子损坏需要维修时，就要把电机转子取出（图 1-2-9）。利用提转子工具取出电机转子 1，再维修电机转子。维修完后装配转子再安装端盖。

 注意

直接用手抽出转子，较重的转子要考虑起重工具和起重设备。为了一次抽出转子，在检修现场往往是在短轴端塞入一个"假轴"，将轴接长，便可一次抽出转子。

（9）三相动力线束拆卸与安装
❶ 拆卸前。将电机平放于工作台上，使其平稳放置，确保拆分时的电机安全。
❷ 拆卸维修。当三相动力线束需要维修时，先对接线盒盖进行拆卸。如图 1-2-10 所示，用扳手将固定三相动力线束和定子引出线的螺栓 1 拧下，取走弹垫和平垫圈。将固定三相动力线束法兰的 M6×20 六角头螺栓拧下拔出三相动力线束 2 维修（拔出时注意不要损坏三相

动力线束)。

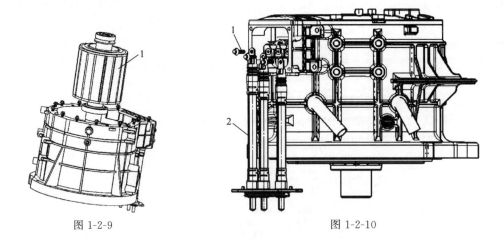

图 1-2-9   图 1-2-10

1.2.5 驱动电机三相线束、温度传感器、旋变传感器电路图

驱动电机三相线束、温度传感器、旋变传感器电路图如图 1-2-11 所示。

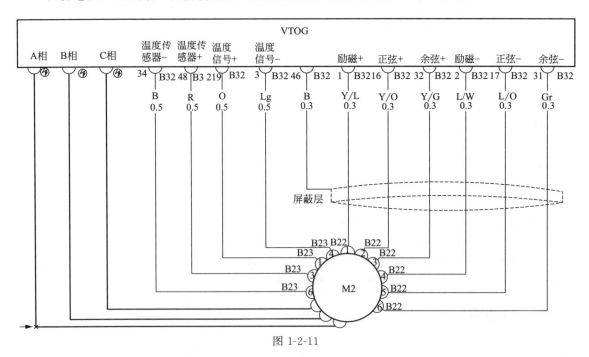

图 1-2-11

1.3 北汽 EV150 纯电动汽车

1.3.1 驱动电机简介

驱动电机系统包括驱动电机本体和电机控制器,驱动电机主要由定子、转子和其他部分组成。

（1）技术特点

电动汽车使用的驱动电机通常要求能够频繁地启动、停车，加速、减速。低速行驶或爬坡时要求电机高转矩运行，高速行驶时要求驱动电机低转矩运行，变速范围要大。

对电动汽车驱动电机性能的要求有以下几点。

❶ 要有 4~5 倍的过载能力，满足短时内加速行驶与最大爬坡度的要求。
❷ 最高转速应能达到基速的 3~5 倍。
❸ 要求驱动电机高功率密度和高效率，即在较宽的转速和转矩范围内都有较高的效率。
❹ 可控性高，稳态精度高，动态性能好且能够多机协调运行。
❺ 在较恶劣的环境中也能够正常工作。
❻ 制动再生效率高。

（2）技术参数

驱动电机技术参数如表 1-3-1 所示。

表 1-3-1

项目	参数	项目	参数
类型	永磁同步电机	峰值扭矩/(N·m)	144
额定功率/kW	20	额定转速/(r/min)	3000
峰值功率/kW	45	最高转速/(r/min)	9000
额定扭矩/(N·m)	64	冷却方式	强迫循环水冷

1.3.2 驱动电机故障代码（DTC）及定义

驱动电机 DTC 故障清单如表 1-3-2、表 1-3-3 所示。

表 1-3-2

故障代码	定义	故障代码	定义
P0519	电机超速保护故障	P1280	电机过热故障
P0520	电机温度传感器短路故障	P1793	电机发电模式失效故障
P0772	电机系统生命信号故障		

表 1-3-3

DTC	DTC 定义	DTC 检测条件	DTC 触发条件	可能的故障原因
P0519	电机超速保护故障	钥匙门至 ON/START 挡	电机旋变线束信号断路	电机旋变线束或接插件故障
P0520	电机温度传感器短路故障	钥匙门至 ON/START 挡	①电机温度传感器 ②电机温度传感器线束短路	①电机温度传感器损坏 ②电机传感器线束或接插件故障
P0772	电机系统生命信号故障	钥匙门至 ON/START 挡	①供电电源 ②电机总线 CAN 线束	①供电电源熔丝熔断或线束故障 ②电机总线 CAN 线束故障
P1280	电机过热故障	钥匙门至 ON/START 挡	散热系统	①冷却液不足 ②冷却系统堵塞 ③散热风扇不工作 ④水泵工作异常
P1793	电机发电模式失效故障	钥匙门至 ON/START 挡	电机控制器	①电机控制器 ②MCU 线束或接插件故障 ③电机控制器损坏

1.3.3 驱动电机故障诊断

(1) 准备工作

❶ 在进行下列步骤之前，确认蓄电池电压为正常电压。

❷ 将车钥匙置于 OFF 挡。

❸ 将诊断仪 BDS 连接至车辆诊断接口上。

❹ 将车钥匙置于 ON 挡。

❺ 用诊断仪读取和清除 DTC。

如果检测到 DTC，则说明车辆有故障，请进行相应的诊断步骤。如果没有检测到 DTC，则说明先前检测到的故障为偶发性故障。

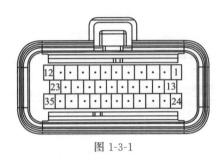

图 1-3-1

(2) P0519（电机超速保护故障）

❶ 断开低压蓄电池负极电缆，断开电机旋变插头 T35 和电机控制器插头 T12（图 1-3-1、图 1-3-2）。

❷ 测量电机旋变插头 T35 的针脚至电机控制器针脚（1-12、2-11、3-35、4-34、5-2、6-22）之间导线是否出现断路/短路情况。如果是，则进行线路维修。如果否，则检查电机端插头及电机控制器端插头是否出现退针情况，如有，维修或更换。

(3) P0520（电机温度传感器短路故障）

❶ 测量电机旋变插头（电机温度传感器）T12 的针脚至电机控制器 T35 针脚（1-7、2-8）之间导线是否导通（图 1-3-1、图 1-3-2）。如果是，则更换电机温度传感器，排除故障。如果否，则进行下一步。

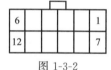

图 1-3-2

❷ 测量电机旋变插头（电机温度传感器）T12 的针脚至电机控制器 T35 针脚（1-7、2-8）之间导线是否出现断路/短路情况。如果是，则维修导线。如果否，则检查电机端插头及电机控制器端插头是否出现退针情况，如有，维修或更换。

(4) P0772（电机系统生命信号故障）

❶ 测量电机控制器插头 T35 的针脚 29、30、32、33 电源是否正常（图 1-3-3、图 1-3-4）。如果是，则进行下一步。如果否，则检查电源熔丝及线束、接插件，排除故障。

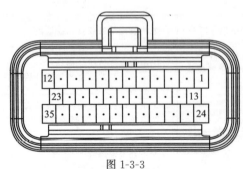

图 1-3-3

❷ 测量电机控制器插头 T35 的针脚至整车控制器 T81 的针脚（3-8、15-9）之间导线。如果是，则更换电机控制器，排除故障。如果否，则检查电机端插头及电机控制器端插头是否出现退针情况，如有，维修或更换。

(5) P1280（电机过热故障）

❶ 目测冷却液高度。首先检查散热水箱冷却液高度（正常应加满），然后检查冷却液补水壶内的冷却液高度是否在补水壶上下线刻度中间位置。如果是，则加注冷却液或检查漏点进行修复。如果否，则进行下一步。

❷ 检查水泵是否工作。如果是，则进行下一步。如果否，则将车钥匙置于 ON 挡，测量

水泵插头 T2d 的 1、2 针脚。如有 12V 电压，更换水泵，如无，修复线束或熔丝（图 1-3-5）。

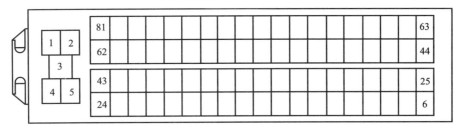

图 1-3-4

❸ 检测散热风扇是否工作。如果是，则清理散热水道。如果否，则检修散热风扇系统。

（6）P1793（电机发电模式失效故障）

❶ 测量电机控制器插头 T35 的 1、24 针脚有无供电。如果是，则更换电机控制器。如果否，则进行下一步。

❷ 检查电机控制器熔丝是否熔断。如果是，则更换熔丝。如果否，则进行下一步。

❸ 测量电机控制器插头 T35 的 1 针脚与低压熔丝盒 FU12（电机控制器保险）之间导线是否出现断路/短路情况（图 1-3-6）。如果是，则维修导线。

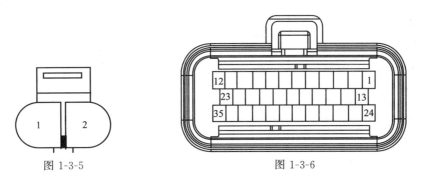

图 1-3-5　　　　　　　　图 1-3-6

如果否，则测量电机控制器插头 13 的 24 针脚与车身搭铁插头是否出现断路/短路情况，并维修导线。

1.3.4 驱动电机拆装

（1）标准力矩参数（表 1-3-4）

表 1-3-4

名称	力矩/(N·m)	名称	力矩/(N·m)
驱动电机与变速器总成安装螺栓、螺母	25～30、9～11	右悬置总成与右悬置总成安装支架螺母	65±5
变速器总成与左悬置总成安装螺栓、螺母	85～90、95～105	电机控制器与二层支架安装螺栓	25～30
左悬置总成与左横梁总成安装螺栓	85～90	二层支架与左横梁安装螺栓	20～25
驱动电机与右悬置总成安装螺栓	50～55	二层支架与右横梁安装螺栓	20～25

（2）拆卸

❶ 将车钥匙置于 OFF 挡并关闭所有用电器。

❷ 断开蓄电池低压负极电缆。
❸ 使用可回收加氟机将空调系统中的氟进行回收。
❹ 拧开散热水箱盖。

 注意

当冷却系统仍处于烫热状态时，勿打开散热器盖，否则热的蒸汽或沸腾的冷却液会从散热器中飞溅出来对人体造成伤害。

❺ 将车辆举升。
❻ 用一字螺丝刀撬下前机舱下挡板的 13 个固定卡扣和紧固螺栓 1，取下前机舱下挡板（图 1-3-7）。紧固螺栓 1 拧紧力矩：8~10N·m。
❼ 松开散热器冷却液排放开关，排放冷却液（图 1-3-8）。

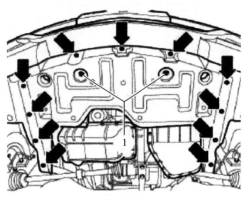

图 1-3-7

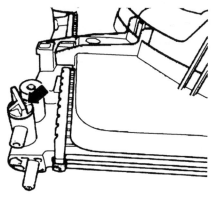

图 1-3-8

❽ 将车辆放下，拆卸蓄电池。
❾ 拆卸蓄电池托盘。
❿ 拔下电机控制器低压线束。
⓫ 用专用工具拆下电机控制器高压线束插头 HTD、HTC、HTU1、HTV1、HTW（图 1-3-9）。
⓬ 拆下冷却液进、出水口连接软管的卡箍，拔下连接软管。

 注意

拆装过程中电机控制器内会有少量冷却液流出，注意采取措施避免冷却液洒落到高压线上。

⓭ 拆下电机控制器的固定螺栓并拿下。
⓮ 拔掉空调压缩机高、低压接插件。
⓯ 旋松车轮的固定螺母，卸下轮胎。螺母拧紧力矩：(110±10)N·m。
⓰ 将传动轴六角螺母的锁止卡解锁。
⓱ 拧出传动轴总成六角螺母。螺母拧紧力矩：(245±15)N·m。

⑱ 拔下驱动电机低压线束插头。
⑲ 拆下 2 个卡子，将驱动电机悬变线束从车身上分离。
⑳ 拧下驱动电机搭铁线（图 1-3-10）。

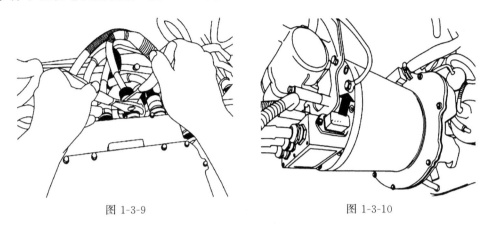

图 1-3-9　　　　　　　　　　图 1-3-10

㉑ 拆下空调压缩机高低压空调管及固定螺栓（图 1-3-11）。
㉒ 松开钢带型弹性环箍，将进、出水管从驱动电机上拔下，拆下进、出水管。
㉓ 松开左右前悬下摆臂主销的锁紧螺母，将左右前悬下摆臂从转向节上脱开。锁紧螺母拧紧力矩：(66±6)N·m。
㉔ 拆下制动钳托架固定螺栓。螺栓拧紧力矩：(80±10)N·m。

注意

取下制动钳总成并用钢丝固定，避免制动软管承受制动钳的重量损坏。

㉕ 从转向节上取下制动盘。
㉖ 用专用工具 SST 90636 取下左右轴头，将驱动轴脱开（图 1-3-12）。

提示

可用铁棍别住轴头，防止转动。

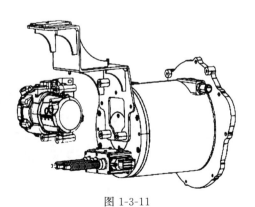
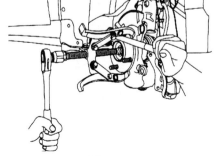

图 1-3-11　　　　　　　　　　图 1-3-12

㉗ 用撬棍将驱动轴从变速器中撬出，拔下左右两个驱动轴。
㉘ 拆下后悬置软垫。
㉙ 松开后悬置软垫 4 的固定螺栓 5，但不要取下（图 1-3-13）。
㉚ 旋出后悬置软垫 1 的固定螺栓 2 和固定螺栓 3，取下后悬置软垫 1（图 1-3-13）。固定螺栓 2 和 3 的拧紧力矩：25～30N·m。
㉛ 旋出后悬架软垫 4 的固定螺栓 5。固定螺栓 5 的拧紧力矩：25～30N·m。
㉜ 取下后悬置软垫 4。
㉝ 用动力总成支持架 SST。
㉞ 拧出右悬置软垫的固定螺栓和螺母（图 1-3-14）。

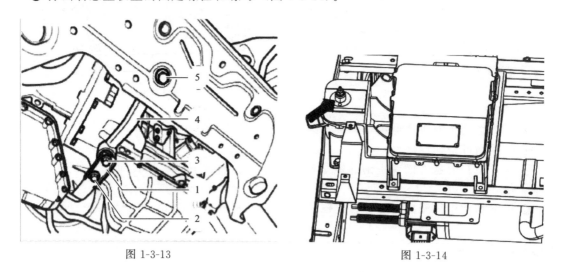

图 1-3-13　　　　　　　　图 1-3-14

㉟ 拧下固定左悬架的 3 个螺栓，从驱动电机拆下左悬架（图 1-3-15）。
㊱ 缓慢降下驱动电机和变速器总成。
㊲ 拆卸驱动电机（图 1-3-16）。

（3）安装
安装以倒序进行。

（4）系统安装后对系统进行以下检查
❶ 水路系统安装正确性，是否有滴、漏水等异常情况。

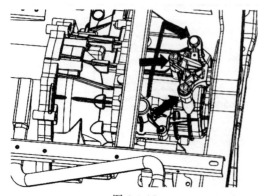
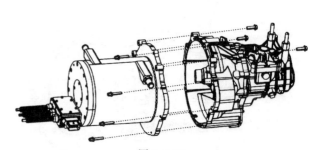

图 1-3-15　　　　　　　　图 1-3-16

❷ 各部件机械安装牢固性。
❸ 各线缆所连接电源的极性及其连接正确性。
❹ 各电气连接器连接是否至位,相应的卡口或锁紧螺栓是否卡紧或拧紧。
❺ 各高、低压部件的绝缘性。

1.4 北汽 EV160/EV200 纯电动汽车

1.4.1 驱动电机简介

驱动电机技术参数见表 1-4-1。

表 1-4-1

类型	永磁同步	额定扭矩	102N·m
基速	2812r/min	峰值扭矩	180N·m
转速范围	0～9000r/min	重量	45kg
额定功率	30kW	防护等级	IP67
峰值功率	53kW	尺寸(定子直径×总长)	245mm×280mm

驱动电机结构见图 1-4-1。

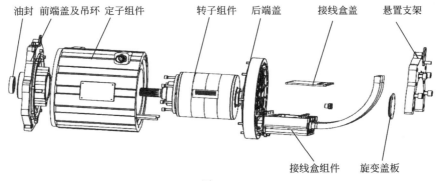

图 1-4-1

1.4.2 驱动电机低压接口定义

驱动电机低压接口见图 1-4-2、表 1-4-2。

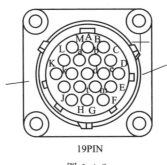

19PIN

图 1-4-2

表 1-4-2

连接器型号	编号	信号名称	说明
Amphenol RTOW01419PN03	A	激励绕组 R1	电机旋转变压器接口
	B	激励绕组 R2	
	C	余弦绕组 S1	
	D	余弦绕组 S3	
	E	正弦绕组 S2	
	F	正弦绕组 S4	
	G	TH0	电机温度接口
	H	TL0	
	L	HVIL1（+L1）	高低压互锁接口
	M	HVIL2（+L2）	

1.4.3 驱动电机故障诊断

缩写释义如下。

❶ MCU——电机控制系统。
❷ VCU——整车（集成）控制器。
❸ BMS——电池管理系统。
❹ IGBT——功率器件。
❺ PWM——脉宽调制。
❻ MIL——系统故障灯。
❼ DTC——故障诊断码。

故障码分析与处理见表 1-4-3。

表 1-4-3

电机超速故障	
故障名称	电机超速故障
故障码	P0A4400
MCU 故障处理方式	当电机转速＞电机超速限制值，MCU 进入零转矩控制模式，并向 VCU 发送零转矩模式状态标志位
VCU 故障处理方式	VCU 发送零转矩指令
导致故障的原因	①整车负载突然降低（如冰面打滑）②电机转矩控制失效
故障可能造成的影响	①MCU 无法正常工作 ②整车失去动力输出
建议售后处理措施	①如果重新上电，车辆恢复正常，则不需要派工。同时将信息反馈技术中心电机工程师 ②如果重新上电车辆运行再次出现，可能存在 MCU 硬件故障或软、硬件版本问题，则需要派工
建议的维修措施	①检查 MCU 软、硬件版本 ②更换 MCU
电机过温故障	
故障名称	电机过温故障

续表

电机过温故障

故障码	P0A2F98
MCU 故障处理方式	当电机温度＞电机温度限制值(150℃)，MCU 进入零转矩控制模式，同时向 VCU 发送零转矩模式状态标志位
VCU 故障处理方式	①VCU 发送零转矩指令 ②仪表点亮电机系统专用报警灯(闪烁) ③仪表点亮 MIL 灯，报警音短鸣
导致故障的原因	①电机长期大负载运行 ②冷却系统故障
故障可能造成的影响	①MCU 最大可用转矩降低 ②整车动力性能降低，甚至不能正常行驶
建议售后处理措施	①如果间隔一段时间重新上电，车辆恢复正常，则不需要派工。同时将信息反馈技术中心电机工程师 ②如果间隔一段时间重新上电，车辆运行重复出现，则按以下方法处理 a. 首先优先排查风扇、水泵及其驱动电路故障，若异常，则联系冷却系统派工解决 b. 然后优先排查是否缺冷却液，若缺冷却液，则及时补冷却液 c. 若不缺冷却液，则排查冷却管路是否存在堵塞和漏水，若冷却管路存在堵塞和漏水，则进行排查解决 d. 若冷却液和冷却管路均无问题，则需要派工
建议的维修措施	①检查运行工况 ②检查冷却系统
备注	如果处于 state30，在 MCU 上报此故障前，VCU 在指定温度值(145℃)至电机温度限制值(150℃)之间限制转矩命令。点亮电机系统专用报警灯(闪烁)

电机温度检测回路故障

故障名称	电机温度检测回路故障
故障码	P0A001C
MCU 故障处理方式	①如果处于 state30，MCU 延时 T(300ms)后调整最大可用转矩至安全限值(1/3 峰值外特性)，并发送降功率请求标志位。驻坡模式下，由 MCU 自身对电机输出转矩进行限制(50%最大堵转转矩、1s 堵转时间) ②电机温度上报无效值 0xFF
VCU 故障处理方式	①如果处于 state30，VCU 延时 T_z($8s \leqslant T_z < 15s$)后根据最大可用转矩限制转矩命令 ②仪表点亮电机系统专用报警灯 ③仪表点亮 MIL 灯，报警音二级
导致故障的原因	①MCU 内部硬件电路故障或线束损坏 ②MCU 软件与硬件版本不匹配
故障可能造成的影响	①MCU 无法检测和上报电机实际温度 ②MCU 无法正常工作，需降功率运行 ③车辆无法正常行驶，需降功率行驶
建议售后处理措施	①优先检查低压线束、电机侧低压接插件、MCU 侧低压接插件 ②若线束和接插件均正常，可能存在 MCU 硬件故障，或软件版本问题，需要派工
建议的维修措施	①检查、更换线束和接插件 ②更换 MCU

1.4.4 驱动电机系统维护保养

驱动电机系统维护保养见表 1-4-4。

表 1-4-4

序号	定期维护保养:1 次/(6 个月或 1 万千米)
①	对驱动电机、驱动电机控制器表面进行清洁(需下电)
②	检查高、低压线束插件是否插接牢靠(需下电)
③	检查副水箱中的冷却液是否充足,各水管接头有无滴漏现象(需下电)
④	检查风扇、水泵是否工作正常
⑤	检查 35pin 插头 24 脚和 1 脚电压是否在 9~16V 之间
⑥	检查车辆运行过程中驱动电机是否有异响;注意区分是机械噪声(类似"咔咔""哒哒"声),还是电磁噪声(类似"滋滋",频率高,刺耳),如果是后者,可暂时不考虑处理
序号	定期维护保养方案
①	对驱动电机、驱动电机控制器表面进行清洁(需下电)
②	检查高、低压线束插件是否插接牢靠(需下电)
③	检查副水箱中的冷却液是否充足,各水管接头有无滴漏现象(需下电)
④	检查风扇、水泵是否工作正常
⑤	检查 35pin 插头 24 脚和 1 脚电压是否在 9~16V 之间
⑥	检查车辆运行过程中驱动电机是否有异响;注意区分是机械噪声(类似"咔咔""哒哒"声),还是电磁噪声(类似"滋滋",频率高,刺耳),如果是后者,可暂时不考虑处理
⑦	检查驱动电机、驱动电机安装是否牢靠,紧固螺栓是否松动
⑧	检查驱动电机与减速器轴花键状态,如花键表面油脂有流失,需及时补充(该操作可以 1~2 万千米做一次)

1.4.5 驱动电机三相线束、温度传感器、旋变传感器电路图

驱动电机三相线束、温度传感器、旋变传感器电路图如图 1-4-3 所示。

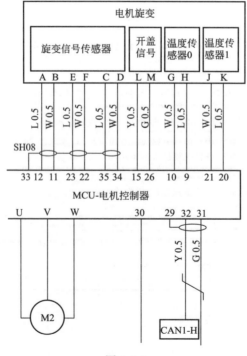

图 1-4-3

1.5 长安逸动纯电动汽车

1.5.1 驱动电机简介

驱动电机总成：三相水冷永磁同步电机，具有电动和发电功能。扭矩规格如表 1-5-1 所示。

表 1-5-1

描述	N·m	描述	N·m
电机与减速器安装螺栓 M10	55	电机与电机控制器连接线束安装螺栓 M8	25
电机与减速器安装六角法兰面螺母 M10	55	电机与电机控制器接线盒盖安装螺栓 M5	5
电机与电机安装支架的安装螺栓 M10	63	电机与电机控制器连接线束与接线盒体安装螺栓 M5	5

1.5.2 驱动电机低压接口定义

电机低压接插件插脚示意图如图 1-5-1、表 1-5-2 所示。

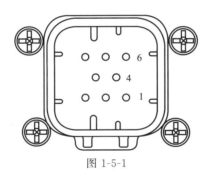

图 1-5-1

表 1-5-2

	定义		定义
激励＋	旋变激励信号（双绞屏蔽线）	sin＋	旋变 SIN 信号（双绞屏蔽线）
激励－	旋变激励信号地（双绞屏蔽线）	sin－	旋变 SIN 信号地（双绞屏蔽线）
cos＋	旋变 COS 信号（双绞屏蔽线）	tmp＋	电机温度传感器信号正
cos－	旋变 COS 信号地（双绞屏蔽线）	tmp－	电机温度传感器信号地

1.5.3 驱动电机故障诊断

故障代码及排除方法如表 1-5-3 所示。

表 1-5-3

故障码	描述	检查及处理方法
P1901	电机过温(一级,温度≥140℃)	①整车上电,清除故障信息,重新上电,再次读取故障信息,若此故障仍存在,则进行以下步骤 ②检查电机系统水泵是否工作正常,如不工作请更换水泵 ③检查冷却系统冷却液是否缺液,如是,请补充 ④检查电机端到控制器端接插件连接是否正常,电机端温度传感器信号第 7 和第 8 针分别与控制器端第 3 和第 4 针是否导通,如不导通,请更换线束 ⑤若线束正常,待电机完全冷却至室温后,检查电机温度传感器中的电阻,阻值是否在(1±0.2)kΩ 左右;若超出此范围,更换电机后,再检查有无此故障;若阻值正常,更换电机控制器
P1902	电机过温(二级,温度≥145℃)	
P1903	电机控制器过温(一级,温度≥80℃)	①整车上电,清除故障信息,重新上电,再次读取故障信息,若此故障仍存在,则进行以下步骤 ②检查电机系统水泵是否工作正常,如不工作,请更换水泵 ③检查冷却系统冷却液是否缺液,如是,请补充 ④待控制器冷却至室温,再次读取电机控制器壳体温度,若明显高于室温,请更换电机控制器
P1904	电机控制器过温(二级,温度≥85℃)	
P1907	电机过流	①整车上电,清除故障信息,重新上电,再次读取故障信息,若此故障仍存在,则进行以下步骤 ②目测电机控制器和电机接线盒内部的 U、V 和 W 三相高压线之间是否有短路,高压线束固定螺栓是否松动 ③检查电机接线盒内 U、V 和 W 三相高压端子对壳体电阻是否大于 20MΩ,如不是,则更换电机 ④若无短路,电机接线盒内 U、V 和 W 三相高压端子对壳体电阻又大于 20MΩ,请更换电机控制器
P190B	电机旋变错误	①从电机端拔掉 8pin 接插件,测量电机端的激励正负、Sin 正负、Cos 正负两端的电阻,是否分别为(24±2.4)Ω、(120±12)Ω、(120±12)Ω ②如不是,则更换电机;如是,则检查 8pin 到电机控制器的 23pin 线束是否导通,线束是否有退针和接触不良问题 ③若以上检查均正常,则更换电机控制器
P1912	电机过速(一级,转速≥10000r/min)	①整车上电,清除故障信息,重新上电,再次读取故障信息,若此故障仍存在,则进行以下步骤 ②从电机端拔掉 8pin 接插件,测量电机端的激励正负、Sin 正负、Cos 正负两端的电阻,是否分别为(17±3)Ω、(38±3)Ω、(38±3)Ω;若不是,则更换电机 ③检查电机端 8pin 接插件、线束是否连接可靠,8pin 到电机控制器的 23pin 线束是否导通 ④若电机及线束连接正常,请更换电机控制器
P1913	电机过速(二级,转速≥10200r/min)	

1.5.4 驱动电机拆装

注意事项:

拆装前准备工作。拆卸与安装前,首先将钥匙打到"OFF"挡,拆下维修开关,打开高压盒上盖测量直流电压,确保高压回路上电压低于36V,若电压大于36V,需放置一段时间,直至测得电压低于36V安全电压方可进行下一步操作。拆卸与安装中,拧紧螺栓必须按照拆卸与安装中规定的扭矩要求,保证装配可靠性。

(1) 驱动电机总成拆卸

❶ 首先按照注意事项中的要求进行拆装前的准备工作,准备工作完成后,排出冷却液,拆下冷却胶管,拔出电机低压接插件,拆下电机控制器端三相线,最后拆下动力总成(图1-5-2)。

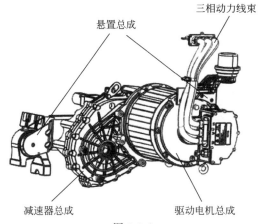

图 1-5-2

❷ 拆卸三相动力线束。打开接线盒的盖板,用套筒松开三相接线的三颗螺栓,再拆下线束端防错法兰上六颗螺栓,取下三相动力线束。

❸ 用套筒取下电机固定于减速器上的三颗螺栓、五颗螺母,并取下电机固定于电机安装支架的四颗螺栓,此时把电机拆卸下来(图1-5-3)。

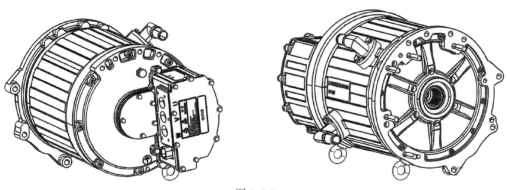

图 1-5-3

(2) 驱动电机总成安装

❶ 电机输出轴与减速器安装(图1-5-4)。

a. 安装与减速器配合面 1。
b. 用 1 个 GB/T 119.1－2000 ϕ10×20 定位销安装 ϕ10 定位销孔 2。
c. 安装电机外止口与减速器内止口定位 3；
d. 直接装配电机转子输出轴内花键与减速器外花键 4，装配时保证内外花键同轴。

❷ 电机前端盖与减速器安装（图1-5-5）。

a. 1～3 为 3 个 ϕ11 通孔，用 3 个 Q1841040 M10×1.25×40 六角法兰面螺栓拧紧，拧紧扭矩为 45～55N·m。

b. M10×1.25×40 双头螺柱，用 5 个 Q32010 M10 六角法兰面螺母拧紧，拧紧扭矩为 45～55N·m。

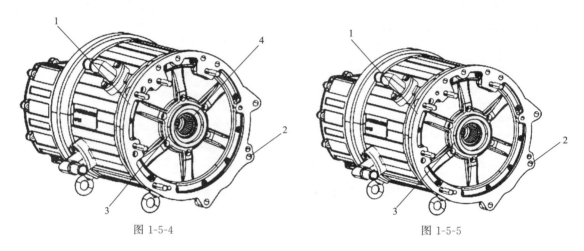

图 1-5-4　　　　　　　　　　图 1-5-5

❸ 电机端盖与悬架安装（图1-5-6）。

1～4 为 4 个 M10×1.25 孔深 18 的螺孔，使用 4 个 Q1841025 M10×1.25×25 六角法兰面螺栓与电机安装支架连接，拧紧扭矩为 45～79N·m，标准值 63N·m。

❹ 电机接线（图1-5-7～图1-5-10）。

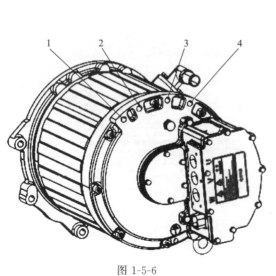
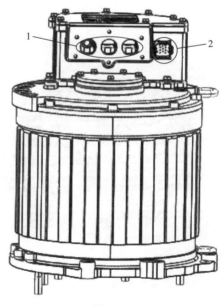

图 1-5-6　　　　　　　　　　图 1-5-7

a. 三相交流输入线固定。先将接线盒盖板 3 上的九个 M5 螺栓拧下,揭开盖板,装配三相线,将 4、5、6 三个 M8 螺栓预紧,再用六个 M5 螺栓(固定在 7～12 六个螺栓孔上)将交流母线固定在电机接线盒壳体上,扭力标准值 5N·m,然后将三相线 4、5、6 三个 M8 螺栓拧紧,扭力 17～28N·m,标准值 25N·m;最后将盖板使用九个 M5 螺栓固定,标准值 5N·m。注意先拧紧对角线螺钉,保证密封垫平整,盖板与接线壳体无缝隙。

b. 低压信号 2 连接。连接电机控制器的低压信号接插件,接入前保持接插件内部干燥。

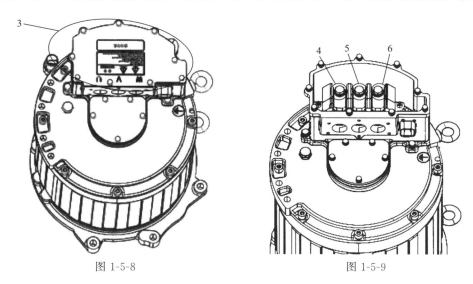

图 1-5-8　　　　　　　　　　　　图 1-5-9

❺ 电机冷却水管安装(图 1-5-11)。水嘴(外径 ϕ21.5mm、内径 ϕ16mm)上接入冷却水管,并用卡箍拧紧固定。

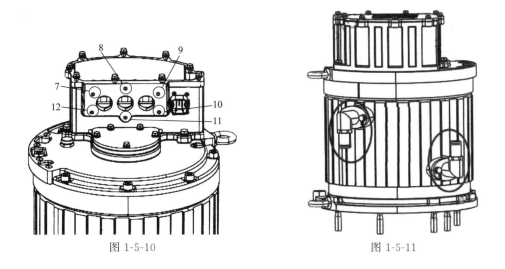

图 1-5-10　　　　　　　　　　　　图 1-5-11

1.5.5　驱动电机三相线束、温度传感器、旋变传感器电路图

驱动电机三相线束、温度传感器、旋变传感器电路图如图 1-5-12 所示。

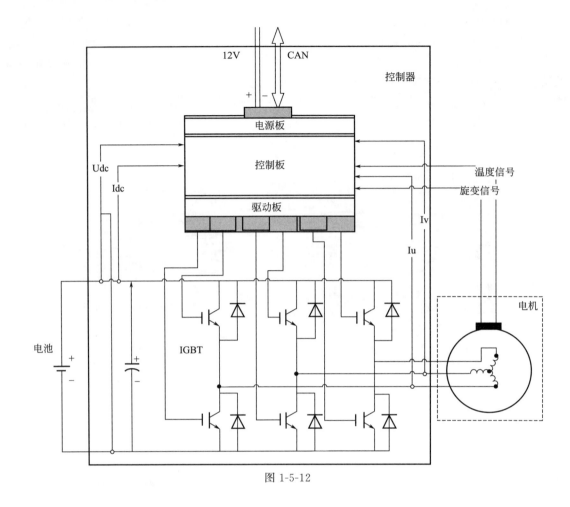

图 1-5-12

1.6 荣威 E50 纯电动汽车

1.6.1 驱动电机简介

驱动电机为三相交流电机,接受 PEB 的控制,是整个车辆的动力源。驱动电机技术参数如表 1-6-1 所示。

表 1-6-1

工作电压范围	250~345V	电机控制器额定输入电压	280V
峰值相电流	200A(有效值)	绕组接法	Y
持续功率/峰值功率	28kW/52kW	相间电阻	27MΩ
额定转矩/峰值转矩	90N·m/155N·m	电机质量	≤38.5kg
额定转速/峰值转速	3000r/min/8000r/min	防护等级	IP67

驱动电机螺栓扭矩如表 1-6-2 所示。

表 1-6-2

说明	扭矩/(N·m)	说明	扭矩/(N·m)
螺栓-驱动电机到减速器	26~30	螺栓-PEB托盘固定	19~25
螺栓-驱动电机侧悬置到车身右纵梁	90~110	螺栓-电池冷却液壶到PEB托盘	7~10
螺栓-动力总成到驱动电机侧悬置	55~65	螺栓-PEB固定	18~22
螺栓-驱动电机线到驱动电机接线盒外壳	9~11	螺栓-PEB线束到PEB	18~22
螺栓-驱动电机线到驱动电机接线盒内	21~25	螺栓-PEB线束到PEB外壳	5~7
螺栓-高压接线盒盖到驱动电机	2.2~2.8	螺栓-电力电子箱上盖到电力电子箱	8~10
螺栓-PEB横梁固定	19~25	螺母-蓄电池接线固定到PEB	19~25
螺栓-电机高压线支架到PEB横梁	9~11		

1.6.2 驱动电机常规检查

(1) 驱动电机操作注意事项

由于驱动电机工作时的环境是高电压、大电流,所以,在操作时一定要注意以下几点。

❶ 产品运输及安装过程中应避免碰撞、跌落及和人体的挤压。

❷ 存储环境应干燥,在拆开电机包装时的环境要求为:温度在-25~+55℃,湿度为10%~70%。

❸ 电机在使用前,必须进行绝缘检查(接线端子对机壳的绝缘电阻应大于250MΩ)。

❹ 电机在使用前,旋转电机输出轴应能灵活转动,检查电机外观应无机壳破损或异常形变情况。

❺ 电机在使用前,检查三相线束导电部分及电机强电接口应清洁无异物油脂。

❻ 低压接插件为塑料件,安装过程中应避免与坚硬物体直接碰撞或受力。

❼ 电机转子带强磁性,电机除高低压盖板外,其余零部件禁止拆装。

(2) 驱动电机温度检查

驱动电机温度如表 1-6-3 所示。

表 1-6-3

电机温度表显示(点亮格数)	电机对应温度/℃	电机温度表显示(点亮格数)	电机对应温度/℃
1格	40	4格	120
2格	60	5格	140
3格	85	6格	155

仪表温度显示如图 1-6-1 所示。

(3) 驱动电机动力输出

驱动电机动力输出如表 1-6-4 所示。

表 1-6-4

驱动电机功率表显示(点亮格数)	驱动电机对应功率/kW	驱动电机功率表显示(点亮格数)	驱动电机对应功率/kW
1格	-10	5格	20
2格	0	6格	30
3格	0	7格	40
4格	10	8格	50

仪表显示如图 1-6-2 所示。

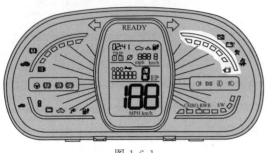

图 1-6-1

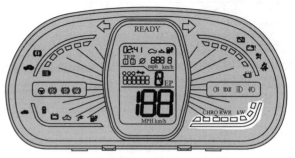

图 1-6-2

1.6.3 驱动电机故障诊断

故障诊断如表 1-6-5 所示。

表 1-6-5

故障位置	检测点		故障现象
驱动电机 A	电力电子箱 T80/76	驱动电机 T12/7	仪表中动力系统故障警告灯亮,READY 灯不亮,高压电池包切断警告黄色灯亮,驱动电机不工作
驱动电机 B	电力电子箱 T80/67	驱动电机 T12/8	仪表中动力系统故障警告灯亮,READY 灯不亮,驱动电机不工作
驱动电机 C	电力电子箱 T80/68	驱动电机 T12/9	仪表中动力系统故障警告灯亮,READY 灯不亮
ABS CAN-L	ABS 控制单元 T38/14	CAN-L	ABS 防抱死制动系统警告灯亮,仪表中动力系统故障警告灯亮,无车速显示,助力转向灯亮,电子驻车制动系统故障警告灯亮
ABS CAN-H	ABS 控制单元 T38/26	CAN-H	ABS 防抱死制动系统警告灯亮,仪表中动力系统故障警告灯亮,无车速显示,助力转向灯亮,电子驻车制动系统故障警告灯亮

1.6.4 驱动电机拆装

❶ 禁止未参加该车型高压系统知识培训的维修人员拆解高压系统(包括手动维修开关、高压电池包、驱动电机、电力电子箱、高压配电单元、高压线束、电空调压缩机、交流充电口和交流充电线、快速充电口、电加热器、慢速充电器)。

❷ 当拆解或装配高压配件时,必须断开 12V 电源和高压电池包上的手动维修开关。

❸ 在开始维修作业前,维修人员必须穿戴好劳保用品:戴好绝缘手套,穿好高压绝缘鞋。在戴绝缘手套前,必须要检查绝缘手套是否有破损的地方,要确保手套无绝缘失效。

注意

在安装和拆卸的过程中,应防止制动液、洗涤液、冷却液等液体进入或飞溅到高压部件上。

操作步骤如下。

1)拆卸。

❶ 关闭点火钥匙,车辆静置5min以上,才可进行拆卸作业。

❷ 断开蓄电池负极。

❸ 拆下蓄电池盒支架。

❹ 排空电机冷却系统。

❺ 回收空调系统制冷剂。

❻ 拆下手动维修开关。

❼ 拆下前保险杠。

❽ 拆下PEB总成。

❾ 拆下高压配电单元。

❿ 拆下将电池膨胀水箱固定在PEB托盘上的2个螺栓(图1-6-3)。

⓫ 拆下将电力电子模块及高压配电单元托盘固定到前横梁总成上的5个螺栓,拆下托盘(图1-6-4)。

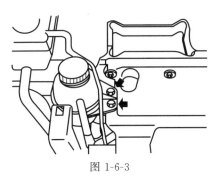
图1-6-3

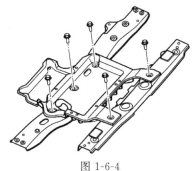
图1-6-4

⓬ 拆下前舱熔丝盒。

⓭ 拆下将驱动电机线支架固定到PEB横梁上的2个螺栓,移开高压线(图1-6-5)。

⓮ 拆下PEB横梁上的低压线束卡钉(图1-6-6)。

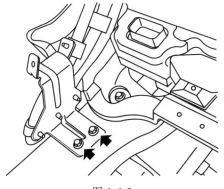
图1-6-5

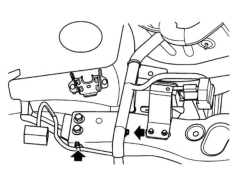
图1-6-6

⑮ 从车架的膨胀箱架上拔出电机膨胀箱，放置一旁（图1-6-7）。
⑯ 拆下PEB横梁下部的管夹（图1-6-8）。

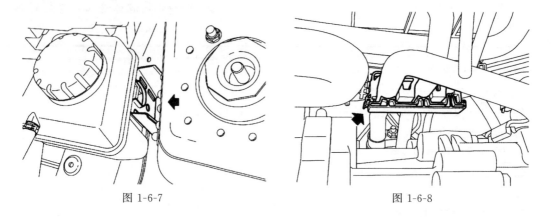

图1-6-7　　　　　　　　　　图1-6-8

⑰ 拆下将PEB横梁固定在车身上的4个螺栓，拆下PEB横梁（图1-6-9）。
⑱ 松开卡箍，从电机上断开PEB到电机软管1的连接，拆下PEB到电机软管（图1-6-10）。
⑲ 在举升机上举升车辆。

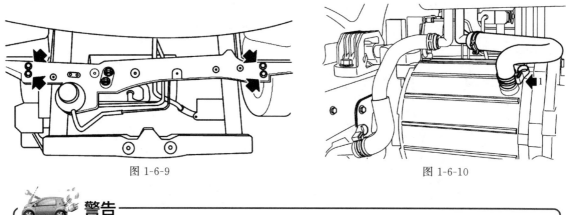

图1-6-9　　　　　　　　　　图1-6-10

警告

不能在只有千斤顶支撑的车辆下工作。必须把车辆支撑在安全的支撑物上。

⑳ 从电机上拆下蓄电池负极电缆（图1-6-11）。
㉑ 从减速器上断开换挡操纵机构拉锁（图1-6-12）。

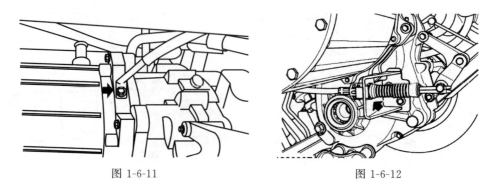

图1-6-11　　　　　　　　　　图1-6-12

㉒ 松开卡箍，从电机上断开散热器到电机软管的连接（图 1-6-13）。
㉓ 拆下将驱动电机接线盒盖固定到电机上 4 个螺栓（图 1-6-14）。

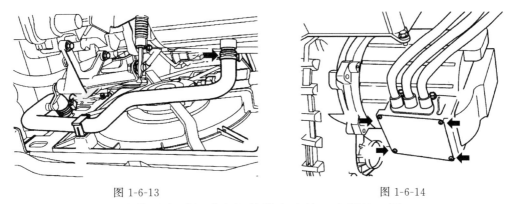

图 1-6-13　　　　　　　　　　图 1-6-14

㉔ 拆下将驱动电机接线固定到驱动电机接线盒内的 3 个螺栓（图 1-6-15）。
㉕ 拆下将驱动电机接线固定到驱动电机接线盒外壳上的 2 个螺栓，取下驱动电机线（图 1-6-16）。

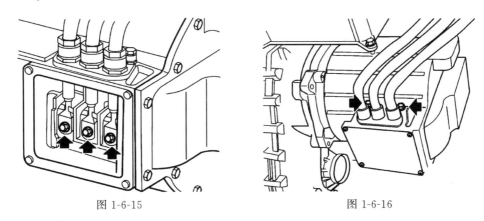

图 1-6-15　　　　　　　　　　图 1-6-16

㉖ 降低车辆。
㉗ 用起吊机固定驱动电机。
㉘ 拆下将驱动电机固定到减速器上的 6 个螺栓（图 1-6-17）。
㉙ 拆下将动力总成固定到驱动电机侧悬置上的 3 个螺栓 1（图 1-6-18）。

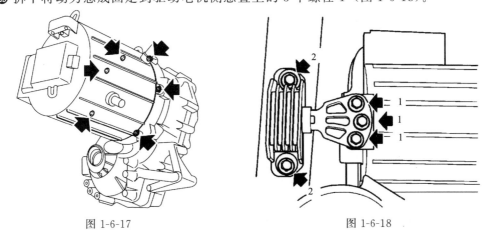

图 1-6-17　　　　　　　　　　图 1-6-18

㉚ 拆下将驱动电机侧悬置固定到车身右纵梁上的 2 个螺栓 2，拆下驱动电机侧悬置（图 1-6-18）。

㉛ 向右移动驱动电机，使驱动电机与减速器分开（图 1-6-19）。

㉜ 慢慢用起吊机将驱动电机吊出。

2）安装。

 警告

在高压系统的高压电池包、电驱动变速器、电力电子箱、高压线束、电空调压缩机、车载充电器、交流充电口和交流充电线全部安装（包括所有连接器的连接）完成之前，必须确保蓄电池的负极电缆始终处于断开状态，手动维修开关处于断开位置。

 注意

更换驱动电机后，必须使用售后诊断仪进行驱动电机初始角度自学习。

❶ 将密封圈安装于减速器槽中（图 1-6-20）。

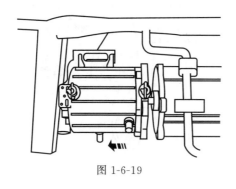 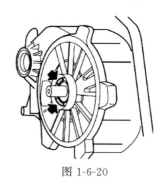

图 1-6-19　　　　　　　　　　图 1-6-20

❷ 用起吊机将驱动电机吊入机舱。

❸ 将驱动电机与减速器轴心、定位销位置对正，然后结合面结合，装上 6 个螺栓，拧紧到 26～30N·m，并检查扭矩。

❹ 将驱动电机侧悬置固定到车身右纵梁上，装上 2 个螺栓拧紧到 90～110N·m，并检查扭矩。

❺ 将驱动电机安装孔固定到驱动电机侧悬置上，装上 3 个螺栓拧紧到 55～65N·m，并检查扭矩。

❻ 拆下固定驱动电机的起吊机。

❼ 在举升机上举升车辆。

❽ 将驱动电机线固定到驱动电机接线盒外壳上，装上 2 个螺栓拧紧到 9～11N·m，并检查扭矩。

❾ 将驱动电机线固定到驱动电机接线盒内，装上 3 个螺栓拧紧到 21～25N·m，并检查扭矩。

❿ 将驱动电机线盒盖固定到电机上，装上 4 个螺栓拧紧到 2.2～2.8N·m，并检查扭矩。

⓫ 将散热器到电机软管连接到电机上，并用卡箍固定。

⑫ 将换挡操纵机构拉锁装到减速器上。
⑬ 将蓄电池负极线固定到电机上。
⑭ 将 PEB 到电机软管装到电机上,并用卡箍固定。
⑮ 降低车辆。
⑯ 将 PEB 横梁固定在车身上,装上 4 个螺栓拧紧到 19~25N·m,并检查扭矩。
⑰ 装上 PEB 横梁下部的管夹。
⑱ 将膨胀箱固定到车架的膨胀水箱架上。
⑲ 将车身线束卡钉固定到 PEB 横梁上。
⑳ 将电机高压线固定到 PEB 横梁上,装上 2 个螺栓拧紧到 9~11N·m,并检查扭矩。
㉑ 装上前舱熔丝盒。
㉒ 将 PEB 托盘固定到车身上,装上 5 个螺栓拧紧到 19~25N·m,并检查扭矩。
㉓ 将膨胀箱固到 PEB 托盘上,装上 2 个螺栓拧紧到 7~10N·m,并检查扭矩。
㉔ 装上高压配电单元。
㉕ 装上 PEB 总成。
㉖ 装上前保险杠。
㉗ 装上手动维修开关。
㉘ 加注空调系统制冷剂。
㉙ 装上蓄电池盒支架。
㉚ 连接蓄电池负极。
㉛ 加注电机冷却系统。

1.6.5 驱动电机电路原理图

驱动电机电路原理图如图 1-6-21 所示。

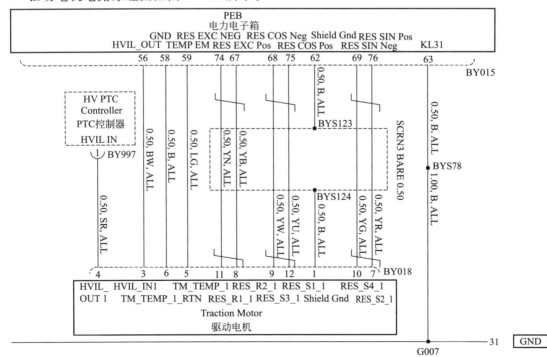

图 1-6-21

1.7 吉利帝豪 EV300 纯电动汽车

1.7.1 驱动电机简介

(1) 功能介绍

电动机旋转磁场和定子线圈共同作用产生扭矩。与传统汽油机不同，电机没有怠速。即使车辆由静止到起步的临界状态，电机也可产生最大驱动扭矩，可保证提供给车辆较好的加速度（图 1-7-1）。

(2) 工作原理

当三相交流电被接入到定子线圈中，即产生了旋转的磁场，这个旋转的磁场牵引转子内部的永磁体，产生和旋转磁场同步的旋转扭矩。使用旋转变压器检测转子的位置和电流传感器检测线圈的电流，从而控制驱动电机的扭矩输出（图 1-7-2）。

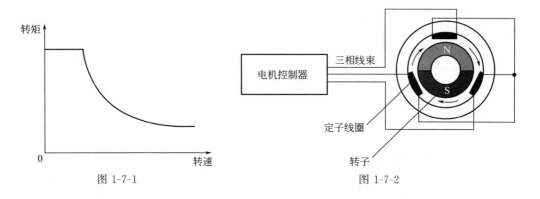

图 1-7-1　　　　　　　　图 1-7-2

(3) 技术参数（表 1-7-1）

表 1-7-1

项目	参数
额定功率	42/kW
峰值功率	95/kW
额定转矩	105/N·m
峰值转矩	240/N·m
额定转速	4000/(r/min)
峰值转速	11000/(r/min)
电机旋转方向	从轴伸端看电机逆时针旋转
温度传感器类型	NTC
温度传感器型号	SEMITEC 103NT-4(11-C041-4)
冷却液类型	50%水+50%乙二醇
冷却液流量要求	8/(L/min)

1.7.2 驱动电机低压接口定义

低压端子接口定义如图 1-7-3、表 1-7-2 所示。

图 1-7-3

表 1-7-2

端子号	端子定义	线径/颜色	端子状态	规定条件（电压、电流、波形）
1	R1+	$0.5mm^2$/L/R	NTC 温度传感器 1	—
2	R1−	$0.5mm^2$/R		—
3	R2+	$0.5mm^2$/Br/W	NTC 温度传感器 2	—
4	R2−	$0.5mm^2$/W/G		—
5	GND	$0.5mm^2$/B	屏蔽	负极
6	GND	$0.5mm^2$/B		负极
7	COSL	$0.5mm^2$/P	旋变余弦	—
8	COS	$0.5mm^2$/L		—
9	SINL	$0.5mm^2$/W	旋变正弦	—
10	SIN	$0.5mm^2$/Y		—
11	REFL	$0.5mm^2$/O	旋变励磁	—
12	REF	$0.5mm^2$/G		—

1.7.3 电机绝缘阻值检测

（1）电路图（图 1-7-4）

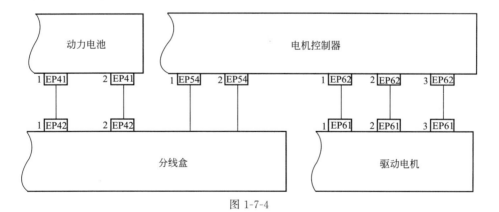

图 1-7-4

（2）检测电机控制器正负极电压。

❶ 操作启动开关使电源模式至 OFF 状态。

❷ 断开蓄电池负极电缆。

❸ 拆卸维修开关。

❹ 断开电机控制器高压线线束连接器 EP54（图 1-7-5）。

❺ 等待 5min。
❻ 用万用表检测电机控制器正负极电压。标准电压：小于等于 5V。
(3) 检测电机绝缘阻值
❶ 操作启动开关使电源模式至 OFF 状态。
❷ 断开蓄电池负极电缆。
❸ 拆卸维修开关。
❹ 拆卸电机三相线束线束连接器 EP62（电机控制器侧）（图 1-7-6）。

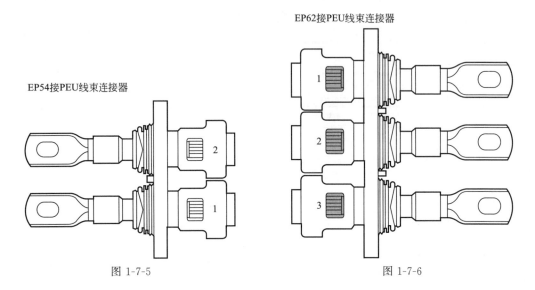

图 1-7-5　　　　　　　　　　　　　图 1-7-6

❺ 将高压绝缘检测仪的挡位调至 1000V。
❻ 用高压绝缘检测仪测量三相线束线束连接器 EP62 的 1 号端子与电机壳体之间的电阻。标准电阻：大于或等于 20MΩ。
❼ 用高压绝缘检测仪测量三相线束线束连接器 EP62 的 2 号端子与电机壳体之间的电阻。标准电阻：大于或等于 20MΩ。
❽ 用高压绝缘检测仪测量三相线束线束连接器 EP62 的 3 号端子与电机壳体之间的电阻。标准电阻：大于或等于 20MΩ。
❾ 确认测量值是否符合标准。

1.7.4　驱动电机故障诊断

电机异响、强烈振动或转速和输出功率达不到要求时故障诊断步骤如下。

　注意

驱动电机的电磁噪声在极低速输出大扭矩时会变得更加明显。当遇此工况时，电机控制器就会降低 IGBT 的变换频率，这时就会出现上述状况。这并不意味着电机控制器的特性或控制存在问题。

(1) 紧固电机固定螺栓
❶ 操作启动开关使电源模式至 OFF 状态。

❷ 检查电机后端盖与悬挂支架连接螺栓是否紧固。
❸ 检查电机前端盖与减速器壳体连接螺栓是否紧固。
如果正常,则检查电机冷却系统。

(2) 检查电机冷却系统
❶ 操作启动开关使电源模式至 ON 状态。
❷ 检查冷却管路、管路无老化、变形、渗漏。
❸ 确认水箱、管路无水垢、堵塞现象。
❹ 确认水泵是否工作正常。
如果异常,则优先排除冷却系统故障。如果正常,则检查电机线束连接器。

(3) 检查电机线束连接器
❶ 操作启动开关使电源模式至 OFF 状态。
❷ 检查电机低压线束连接器是否插接牢固、无松脱。
❸ 检查电机高压线束连接器是否插接牢固、无松脱。
如果异常,则重新固定连接器。如果正常,则检查驱动电机三相线束紧固力矩。

(4) 检查驱动电机三相线束紧固力矩
❶ 操作启动开关使电源模式至 OFF 状态。
❷ 断开蓄电池负极电缆(图 1-7-7)。
❸ 拆卸维修开关。
❹ 检查三相线检查固定螺栓的紧固力矩(电机控制器侧)是否符合标准。
❺ 检查三相线检查固定螺栓的紧固力矩(电机侧)是否符合标准。
如果异常,则紧固电机三相线束。如果正常,则检测驱动电机三相线束是否相互短路故障。

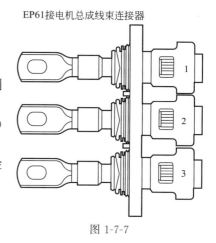

图 1-7-7

(5) 检测驱动电机三相线束是否相互短路故障
❶ 操作启动开关使电源模式至 OFF 状态。
❷ 断开蓄电池负极电缆。
❸ 拆卸维修开关。
❹ 断开驱动电机三相线束连接器 EP61。
❺ 断开驱动电机三相线束连接器 EP62。
❻ 用万用表按表 1-7-3 进行测量。
❼ 确认测量值是否符合标准。
如果异常,则修理或更换线束。如果正常,则检测驱动电机三相线绝缘电阻。

(6) 检测驱动电机三相线绝缘电阻
❶ 操作启动开关使电源模式至 OFF 状态。
❷ 拆卸维修开关。
❸ 断开驱动电机三相线束连接器 EP61。
❹ 断开驱动电机三相线束连接器 EP62。
❺ 用万用表按表 1-7-4 进行测量。
❻ 确认测量值是否符合标准。
如果异常,则修理或更换线束。如果正常,则进行前后端盖清理检查。

表 1-7-3

测量位置 A	测量位置 B	测量标准值
EP61-1	EP61-2	20kΩ 或更高
EP61-1	EP61-3	
EP61-2	EP61-3	

表 1-7-4

测量位置 A	测量位置 B	测量标准值
EP61-1	车身接地	20kΩ 或更高
EP61-2		
EP61-3		

(7) 进行前后端盖清理检查

❶ 拆卸电机。

❷ 用除锈清洗剂清洗端盖，确认端盖无灰尘、无杂物，止口无破损、无碰伤。

❸ 用内径千分尺测量轴承室无磨损、甩圈、轴承室尺寸合格。

如果异常，则修理或更换后端盖。如果正常，则清理检查水套壳体。

(8) 清理检查水套壳体

❶ 拆卸电机。

❷ 用除锈清洗剂清洗，水套端面要求无灰尘、无杂物，止口无破损、无碰伤。

❸ 用密封检测工装，检测壳体有无漏气现象。

❹ 用水道检测工装，检测水道是否有堵塞、水道流量是否满足冷却要求。

❺ 复测转子动平衡，超出规定数值后，需重新标定动平衡量。

❻ 确认故障是否排除。

如果正常，则诊断结束。如果异常，则转子清理检查。

(9) 转子清理检查

❶ 拆卸电机。

❷ 用电机专用拆装机拆出转子。

❸ 用胶带清理转子灰尘、杂物，用除锈剂清除转子锈迹。

❹ 检测转子，要求铁芯外径无鼓起、无破损、无刮蹭。

❺ 复测转子动平衡，超出规定数值后，需重新标定动平衡量。

❻ 确认故障是否排除。

如果正常，则诊断结束。如果异常，则定子检测清理检查。

(10) 定子检测清理检查

❶ 拆卸电机。

❷ 用吸尘器清理定子灰尘，用除锈剂清除定子铁芯的锈迹，要求定子表面无灰尘，定子内圆无刮蹭、无杂物，定子线包无损伤，定子绝缘漆无脆裂等。

❸ 用耐压绝缘表测试耐压、绝缘。

❹ 定子综合测试仪测试电性能。

❺ 出线端子更换。

❻ 温度传感器绝缘检测。

❼ 重新更换三相出线和温度传感器出线的绝缘管、热缩管。

❽ 确认故障是否排除。

如果正常，则诊断结束。如果异常，则检测旋变定子。

(11) 检测旋变定子

❶ 拆卸电机。

❷ 用电阻计检测旋变定子电阻值。

❸ 用耐压绝缘表测试耐压、绝缘。

❹ 重新更换旋变信号线出线绝缘管、端子。
❺ 确认故障是否排除。
如果正常,则诊断结束。如果异常,则前、后轴承更换。

(12) 前、后轴承更换
❶ 拆卸电机。
❷ 用拉马拆除旧轴承,用专用压装工装压轴承内圈,更换新轴承,轴承须装配到位。
❸ 轴用轴承挡圈安装到位。
❹ 确认故障是否排除。
如果正常,则诊断结束。如果异常,则更换驱动电机。

(13) 更换驱动电机
❶ 操作启动开关使电源模式至 OFF 状态。
❷ 断开蓄电池负极电缆。
❸ 拆卸维修开关。
❹ 更换驱动电机。
❺ 确认电动机工作正常。

1.7.5 驱动电机拆装

(1) 拆卸
❶ 打开前机舱盖。
❷ 操作空调制冷剂的回收程序。
❸ 断开蓄电池负极电缆。
❹ 拆卸维修开关。
❺ 拆卸左、右前轮轮胎。
❻ 拆卸驱动轴。
❼ 拆卸分线盒。
❽ 拆卸充电机。
❾ 拆卸电机控制器上盖。
❿ 拆卸电机控制器。
⓫ 拆卸三相线束。
⓬ 拆卸冷却液储液罐。
⓭ 拆卸机舱底部护板。
⓮ 拆卸压缩机。
⓯ 拆卸制冷空调管。
⓰ 拆卸制动真空泵。
⓱ 拆卸冷却水泵。
⓲ 固定驱动电机。
⓳ 使用吊装工具从上端固定驱动电机。
⓴ 拆卸前悬置。
㉑ 拆卸后悬置。
㉒ 拆卸左悬置。
㉓ 拆卸右悬置。
㉔ 拆卸驱动电机及减速器总成。

a. 拆卸电机进、出水管环箍，脱开电机冷却水管（图1-7-8）。

注意

水管脱开前请在车辆底部放置容器，接住防冻液，以免污染地面。拆卸或安装水管环箍时都应使用专用的环箍钳。

b. 断开驻车电机线束连接器，脱开线束固定卡扣（图1-7-9）。

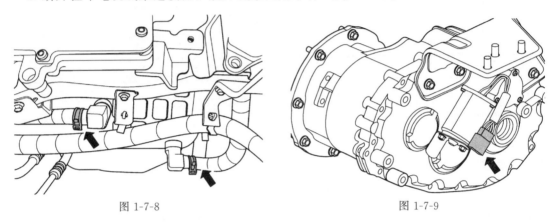

图1-7-8　　　　　　　　　　　图1-7-9

c. 拆卸动力总成托架搭铁线束固定螺栓，脱开动力总成托架搭铁线束1（图1-7-10）。
d. 拆卸动力线束搭铁螺栓2。
e. 断开驱动电机线束连接器1（图1-7-11）。
f. 拆卸驱动电机搭铁线束固定螺栓2，脱开驱动电机搭铁线束。

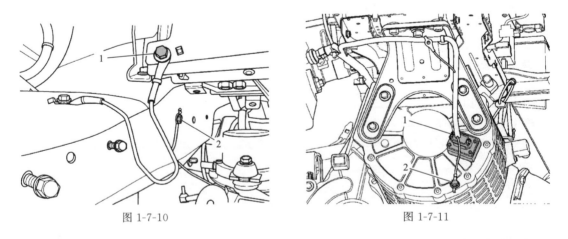

图1-7-10　　　　　　　　　　　图1-7-11

g. 脱开动力总成托架上的动力线束卡扣，从动力总成托架抽出动力线束（图1-7-12）。
h. 举升吊装工具，移出驱动电机及减速器总成。
㉕ 拆卸减速器总成。
㉖ 拆卸动力总成托架。
（2）安装
❶ 安装动力总成托架。

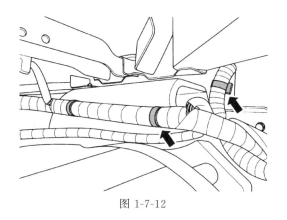

图 1-7-12

❷ 安装减速器总成。
❸ 安装驱动电机及减速器总成。
a. 举升吊装工具，放置驱动电机及减速器总成。
b. 将动力线束布置到动力总成托架上，固定动力线束卡扣。
c. 连接驱动电机线束连接器。

 注意

插接时注意"一插、二响、三确认"。

d. 连接驱动电机搭铁线束，紧固驱动电机搭铁线束固定螺栓。力矩：8N·m。
e. 连接动力总成托架搭铁线束，紧固固定螺栓。力矩：9N·m。
f. 紧固动力线束搭铁螺栓。力矩：8N·m。
g. 连接驻车电机线束连接器，固定线束卡扣。
h. 连接电机冷却水管，安装水管环箍。
❹ 安装前悬置。
❺ 安装后悬置。
❻ 安装左悬置。
❼ 安装右悬置。
❽ 安装压缩机。
❾ 安装冷却水泵。
❿ 安装制动真空泵。
⓫ 安装制冷空调管。
⓬ 安装拆卸冷却液储液罐。
⓭ 安装三相线束。
⓮ 安装电机控制器。
⓯ 安装电机控制器上盖。
⓰ 安装分线盒。
⓱ 安装充电机。
⓲ 安装驱动轴。
⓳ 加注减速器油。

⑳ 安装机舱底部护板。
㉑ 安装左、右前轮轮胎。
㉒ 安装维修开关。
㉓ 加注冷却液。
㉔ 连接蓄电池负极电缆。
㉕ 操作空调制冷剂的加注程序。
㉖ 关闭前机舱盖。

1.8 宝马 i3 纯电动汽车

1.8.1 切断高压系统的电压

注意

拔下可能已连接的充电电缆。打开发动机舱盖。关闭点火开关。在脱开高压安全插头之前应确保车辆处于"休眠状态"。

（1）拔出高压安全插头

注意

高压安全插头不能完全脱开。

将高压安全插头 1 解除联锁，并将其拔出，直至插头 2 和插座上的孔不再连接。在高压安全插头上能够看到"关闭"标记（图 1-8-1）。

（2）防止高压系统再次连接

将挂锁 1 插入高压安全开关预留孔 2 中并锁定（图 1-8-2）。

注意

挂锁的钥匙应置于安全位置保管。

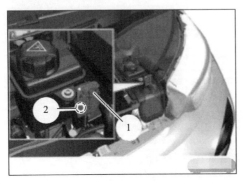

图 1-8-1

图 1-8-2

(3) 确定无电压

如图 1-8-3 所示,在进行后续维修工作前务必要注意以下几点。

❶ 打开点火开关并检查组合仪表无电压。检查控制信息必须显示"高电压系统已关闭"。

❷ 注意出现的高压警告牌(指示灯、检查控制等),找出原因并排除故障。

❸ 只有当组合仪表中显示检查控制信息"高电压系统已关闭"时(图 1-8-3),才允许将 12V 蓄电池断开。

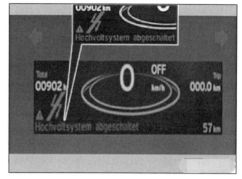

图 1-8-3

 提示

点火开关关闭且高压安全插头脱开时,标准情况下将显示检查控制信息"高压系统故障"。只有点火开关打开时,才能显示无电压(高电压系统已关闭)。

 警告

❶ 如果无法明确确定组合仪表中无电压,则不允许开始工作。有生命危险!

❷ 在开始工作之前,必须由具备资质且经过认证的 1000V DC 电气专业人员,使用相应的测量仪/测量方法确定已断电!

❸ 在这样的情况下,必须联系技术支持!此外,隔离车辆,并借助高压截止带将其隔开!

1.8.2 高压插接器拆装

注意高压插头连接的下列提示:必须完全更新损坏的高压插头连接。不允许进行修理。在打开插头连接前必须擦去污物。

(1) 断开 Hirschmann 高压插头

沿箭头方向按压插头上的左右锁止件 1(图 1-8-4)。将插头 2 沿箭头方向拔出。

 注意

拔下插头 2 时会有些费力。当高压插头 2 损坏时,必须完全更新高压线!

(2) 连接 Hirschmann 高压插头

将插头 1 沿箭头方向推上(图 1-8-5)。

 提示

必须听到插头嵌入的声音。

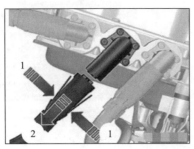 

图 1-8-4　　　　　　　　　　　图 1-8-5

(3) 断开 Kostal 高压插头

解除高压触点监测装置 1 联锁并脱开（图 1-8-6）。

将锁止件 1 向前推到底（图 1-8-7）。抬起插头 2，并将其整个拔下。

 注意

拔下插头连接时会有些费力。必须一次性地从壳体中拔出插头 2。如果仅部分的拔出插头，然后又关闭，可能导致接触保护损坏！

 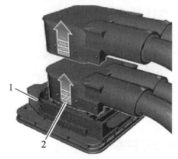

图 1-8-6　　　　　　　　　　　图 1-8-7

(4) 检查 Kostal 高压插头和连接的损坏

检查接触保护 1 是否损坏及位置是否正确（图 1-8-8）。

 警告

不要触碰未保护的插头 2。如果接触保护 1 向下移，那么必须重新安装高压插头。如果接触保护 1 在重新安装时再次停留在下部位置，那么接触保护会损坏并需要更新组件！

(5) 检查高压插头 1 是否损坏（图 1-8-9）

 警告

当高压插头 1 损坏时，必须完全更新高压导线！

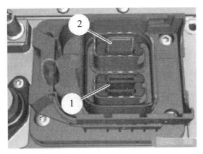
图 1-8-8

图 1-8-9

(6) 连接 Kostal 高压插头

一次性地将插头 2 完全插到壳体上（图 1-8-10）。将锁止件 1 向后推到底。

 注意

插头连接必须通过锁止件 1 嵌入，否则有损坏危险。

连接高压互锁的插头（图 1-8-11）。

图 1-8-10

图 1-8-11

(7) Dreiphasiger 高压插头

笔直拔下和插上插头（图 1-8-12）。

(8) 脱开便捷充电系统高压接口上的高压插头

将锁止件 1 沿箭头方向移动至极限位置（图 1-8-13）。

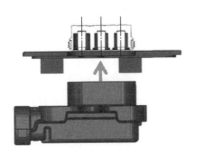
图 1-8-12

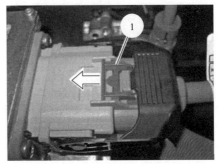
图 1-8-13

压下锁止件 1（图 1-8-14）。
完全翻开锁止件 1 并拔下插头 2（图 1-8-15）。

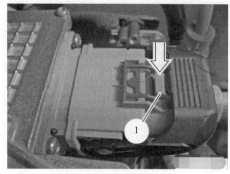
图 1-8-14

图 1-8-15

（9）连接便捷充电系统高压接口上的高压插头

插上插头 1 至极限位置并锁上锁止件 2（图 1-8-16）。

 注意

必须听到锁止件 2 嵌入的声音。锁止件 2 的锁止凸耳必须完全位于锁止件 2 下方。

检查是否锁止到位。
将锁止件 2 沿箭头方向推至极限位置。
（10）高压蓄电池单元高压接口上的高压插头
沿箭头方向向下压解锁件 1 并沿箭头方向拔下插头 2（图 1-8-17）。

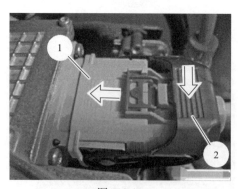
图 1-8-16

图 1-8-17

 注意

当插头外壳损坏时将不再具备接触保护。这种情况下必须技术支持部门联系。

（11）电池单元模块上的高压插头 I01

压紧解除联锁装置 1 并向上拔出插头 2（图 1-8-18）。

注意

当插头外壳损坏时将不再具备接触保护。这种情况下必须技术支持部门联系。

（12）电池单元模块上的高压插头（电池单元模块连接线路）

沿箭头方向压解锁件 1 并沿箭头方向拔下插头 2（图 1-8-19）。

注意

当插头外壳损坏时将不再具备接触保护。这种情况下必须技术支持部门联系。

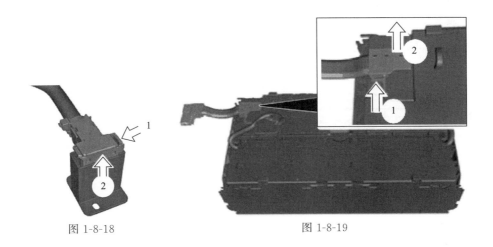

图 1-8-18　　　　　　　　　　　图 1-8-19

1.8.3　驱动电机拆装

警告

工作开始之前和开始时务必遵守下列几点。

❶ 注意电动汽车的操作安全提示。

❷ 注意关于电位补偿螺栓连接的提示。

❸ 用于驱动单元修理的工作场地必须干净（无油脂、无污渍且无金属屑）、干燥（无泄漏的液体），并且没有飞溅的火星。因此应避免在车辆清洁区或进行车身维修工作的工作场所附近。

❹ 必要时应使用活动隔板和高压截止带进行分离。

❺ 必须重新取出电机内遗忘/落下的小零件/螺栓。

❻ 目检壳体、连接和密封件或电机及电机-电子伺控装置的密封面是否有污渍和是否损坏。

（1）拆装驱动电机

❶ 松开螺栓 1，取下变速箱安装支架 2（图 1-8-20）。

❷ 脱开驻车锁止器上的插头连接1，取下电线束（图1-8-21）。
❸ 撬出隔音装置3的夹子2。
❹ 拆下隔音装置3。

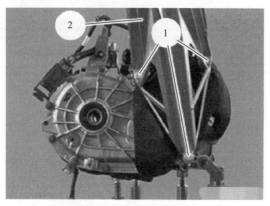

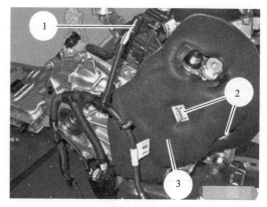

图1-8-20　　　　　　　　　　　图1-8-21

❺ 取下并移除固定点上的高压线1（图1-8-22）。

提示

　　为了改善可接近性，暂时将定位盘2往回转。在本工作步骤之后，定位盘2必须重新定位在电机上！

❻ 取下隔音装置4的夹子3。
❼ 拆下隔音装置4。
❽ 打开固定卡圈1并拔下冷却液软管2（图1-8-23）。

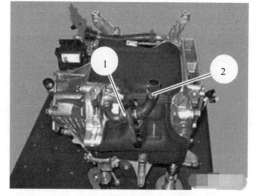

图1-8-22　　　　　　　　　　　图1-8-23

❾ 松开螺栓1并取下支座2（图1-8-24）。
❿ 将冷却液软管从夹子3中取下。
⓫ 打开固定卡圈4，拔出冷却液软管。
⓬ 取出并移除夹子3。

提示

为了改善可接近性,暂时将定位盘(图 1-8-25)往回转。在本工作步骤之后,定位盘 2 必须重新定位在电机上!

⑬ 撬出隔音装置 3 的夹子 1。
⑭ 抽出并取下隔音装置 3。

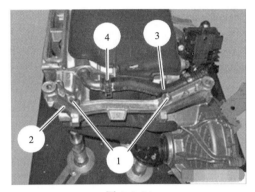

图 1-8-24

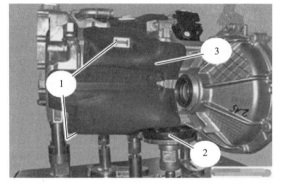

图 1-8-25

⑮ 松开电位补偿导线 2 的螺栓 1(图 1-8-26)。
⑯ 撬出隔音装置 4 的夹子 3。
⑰ 拆下隔音装置 4。
⑱ 松开变速箱的后部螺栓 1(图 1-8-27)。

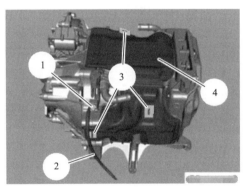

图 1-8-26

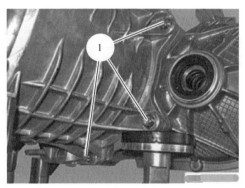

图 1-8-27

⑲ 松开变速箱 2 的前部螺栓 1(图 1-8-28)。
⑳ 小心地向前拔出变速箱 2。

(2)安装驱动电机

❶ 从新电机 1 的型号铭牌 2 上读取电机位置传感器调校值 3。型号铭牌 2 位于电机 1 的下方(图 1-8-29)。

❷ 在匹配电机位置传感器时,必须通过诊断系统读入新的电机位置传感器调校值 3。

 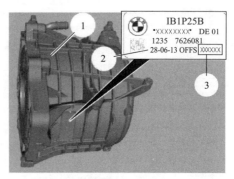

图 1-8-28　　　　　　　　　　　图 1-8-29

❸ 清洁。

转子轴的轮毂基座和变速箱输入轴务必完全无油脂。只允许使用 GE 清洁剂（零件号码 83 23 2 357 553）进行清洁。

a. 用无纤维的抹布从转子轴的轮毂中去除油脂。
b. 在转子轴的轮毂上涂抹清洁剂。用毛刷将油脂从里往外轻轻地刷出。
c. 用压缩空气吹出油脂残余物。用无纤维的抹布吸除油脂残余物。

只允许使用 GE 油脂（零件号码 83 23 2 357 146）进行润滑。
禁止超过最大 4g 的油脂量。必要时在润滑前将残留油脂完全去除。

d. 重新上油脂。将完整的油脂量（4g）涂敷到转子轴轮毂基座上。啮合处不允许上油脂。在变速箱与电机的接缝处，油脂均匀分布在连接上。
e. 装配专用工具。将专用工具 2 285 545 旋入电机。必须使用专用工具 2 285 545 将变速箱连接到电机上。
f. 使用无纤维的抹布清洁变速箱输入轴 1（图 1-8-30）。
g. 注入清洁剂并且用压缩空气和无纤维的抹布将剩余油脂完全去除。
h. 必要时使用合适的钢丝刷完全清除变速箱输入轴 1 的锈蚀部分。
i. 每次拆卸和安装变速箱时务必更新密封环 2。
j. 检查密封环 3 有无损坏。必要时更新密封环 3。使用 GE 油脂循环稍稍浸润外部密封环 3。

❹ 将密封环 1 置于专用工具 2 285 547 上（图 1-8-31）。

只有在已安装状态下，才允许于驱动轴上使用 GE 油脂循环稍稍浸润密封环 1。

图 1-8-30

图 1-8-31

❺ 推入导向套筒 1 并分开密封环（图 1-8-32）。
❻ 将专用工具 2 285 547 推到变速箱输入轴上（图 1-8-33）。
❼ 将密封环 1 从导向套筒滑动到导槽中。
❽ 使用 GE 油脂循环稍稍浸润密封环 1。

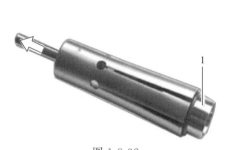

图 1-8-32

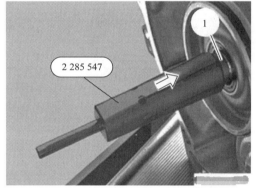

图 1-8-33

❾ 小心地安装变速箱。
❿ 拧紧变速箱上的前部螺栓。
安装说明：更新螺栓。
拧紧力矩：25N·m＋90°。
⓫ 拧紧变速箱上的后部螺栓。
安装说明：更新螺栓。
拧紧力矩：25N·m＋90°。
⓬ 定位隔音装置。
⓭ 安装夹子。
⓮ 连接冷却液软管并关闭固定卡圈。
⓯ 将高压线嵌入固定点。
⓰ 拧紧变速箱安装支架上的螺栓。
安装说明：更换螺栓。
拧紧力矩：56N·m＋90°。

(3) 连接 BMW 诊断系统

❶ 服务功能。

❷ 电动机。

❸ 电机电子装置。

❹ 转子位置传感器匹配。

1.9 特斯拉 Model X 纯电动汽车

1.9.1 驱动电机简介

X 型号是电动后置后驱和全轮驱动车辆，该车液冷式动力系统包括电池和一个或多个电机、驱动逆变器和齿轮箱。使用三相、四极交流异步电机转子铜。

图 1-9-1

1.9.2 驱动电机速度传感器拆装

(1) 拆卸速度传感器

❶ 举升起车辆。

❷ 拆卸后挡泥板。

❸ 断开速度传感器连接器。

❹ 拆卸速度传感器连接器固定螺栓（图 1-9-1）。力矩：8N·m。

❺ 取下速度传感器。

注意

放置一个合适的容器，以盛装溢出的液体。检查 O 形密封圈是否有损坏，并在必要时进行更换。

(2) 安装速度传感器

安装程序与拆卸程序相反。

1.9.3 驱动电机拆装

(1) 拆卸驱动电机

❶ 拆卸后副框架。

❷ 继开电机编码器（图 1-9-2）。

❸ 从副框架上的锁环上松开车轮速度传感器线束。

❹ 在副框架的两侧，松开将上连杆固定到万向节的螺栓。

❺ 使用传动轴提取器将半轴从驱动单元上拆下。

图 1-9-2

警告

请勿让半轴靠在输入轴密封件上。

 提示

松开将上连杆固定到副框架的螺母可能有助于您的操作。这可以提供更大的间隙，以便工作人员在安装传动轴时使用。

❻ 将起重机架螺栓（×3）固定到驱动单元上。

 注意

将短螺栓固定到驱动单元的电机部分。

❼ 松开将电机前后支座固定到副框架的螺母（扭矩为 90N·m）（图 1-9-3）。

❽ 松开支架固定螺栓（图 1-9-4）。

图 1-9-3

图 1-9-4

 提示

拆卸固定电机前后支座的螺栓时，使用螺丝刀或小橇杆朝着与副框架相反的方向撬动可能有助于您的操作。这可以帮助您将电机支座上的螺栓孔与副框架对齐，从而使螺栓的拆卸变得轻松。

❾ 拆卸固定电机前支座的螺栓（扭矩为 90N·m）。

❿ 拆卸固定电机后支座的螺栓（扭矩为 90N·m）。

 警告

当在接下来的步骤中提升驱动单元总成时，请助手用螺丝刀或类似工具撑在副框架上，并将平衡杆移开。不要用工具撑在电机支座上。

⑪ 小心地提起驱动单元总成，确保其脱离副框架后部。

 警告

请勿损坏电机编码器的塑料外壳。

（2）安装驱动电机

安装程序与拆卸程序相反。

 警告

❶ 更换所有尼龙嵌件式防松螺母。
❷ 仅在车辆处于行驶高度位置时，才可将悬架衬套螺栓完全拧紧。

使用推荐的液体重新充注变速箱。将车辆转移到四柱举升器上。执行四轮定位检查。

更新或重新部署固件：如果车辆运行的不是最新的固件，请执行完整固件更新。如果车辆运行的是最新的固件，则执行固件重新部署。

❶ 在 Toolbox 中，选择 Views＞Firmware and ECU Programming＞Firmware Redeploy。

❷ 选择 Service Redeploy 选项卡。

❸ 单击 Start Routine 按钮。

第2章 动力电池系统

2.1 比亚迪 E5 纯电动汽车

2.1.1 动力电池简介

动力电池系统是 EV 车动力能源,它为整车驱动和其他用电器提供电能。本车的动力电池系统由动力电池模组、电池信息采集器、串联线、托盘、密封罩、电池采样线组成。电池包内部含有 2 个分压接触器、1 个正极接触器、1 个负极接触器、采样线束、电池模组连接片和连接电缆等。

动力电池技术参数如表 2-1-1 所示。

表 2-1-1

磷酸铁锂电池	参数
电池包总能量	42kwh 12 个电池组串联,12 个 BIC 48kwh 13 个电池组串联,13 个 BIC
电池包容量	65Ah/75Ah
额定电压	627~646V
储存温度	−40~40℃,短期储存(3 个月)20%≤SOC≤40% −20~35℃,长期储存(<1 年)30%≤SOC≤40%
重量	≤490kg

2.1.2 动力电池故障代码

故障代码如表 2-1-2 所示。

表 2-1-2

编号	DTC	描述	应检查部位
1	P1A0000	严重漏电故障	检查动力电池、四合一、空调压缩机和 PTC
2	P1A0100	一般漏电故障	检查动力电池、四合一、空调压缩机和 PTC
3	P1A0200	BIC1 工作异常故障	采集器 1
4	P1A0300	BIC2 工作异常故障	采集器 2
5	P1A0400	BIC3 工作异常故障	采集器 3
6	P1A0500	BIC4 工作异常故障	采集器 4

续表

编号	DTC	描述	应检查部位
7	P1A0600	BIC5 工作异常故障	采集器 5
8	P1A0700	BIC6 工作异常故障	采集器 6
9	P1A0800	BIC7 工作异常故障	采集器 7
10	P1A0900	BIC8 工作异常故障	采集器 8
11	P1A0A00	BIC9 工作异常故障	采集器 9
12	P1A0B00	BIC10 工作异常故障	采集器 10
13	P1A9800	BIC11 工作异常故障	采集器 11
14	P1A9900	BIC12 工作异常故障	采集器 12
15	P1A9A00	BIC13 工作异常故障	采集器 13
16	P1A0C00	BIC1 电压采样异常故障	电池模组 1；软件会自己屏蔽掉，无需处理，若无法屏蔽则需更换电池模组
17	P1A0D00	BIC2 电压采样异常故障	电池模组 2；软件会自己屏蔽掉，无需处理，若无法屏蔽则需更换电池模组
18	P1A0E00	BIC3 电压采样异常故障	电池模组 3；软件会自己屏蔽掉，无需处理，若无法屏蔽则需更换电池模组
19	P1A0F00	BIC4 电压采样异常故障	电池模组 4；软件会自己屏蔽掉，无需处理，若无法屏蔽则需更换电池模组
20	P1A1000	BIC5 电压采样异常故障	电池模组 5；软件会自己屏蔽掉，无需处理，若无法屏蔽则需更换电池模组
21	P1A1100	BIC6 电压采样异常故障	电池模组 6；软件会自己屏蔽掉，无需处理，若无法屏蔽则需更换电池模组
22	P1A1200	BIC7 电压采样异常故障	电池模组 7；软件会自己屏蔽掉，无需处理，若无法屏蔽则需更换电池模组
23	P1A1300	BIC8 电压采样异常故障	电池模组 8；软件会自己屏蔽掉，无需处理，若无法屏蔽则需更换电池模组
24	P1A1400	BIC9 电压采样异常故障	电池模组 9；软件会自己屏蔽掉，无需处理，若无法屏蔽则需更换电池模组
25	P1A1500	BIC10 电压采样异常故障	电池模组 10；软件会自己屏蔽掉，无需处理，若无法屏蔽则需更换电池模组
26	P1AA200	BIC11 电压采样异常故障	电池模组 11；软件会自己屏蔽掉，无需处理，若无法屏蔽则需更换电池模组
27	P1AA300	BIC12 电压采样异常故障	电池模组 12；软件会自己屏蔽掉，无需处理，若无法屏蔽则需更换电池模组
28	P1AA400	BIC13 电压采样异常故障	电池模组 13；软件会自己屏蔽掉，无需处理，若无法屏蔽则需更换电池模组
29	P1A2000	BIC1 温度采样异常故障	采集器 1
30	P1A2100	BIC2 温度采样异常故障	采集器 2

续表

编号	DTC	描述	应检查部位
31	P1A2200	BIC3 温度采样异常故障	采集器 3
32	P1A2300	BIC4 温度采样异常故障	采集器 4
33	P1A2400	BIC5 温度采样异常故障	采集器 5
34	P1A2500	BIC6 温度采样异常故障	采集器 6
35	P1A2600	BIC7 温度采样异常故障	采集器 7
36	P1A2700	BIC8 温度采样异常故障	采集器 8
37	P1A2800	BIC9 温度采样异常故障	采集器 9
38	P1A2900	BIC10 温度采样异常故障	采集器 10
39	P1AAC00	BIC11 温度采样异常故障	采集器 11
40	P1AAD00	BIC12 温度采样异常故障	采集器 12
41	P1AAE00	BIC13 温度采样异常故障	采集器 13
42	P1A2A00	BIC1 均衡电路故障	采集器 1
43	P1A2B00	BIC2 均衡电路故障	采集器 2
44	P1A2C00	BIC3 均衡电路故障	采集器 3
45	P1A2D00	BIC4 均衡电路故障	采集器 4
46	P1A2E00	BIC5 均衡电路故障	采集器 5
47	P1A2F00	BIC6 均衡电路故障	采集器 6
48	P1A3000	BIC7 均衡电路故障	采集器 7
49	P1A3100	BIC8 均衡电路故障	采集器 8
50	P1A3200	BIC9 均衡电路故障	采集器 9
51	P1A3300	BIC10 均衡电路故障	采集器 10
52	P1AB600	BIC11 均衡电路故障	采集器 11
53	P1AB700	BIC12 均衡电路故障	采集器 12
54	P1AB800	BIC13 均衡电路故障	采集器 13
55	P1A3400	预充失败故障	检查动力电池、高压配电箱、电机控制器与 DC 总成、空调压缩机和 PTC 和高压线束、漏电传感器
56	P1A3500	动力电池单节电压严重过高	动力电池
57	P1A3600	动力电池单节电压一般过高	动力电池
58	P1A3700	动力电池单节电压严重过低	动力电池
59	P1A3800	动力电池单节电压一般过低	动力电池
60	P1A3900	动力电池单节温度严重过高	动力电池
61	P1A3A00	动力电池单节温度一般过高	动力电池
62	P1A3B00	动力电池单节温度严重过低	动力电池
63	P1A3C00	动力电池单节温度一般过低	动力电池
64	P1A4200	负极接触器烧结故障	电池包
65	U20B000	BIC1 CAN 通信超时故障	采集器、CAN 线
66	U20B100	BIC2 CAN 通信超时故障	采集器、CAN 线
67	U20B200	BIC3 CAN 通信超时故障	采集器、CAN 线
68	U20B300	BIC4 CAN 通信超时故障	采集器、CAN 线
69	U20B400	BIC5CAN 通信超时故障	采集器、CAN 线

续表

编号	DTC	描述	应检查部位
70	U20B500	BIC6 CAN 通信超时故障	采集器、CAN线
71	U20B600	BIC7 CAN 通信超时故障	
72	U20B700	BIC8 CAN 通信超时故障	
73	U20B800	BIC9 CAN 通信超时故障	
74	U20B900	BIC10 CAN 通信超时故障	
75	U20BA00	BIC11 CAN 通信超时故障	
76	U20BB00	BIC12 CAN 通信超时故障	
77	U20BC00	BIC13 CAN 通信超时故障	

2.1.3 动力电池低压接口定义

动力电池低压接口如图 2-1-1 所示。

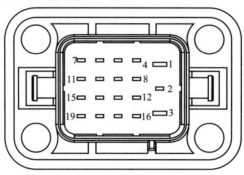

图 2-1-1

动力电池低压接口定义如表 2-1-3 所示。

表 2-1-3

针脚号	端口定义	针脚号	端口定义
1~3	NC	12	采集器 CANL
4	采集器电源正	13	采集器 CANH
5	负极接触器电源	14	高压互锁信号输出
6	分压接触器电源1	15	采集器电源地
7	分压接触器电源2	16	负极接触器控制
8	正极接触器电源	17	分压接触器控制1
9	高压互锁信号输入	18	分压接触器控制2
10	采集器 CAN 屏蔽地	19	正极接触器控制
11	NC		

2.1.4 动力电池拆装

动力电池更换流程如下。

❶ 将车辆退电至 OFF 挡，等待 5min。

❷ 用举升机将整车升起到合适的高度。

❸ 使用专用的举升设备托着电池包。
❹ 佩戴绝缘手套,拔掉电池包的电池信息采样通信线,然后拔直流母线接插件。
❺ 使用 M18 的套筒卸掉托盘周边紧固件,卸下动力电池包。
❻ 佩戴绝缘手套,用万用表测试更新的动力电池包母线是否有电压输出,没有电压输出就更换装车。
❼ 佩戴绝缘手套,将新的动力电池包放到装电池包举升设备上。
❽ 佩戴绝缘手套,安装托盘的紧固件,力矩 135N·m。
❾ 佩戴绝缘手套,接动力电池包直流母线接插件,然后接电池信息采样通信线接插件。
❿ 上电,检测动力电池系统问题是否解决,若无问题,结束。

2.1.5 动力电池电路图

动力电池电路图如图 2-1-2 所示。

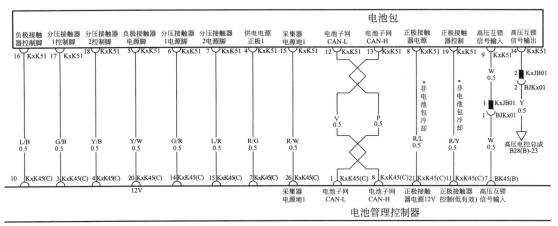

图 2-1-2

2.2 比亚迪 E6 纯电动汽车

2.2.1 动力电池简介

动力电池位于车底,是整车的动力来源。根据电池种类的不同可分为锂电池、镍氢电池和铅酸类电池。E6 采用的为磷酸铁钴锂电池。磷酸铁钴锂动力电池是用磷酸铁钴锂材料作电池正极的锂离子电池(图 2-2-1)。

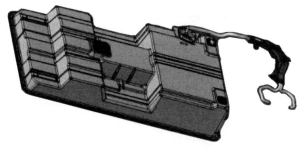

图 2-2-1

技术参数如表 2-2-1 所示。

表 2-2-1

每个单体电池电压	3.3V	模组总数	11 个
动力电池标准电压	316.8V	单节电池总数	96 节
动力电池容量	220Ah		

2.2.2 动力电池故障代码

故障代码如表 2-2-2 所示。

表 2-2-2

DTC	描述	DTC	描述
P1A9000	单节电池电压严重过高	P180100	1 号采集器通信超时
P1A9100	单节电池电压一般过高	P180200	2 号采集器通信超时
P1A9200	单节电池电压一般过低	P180300	3 号采集器通信超时
P1A9300	单节电池电压严重过低	P180400	4 号采集器通信超时
P1A9400	单节电池温度严重过高	P180500	5 号采集器通信超时
P1A9500	单节电池温度一般过高	P180600	6 号采集器通信超时
P1A9600	单节电池温度一般过低	P180700	7 号采集器通信超时
P1A9700	单节电池温度严重过低	P180800	8 号采集器通信超时
P1A9800	电流霍尔采样异常故障	P180900	9 号采集器通信超时
P1A5300	严重漏电故障	P180A00	电压采样故障
P1A5400	一般漏电故障	P180B00	温度采样故障
P1A9900	电池组过流告警	P180C00	BIC 均衡硬件严重失效
P1AA100	主预充失败	P180D00	BIC 均衡硬件一般失效
P1AA200	DC 预充失败	P180E00	电池严重不均衡
P180000	0 号采集器通信超时		

2.2.3 动力电池故障检查

U0111 动力电池管理模块通信故障检查步骤如下。
(1) 检查 CAN 线
电路图如图 2-2-2 所示。
(2) 断开 M32 连接器
根据图 2-2-3 和表 2-2-3 用万用表检查线束端子值。

表 2-2-3

端子	线色	正常值
M32-15～M32-22		约 120Ω
M32-16～车身地	W/B	0

如果正常，则 CAN 线正常。如果异常，则更换 CAN 线束。

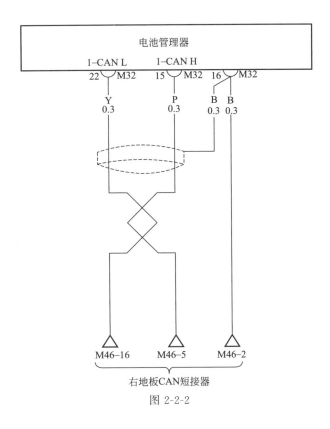

图 2-2-2

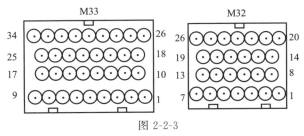

图 2-2-3

2.2.4 动力电池拆装

（1）准备工作

❶ 环境要求。场地通风、干燥，地面整洁无水迹、油迹，远离高压设备。

❷ 人员要求。设置一名专职监护人，监护人及维修技师应具备中级以上电工证。

❸ 安全防护用品准备。绝缘手套、防弧面罩和绝缘胶鞋等，其电压等级必须大于需要测量的最高电压。

（2）拆卸前准备

❶ 启动按钮打到 OFF 挡。

❷ 拔下紧急维修开关（图 2-2-4）。

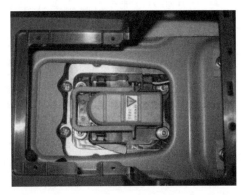

图 2-2-4

❸ 断开12V蓄电瓶负极。

（3）拆卸作业

❶ 拆卸高压零部件前，必须做好防护措施。
❷ 拆卸高压零件时，必须使用绝缘工具。
❸ 举升车辆至一定高度。
❹ 拆卸动力电池低压控制线束插接器。
❺ 拆卸动力电池高压线束插接器。
❻ 将动力电池举升台架推入车辆底部、动力电池正下方。

 **注意**

　　动力电池举升台架放置的位置，必须在动力电池正下方。动力电池举升台架放置的位置，不能挡住需要拆卸的螺栓。

❼ 锁止动力电池举升台架滑动轮制动器。

 注意

　　为防止在拆卸动力电池时，动力电池举升台架随意滑移，必须踩下两个滑动轮制动器。

❽ 举升动力电池举升台架至合适的高度。
❾ 使动力电池举升台架托住动力电池。
❿ 按顺序拆卸动力电池总成固定螺栓。
⓫ 降下动力电池举升台架与动力电池。

 注意

　　降下动力电池举升台架与动力电池时，必须缓慢平稳、避免动力电池意外滑落。

（4）安装动力电池总成

❶ 举升动力电池举升台架至合适的高度。
❷ 检查动力电池右后侧和左前侧定位销，是否安装到车辆下方的定位孔中。
❸ 再次举升动力电池台架，使动力电池与车架贴合。
❹ 对角旋入动力电池固定螺栓。
❺ 紧固固定螺栓。标准力矩：130±5N·m。
❻ 降下动力电池举升台架。
❼ 安装动力电池高压线束插接器。
❽ 将动力电池高压线束互锁端口锁紧。
❾ 检查动力电池高压线束，是否插接到位。
❿ 安装动力电池低压控制线束。
⓫ 旋紧动力电池低压控制线束插接器。

❶ 检查动力电池低压控制线束，是否插接到位。

（5）操作注意事项

❶ 电池总成装配时，维修开关、正负极、采样线对准车身口，且采样线、维修开关、正负极不能与车身干涉。

❷ 电池总成在装配结束后，目测与车身接合处要紧密。

❸ 拆卸或装配动力电池包及托盘总成前，务必确保点火开关处于 OFF 挡，并拔下紧急维修开关。

❹ 操作动力电池及整个高压系统过程中务必戴绝缘手套。

注意
使用前必须检查手套是否有破损、破洞或裂纹等；不要戴湿手套。

❺ 拆下任何高压配线后，立刻用绝缘胶带将外露金属绝缘。

2.3 北汽 E150EV 纯电动汽车

2.3.1 动力电池简介

❶ 动力电池系统属于化学电源，由于其自身能量转换时对温度的敏感，我们已经在电池包内部安装了加热单元。在温度较低的冬天，对电池包进行充电时，加热单元会首先启动对动力电池系统进行加热。当温度达到适宜充电的温度范围以后，电池管理系统会自动启动动力电池系统的充电程序。

❷ 如果动力电池系统的加热单元损坏，应及时进行维修。因为在低温条件下不加热，电池箱体内部达不到适应充电的温度范围，电池管理系统不会启动充电程序，动力电池系统将不能进行正常充电。

❸ 技术参数（表 2-3-1）。

表 2-3-1

产品代号	基本参数	
C30DB-B	动力电池系统电压	313V
	动力电池系统容量	66Ah
	动力电池系统电量	20.7kWh
C30DB-B1	动力电池系统电压	313V
	动力电池系统容量	66Ah
	动力电池系统电量	21kWh
C30DB-B9（出租车）	动力电池系统电压	313V
	动力电池系统容量	66Ah
	动力电池系统电量	20.7kWh
C30DB-B11	动力电池系统电压	313V
	动力电池系统容量	66Ah
	动力电池系统电量	20.7kWh

续表

产品代号	基本参数	
C30DB-B12	动力电池系统电压	313V
	动力电池系统容量	66Ah
	动力电池系统电量	20.7kWh
C30DB-B13	动力电池系统电压	313V
	动力电池系统容量	72Ah
	动力电池系统电量	22.5kWh

2.3.2 动力电池故障代码

动力电池故障代码如表 2-3-2 所示。

表 2-3-2

故障代码	定义	DTC检测条件	DTC触发条件	可能的故障原因
P0001	高压电池过电流故障	钥匙门至ON/START挡	电流大于300A,且持续10s	检测负载功率控制参数是否正常
P0002	高压母线绝缘等级太低故障	钥匙门至ON/START挡	母线绝缘电阻低于100kΩ	①高压母线绝缘故障 ②外部设备绝缘异常导致的报警
P0003	烟雾检测故障	钥匙门至ON/START挡	烟雾报警器检测到报警信号,持续10s	①电池故障产生烟雾导致报警 ②其他烟雾导致的系统报警
P0052	锂电池继电器状态故障	钥匙门至ON/START挡	系统2s内未收到继电器闭合信号	①继电器故障 ②系统软件故障
P0256	高压电池单体温度不均衡故障	钥匙门至ON/START挡	电池温度差大于20℃	①加热系统故障 ②散热系统故障
P0257	高压电池单体电压不均衡故障	钥匙门至ON/START挡	单体压差大于500mV,且持续2s	过放电造成的单体电压偏低
P0258	高压电池温度过高故障	钥匙门至ON/START挡	电池温度大于55℃,且持续10s	散热系统工作异常
P0259	高压电池电压过高故障	钥匙门至ON/START挡	总电压大于370V	①BMS系统充电控制功能失效 ②外部充电设备未执行BMS发出的停机信号
P0260	高压电池单体电压过低故障	钥匙门至ON/START挡	单体电压低于2.5V,且持续2s	动力电池电量低
P0261	高压电池总电压过低故障	钥匙门至ON/START挡	总电压低于250V	动力电池电量低
P0262	高压电池SOC过低故障	钥匙门至ON/START挡	SOC低于10%	动力电池电量低
P0263	高压母线绝缘等级过低故障	钥匙门至ON/START挡	母线绝缘电阻低于40kΩ	①高压母线短接或短路 ②外部设备绝缘异常导致的报警
P0264	高压电池BMS内部通信故障	钥匙门至ON/START挡	BMS内部通信中断5s	①工作电源电压不足 ②硬件故障
P0265	高压母线连接故障	钥匙门至ON/START挡	检测不到高压信号,且持续10s	检测预充电电路

续表

故障代码	定义	DTC 检测条件	DTC 触发条件	可能的故障原因
P0773	电池系统生命信号故障	钥匙门至 ON/START 挡	电池系统不工作	①工作电源电压不足 ②BMS 系统硬件故障
P0776	电池 BMS 软件故障	钥匙门至 ON/START 挡	BMS 软件故障,监测数据异常	BMS 软件故障
P1024	电池系统温度低故障	钥匙门至 ON/START 挡	电池温度低于 −15℃	①环境温度低造成电池温度低 ②加热系统工作一场
P1025	高压电池单体温度不均衡故障	钥匙门至 ON/START 挡	电池温度差大于 15℃,且持续 10s	温度探头工作异常
P1026	单体电压不均衡故障	钥匙门至 ON/START 挡	单体电压差大于 300mV,且持续 10s	过放电造成的单体电压过低
P1027	温度高故障	钥匙门至 ON/START 挡	温度大于 50℃,且持续 2s	环境温度高
P1028	电池电压高故障	钥匙门至 ON/START 挡	总电压大于 360V	报警提示
P1029	单体电压低故障	钥匙门至 ON/START 挡	单体电压低于 2.5V,且持续 2s	动力电池电量低
P1030	总电压低故障	钥匙门至 ON/START 挡	总电压低于 270V	动力电池电量低
P1031	SOC 低故障	钥匙门至 ON/START 挡	SOC 低于 10%	动力电池电量低
P1032	放电电流大故障	钥匙门至 ON/START 挡	放电电流大于 100A,且持续 3min	放电功率限制
P1033	放电电流较大故障	钥匙门至 ON/START 挡	放电电流大于 130A,且持续 2min	放电功率限制
P1034	放电电流过大故障	钥匙门至 ON/START 挡	放电电流大于 160A,且持续 1min	放电功率限制
P1035	放电电流太大故障	钥匙门至 ON/START 挡	放电电流大于 200A,且持续 30s	放电功率限制
P1036	充电电流过大故障	钥匙门至 ON/START 挡	放电电流大于 120A,且持续 5s	充电电流限制
P1541	预充电前电池电压过低故障	钥匙门至 ON/START 挡	无法读取高压	BMS 高压盒损坏,继电器异常
P1798	锂电池继电器初始状态故障	钥匙门至 ON/START 挡	无法正常开启	BMS 程序故障

2.3.3 动力电池接口定义

动力电池接口定义见表 2-3-3、表 2-3-4。

表 2-3-3

引脚号	引脚功能	线束方向
	19	
A	12V 正极供电	低压保险盒熔丝

续表

引脚号	引脚功能	线束方向
19		
B	12V 负极供电	车身搭铁 100
C	—	—
D	12V 负极供电	车身搭铁 100
E	12V 正极供电	低压保险盒熔丝
F	—	—
G	12V 正极供电	低压保险盒熔丝
H	12V 正极供电	低压保险盒熔丝
J	—	—
K	—	—
L	—	—
M	—	—
N	CAN(H)	CAN1
U	CAN(L)	CAN3
P	CAN(L)	CAN1
V	—	—
T	CAN(H)	CAN3
R	—	—
S	—	—
2		
+	高压正极	高压控制盒正极输入
—	高压负极	高压控制盒负极输入

注：适用车型 C30DB-B/B1/B9/B10/B11/B12。

表 2-3-4

引脚号	引脚功能	线束方向
17		
A	12V 正极供电	低压保险盒熔丝
B	12V 负极供电	车身搭铁 100
C	—	—
D	12V 负极供电	车身搭铁 100
E	12V 正极供电	低压保险盒熔丝
F	连接确认	快充口
G	12V 正极供电	低压保险盒熔丝
H	12V 正极供电	低压保险盒熔丝
J	—	—
K	CAN(H)	CAN1
L	CAN 屏蔽线	—

续表

引脚号	引脚功能	线束方向
\multicolumn{3}{c}{17}		
M	CAN(H)	CAN2
N	CAN(L)	CAN2
P	CAN 屏蔽线	—
T	CAN(L)	CAN1
R	CAN(H)	CAN3
S	CAN(L)	CAN3
\multicolumn{3}{c}{2}		
+	高压正极	高压控制盒正极输入
−	高压负极	高压控制盒负极输入

注：适用车型 C30DB-B13/2012-B1/B2/B3。

2.3.4 动力电池故障检查

（1）高压母线绝缘低故障诊断

注意
故障排除后，重新验证故障是否存在。

❶ 拆卸动力电池输出线束，测量高压母线绝缘是否正常。如果是，则检测动力电池外部连接设备绝缘。如果否，则进行第❷步。

❷ 拆箱检测高压母线是否有短接。如果是，则维修线路，绝缘处理。如果否，则进行第❸步。

❸ 断开 HCU 控制口，测量高压母线绝缘是否正常。如果是，则维修 HCU 硬件。

（2）烟雾检测故障诊断

❶ 查看动力电池是否有烟雾。如果是，则检测动力电池发生烟雾原因。如果否，则进行第❷步。

❷ 检测烟雾报警器是否正常工作。如果是，则检测周边是否有其他原因造成烟雾。如果否，则检修烟雾传感器。

（3）高压继电器状态故障诊断

❶ 上位机检测高压继电器是否可以正常工作。如果是，则进行第❷步。如果否，则进行第❸步。

❷ 检测 BMS 软件控制是否正常。如果是，则进行第❸部。如果否，则更新 BMS 软件程序。

❸ 检测高压继电器是否正常。如果是，则查找其他原因。如果否，则更换高压继电器。

（4）高压电池温度不均衡故障诊断

❶ 上位机检测高压电池温度信息是否正常。如果是，则系统误报。如果否，则进行第❷步。

❷ 检测高压电池热管理系统是否正常工作。如果是，则进行第❸步。如果否，则检修热管理系统。

❸ 检测温度传感器是否正常。如果是，则查找其他原因。如果否，则维修温度传感器。

（5）高压电池单体不均衡诊断

❶ 上位机检测高压电池单体电压信息是否正常。如果是，则系统误报。如果否，则进行第❷步。

❷ 检测高压电池电量是否显示不足。如果是，则高压电池电量不足造成报警。如果否，则进行第❸步。

❸ 单体电池电压低，则维修单体电池。

（6）高压电池电压过高故障诊断

❶ 上位机检测高压电池电压信息是否正常。如果是，则系统误报。如果否，则进行第❷步。

❷ 检测高压电池单体电压是否正常。如果是，则高压检测故障，维修管理系统硬件。如果否，则进行第❸步。

❸ 单体电池电压过高。检测单体电池保护功能。

（7）高压电池总电压过低诊断

❶ 上位机检测高压电池电压信息是否正常。如果是，则系统误报。如果否，则进行第❷步。

❷ 高压电池电量不足，需立即进行充。

（8）高压电池SOC过低故障诊断

❶ 上位机检测高压电池SOC信息是否正常。如果是，则系统误报。如果否，则进行第❷步。

❷ 电池管理系统是否正常工作。如果是，则电池电量不足。如果否，则维修电池管理系统。

（9）高压电池BMS内部通信故障诊断

❶ 上位机检测高压电池BMS内部通信是否正常。如果是，则系统误报。如果否，则进行第❷步。

❷ 检测电池管理系统是否存在硬件故障。如果是，则维修电池管理系统。如果否，则维修通信线束。

（10）高压电池温度低故障诊断

❶ 上位机检测高压电池温度信息是否正常。如果是，则系统误报。如果否，则进行第❷步。

❷ 检测高压电池加热系统是否正常。如果是，则进行第❸步。如果否，则维修加热系统。

❸ 是否存在长时间放置。如果是，则进行充电加热。

（11）高压电池单体电压低故障诊断

❶ 上位机检测单体电压信息是否正常。如果是，则系统误报。如果否，则进行第❷步。

❷ 检测高压电池电量是否显示不足。如果是，则是电量不足造成，需立即充电。如果否，则进行第❸步。

❸ 单体电压低，维修单体电池。

2.3.5 动力电池拆装

（1）拆卸

❶ 断开蓄电池负极。

❷ 用举升机升起车辆。

❸ 拆下线束插头护板。
❹ 拔下连接线束。
❺ 拆下动力电池。
（2）安装
安装以拆卸倒序进行。
（3）检查
系统安装完成，对系统进行以下检查。
❶ 各部件机械安装牢固性。
❷ 各线缆所连接电源的极性及其连接正确性。
❸ 各电气连接器连接是否到位，相应的卡口或锁紧螺母是否卡紧或拧紧。

2.4 北汽 EV160/EV200 纯电动汽车

2.4.1 动力电池简介

动力电池主要由动力电池模组、动力电池箱及辅助元器件等四部分组成（图 2-4-1）。

（1）动力电池箱

支撑、固定、包围电池系统的组件，主要包含上盖和下托盘，还有辅助元器件，如过渡件、护板、螺栓等。动力电池箱有承载及保护动力电池组及电气元件的作用。

❶ 技术要求。电池箱体螺栓接在车身地板下方，其防护等级为 IP67，螺栓拧紧力矩为 80～100N·m。整车维护时需观察电池箱体螺栓是否有松动，电池箱体是否有破损、严重变形，密封法兰是否完整，确保动力电池可以正常工作。

❷ 外观要求。电池箱体外表面颜色要求为银灰或黑色，亚光；电池箱体表面不得有划痕、尖角、毛刺、焊缝及残余油迹等外观缺陷，焊接处必须打磨圆滑。

（2）辅助元器件

主要包括动力电池系统内部的电子电器元件，如熔断器、继电器、分流器（电流传感器）、接插件、紧急开关、烟雾传感器、维修开关以及电子电器元件以外的辅助元器件，如密封条、绝缘材料等（图 2-4-2）。

图 2-4-1

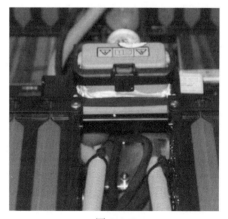

图 2-4-2

（3）动力电池技术参数

动力电池技术参数如表 2-4-1 所示。

表 2-4-1

项目	SK-30.4kWh	PPST-25.6kWh
额定电压	332V	320V
电芯容量	91.5Ah	80Ah
额定能量	30.4kWh	25.6kWh
连接方式	3P91S	1P100S
总质量	291kg	295kg
总体积	240L	240L
工作电压范围	250~382V	250~365V
能量密度	104Wh/kg	86Wh/kg
体积比能量	127Wh/L	107Wh/L

2.4.2 动力电池故障代码

动力电池故障代码如表 2-4-2 所示。

表 2-4-2

一级故障		
定义:表明动力电池在此状态下功能已经丧失,请求其他控制器立即(1s内)停止充电或放电。如果其他控制器在指定时间内未作出响应,电池管理系统将在 2s 后主动停止充电或放电(即断开高压继电器)		
故障编码	故障名称	对整车的影响
P0004	单体电压过压	行车模式:电池放电电流降为 0,断高压,无法行车 车载充电:请求停止充电/停止加热,主正、主负继电器断开 直流快充:发送 BMS 终止充电,主正、主负继电器断开
P0006	电池外部短路(放电过流)	
P0007	温度过高	
P0014	电池内部短路	
二级故障		
定义:表明动力电池在此状态下功能已经丧失,请求其他控制器停止充电或者放电;其他控制器应在一定的延时时间内响应动力电池停止充电或放电请求		
P0269	单体电压欠压	行车模式:限功率至放电电流 25A
P0279	BMS 内部通信故障	行车模式:限功率至放电电流 25A,"最大允许充电电流"调整为 0 充电模式:发送请求停止充电,如果上报故障后 2s 内未收到响应,BMS 主动断开高压继电器或加热继电器
P0284	BMS 硬件故障	
P0283	BMS 与车载充电机通信故障	车载充电模式:请求停止充电,或请求停止加热,如果上报故障后 2s 内未收到响应,BMS 主动断开高压继电器或加热继电器
P0258	温度过高	行车模式:限功率至放电电流 25A,"最大允许充电电流"调整为 0
P0276	绝缘电阻过低	行车模式:限功率至放电电流 25A,"最大允许充电电流"调整为 0 充电模式:发送请求停止充电,如果上报故障后 2s 内未收到响应,BMS 主动断开高压继电器或加热继电器

\multicolumn{3}{c}{二级故障}		
P0281-1	加热元件故障	充电模式:请求停止加热,如果上报故障后 2s 内未收到响应,BMS 主动断开加热继电器
\multicolumn{3}{c}{备注:相同的故障名称,根据故障程度级别不同,以不同故障代码区分}		
\multicolumn{3}{c}{三级故障}		
\multicolumn{3}{c}{定义:表明动力电池性能下降,电池管理系统降低最大允许充/放电电流}		
P1043	温度过高故障	行车模式:放电功率降为当前状态的 50%
P1047	绝缘电阻过低	上报不处理
P1046	电压不均衡	行车模式:放电功率降为当前状态的 40%
P1040	单体电压欠压	
P1045	温度不均衡	上报不处理
P1042	放电过流	行车模式:放电功率降为当前状态的 50%
\multicolumn{3}{c}{恢复条件:重新上电}		

2.4.3 动力电池常见故障

动力电池常见故障如表 2-4-3 所示。

表 2-4-3

故障描述	常规解决办法(按照序号进行操作)
SOC 异常:如无显示,数值明显不符合逻辑	①停车或者关闭车钥匙后重新启动 ②检查仪表显示其他故障报警有无点亮,并做好现象记录 ③联系专业售后人员进行复查,维修人员确认无误后正常使用
续航里程低于经验值	联系维护人员,检查充放电过程,容量是否衰减,BMS 控制是否正常
电池过热报警/保护	①10s 内减速,停车观察 ②检查报警是否消除,检查是否有其他故障,并做好记录 ③若报警或保护消除,可以继续驾驶,否则,联系售后人员 ④运行中若连续 3 次以上出现停车,减速故障消除时,联系售后人员
SOC 过低报警/保护	①SOC 低于 30% 报警出现时减速行驶,寻找最近的充电站进行充电 ②停车休息 3~5min 后行驶,检查故障是否能自动消除 ③若故障不能自行解除,且仍未驶达充电站的,联系售后人员解决
电压/电流明显异常	①关闭车钥匙,迅速下车并保存适当距离 ②联系专业技术人员处理
钥匙打 ON/START 后不工作	①检查并维护低压电源 ②若打 ON 后能工作,检查仪表盘上故障显示,并记录 ③若打 START 后仍不能工作,联系专业人员
不能充电	①检查 SOC 当前数值 ②检查充电线缆是否按照正确方法连接 ③若环境温度超出使用范围,终止使用 ④联系维修人员
运行时高压短时间丢失	检查系统屏蔽层是否有效,检查继电器是否能正常动作,检查主回路是否接触良好
电池外箱磨损破坏	联系专业人员维护

2.4.4 动力电池拆装

(1) 拆卸动力电池总成

❶ 将车辆退电至 OFF 挡,等待 10min。
❷ 选用 10mm 扳手拧松蓄电池负极线固定螺栓,取下负极线并对负极接头做好防护。

注意

　　拆卸蓄电池负极前,必须确保点火开关处于关闭状态,并将车钥匙放在口袋。等待 10min 后再进行下一步操作。

❸ 拆卸高压零部件前,必须做好防护措施。
❹ 拆卸高压零件时,必须使用绝缘工具。
❺ 举升车辆至一定高度。
❻ 拆卸护板固定 9 颗螺栓,取下护板。
❼ 拆卸动力电池低压控制线束插接器。
❽ 拆卸动力电池高压线束插接器。
❾ 将动力电池举升台架推入车辆底部、动力电池正下方。

注意

　　动力电池举升台架放置的位置,必须在动力电池正下方,且不能挡住需要拆卸的螺栓。

❿ 锁止动力电池举升台架滑动轮制动器。

注意

　　为防止在拆卸动力电池时,动力电池举升台架随意滑移,必须踩下两个滑动轮制动器。

⓫ 举升动力电池举升台架至合适的高度。
⓬ 使动力电池举升台架托住动力电池。
⓭ 按顺序拆卸动力电池总成 10 颗固定螺栓。
⓮ 降下动力电池举升台架与动力电池。

注意

　　降下动力电池举升台架与动力电池时,必须缓慢平稳、避免动力电池意外滑落。

(2) 安装动力电池总成

❶ 举升动力电池举升台架至合适的高度。
❷ 检查动力电池右后侧和左前侧定位销是否安装到车辆下方的定位孔中。

❸ 再次举升动力电池台架,使动力电池与车架贴合。
❹ 对角旋入动力电池 10 颗固定螺栓。
❺ 紧固固定螺栓。标准扭矩:(95±5)N·m。
❻ 降下动力电池举升台架。
❼ 安装动力电池高压线束插接器。
❽ 将动力电池高压线束互锁端口锁紧。
❾ 检查动力电池高压线束,是否插接到位。
❿ 安装动力电池低压控制线束。
⓫ 旋紧动力电池低压控制线束插接器。
⓬ 检查动力电池低压控制线束,是否插接到位。

2.4.5 动力电池电路图

内部高压系统原理如图 2-4-3 所示。

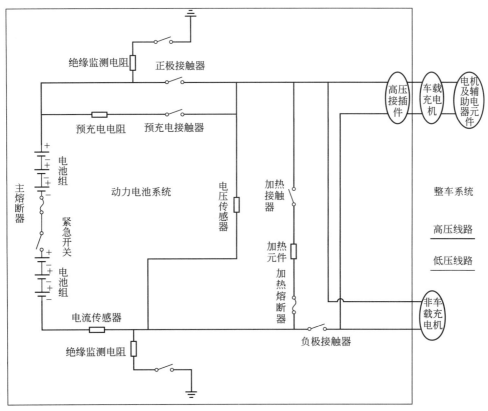

图 2-4-3

2.5 荣威 E50 纯电动汽车

2.5.1 动力电池简介

(1) 功能描述 (图 2-5-1)

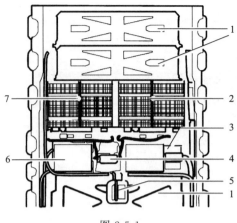

图 2-5-1

1—高压电池组电池模块（27串3并）；2—高压电池组电池模块（6串3并）；3—高压电池包电池管理控制器与电池采集和均衡模块（6串3并）；4—高压电池包电池检测模块；5—手动维修开关；6—高压电池包电池高压电力分配单元与电池采集和均衡模块（6串3并）；7—高压电池组电池模块（6串3并）

（2）高压电池包系统组成

❶ 高压电池组电池模块：包含5个模块，其中3个大模块（27串3并），2个小模块（6串3并）；电池共93个串联。

❷ 高压电池包电池管理控制器：汇总内部控制器采集的电池信息，通过一定的控制策略，向整车控制器提供电池运行状态的信息，响应整车高压回路通断命令，实现对电池的充放电和热管理。

❸ 高压电池包电池高压电力分配单元：通过不同高压继电器的通断，实现各个高压回路的通断。

❹ 高压电池包电池检测模块：实现电流检测和绝缘检测等功能。

❺ 高压电池包电池采集和均衡模块：实现电池电压和温度的采集，电池均衡功能；每个大模块由2个电池采集和均衡模块管理，每个小模块由1个电池采集和均衡模块管理。

❻ 高低压线束及接插件。

❼ 冷却系统附件：冷却板和冷却管路等。

❽ 外壳。

（3）高压电池组参数

高压电池组参数如表2-5-1所示。

表 2-5-1

总能量	18kWh	总电压范围	232.5～334.8V
可用能量	16kWh	单体电池电压范围	2.5～3.6V
总容量	60Ah	单体电池容量	20Ah
防护等级	IP67		

2.5.2 动力电池接口定义

（1）高压电池包接口及接插（图2-5-2）

（2）整车低压接插件BY113-端视图

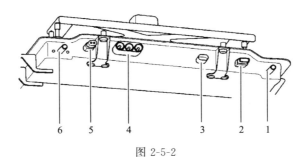

图 2-5-2

1—冷却水管入口；2—低压接插件：整车低压接插件 BY113；3—低压接插件：充电低压接插件 BY115；
4—高压接插件：整车快充接插件；5—高压接插件：车载充电接插件；6—冷却水管出口

❶ 整车低压接插件 BY113-引脚定义如图 2-5-3、表 2-5-2 所示。

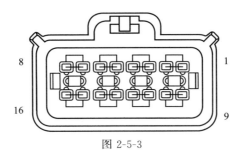

图 2-5-3

表 2-5-2

针脚号	描述	针脚号	描述
1	12V 低压供电正极(KL30)	9	主高压互锁线路源路
2	12V 低压供电负极接地(GND)	10	低压唤醒(KL15)
3	高速 CAN1 高电平	11	底盘接地
4	高速 CAN1 低电平	12	—
5	—	13	充电连接指示
6	主高压互锁线路回路	14	—
7	充电状态指示	15	高压电池包冷却泵供电电源
8	高压惯性开关	16	高压电池包冷却泵输出驱动

❷ 充电低压接插件 BY115-引脚定义如图 2-5-4、表 2-5-3 所示。

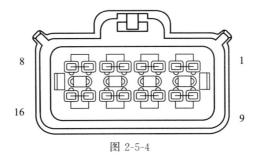

图 2-5-4

表 2-5-3

针脚号	描述	针脚号	描述
1	车载充电器低压供电	9	—
2	车载和非车载低压供电接地	10	—
3	本地 CAN2 高电平（与车载充电器通信）	11	车载充电器连接线检测输入
4	本地 CAN2 低电平（与车载充电器通信）	12	非车载充电器连接线检测输入
5	—	13	本地 CAN1 高电平（与非车载充电器通信）
6	充电高压互锁线路回路	14	本地 CAN1 低电平（与非车载充电器通信）
7	充电高压互锁线路源路	15	—
8	车载充电器低压唤醒	16	非车载充电器低压唤醒

2.5.3 动力电池手动维修开关拆装

（1）拆卸

 警告

❶ 禁止未参加该车型高压系统知识培训的维修人员拆解高压系统（包括手动维修开关、高压电池包、驱动电机、电力电子箱、高压配电单元、高压线束、电空调压缩机、交流充电口和交流充电线、快速充电口、电加热器、慢速充电器）。

❷ 当拆解或装配高压配件时，必须断开 12V 电源和高压电池包上的手动维修开关。

❸ 在开始维修作业前，维修人员必须穿戴好劳保用品：戴好绝缘手套，穿好高压绝缘鞋。在戴绝缘手套前，必须要检查绝缘手套是否有破损的地方，要确保手套无绝缘失效。

 注意

在安装和拆卸的过程中，应防止制动液、洗涤液、冷却液等液体进入或飞溅到高压部件上。

❶ 关闭点火钥匙，车辆静置 5min 以上，才可进行拆卸作业。

 注意

正常情况下，在钥匙开关关闭后，高压系统还存在高压电，这是因为电机控制器中高压电容的存在造成的。需要经过一段时间的等待，高压电容中的电能才能完全释放。

❷ 拆下蓄电池负极电缆。
❸ 打开中控台前部中控台饰板（图 2-5-5）。

❹ 拆下将中控台连接到中控台后盖板的 1 个螺钉（图 2-5-6）。

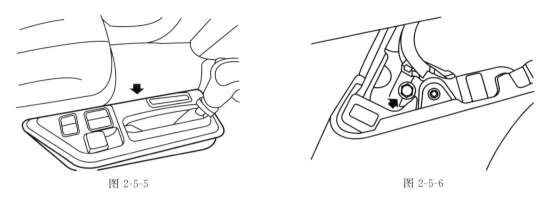

图 2-5-5　　　　　　　　　　　　　图 2-5-6

❺ 拆下将中控台后盖板固定到车底上的 1 个螺栓（图 2-5-7）。
❻ 揭开保护材料（图 2-5-8）。

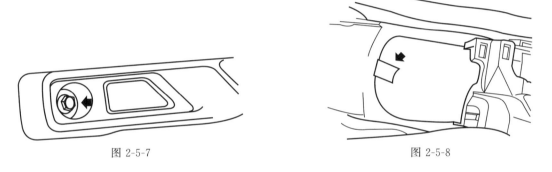

图 2-5-7　　　　　　　　　　　　　图 2-5-8

❼ 打开手动维修开关盖 1（图 2-5-9）。
❽ 取出手动维修开关 2。
❾ 使用手动维修开关替代保护盖专用工具 TEL00022，盖住手动维修开关安装处（图 2-5-10）。

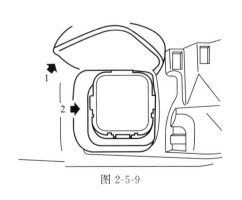
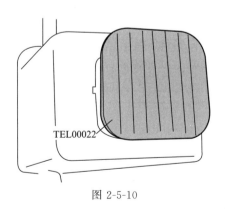

图 2-5-9　　　　　　　　　　　　　图 2-5-10

（2）安装
❶ 取下覆盖于手动维修开关安装处的手动维修开关替代保护盖专用工具 TEL00022。
❷ 将手动维修开关嵌入固定位置。

❸ 合上手动维修开关盖。
❹ 盖上保护材料。
❺ 将中控台后盖板固定到车底上,装上1个螺栓拧紧至6~8N·m,并检查扭矩。
❻ 装上1个将中控台后盖板连接到中控台上的螺钉拧紧至4~6N·m,并检查扭矩。
❼ 合上中控台前部中控台饰板。
❽ 连接蓄电池负极电缆。

2.5.4 动力电池拆装

 警告

❶ 禁止未参加该车型高压系统知识培训的维修人员拆解高压系统(包括手动维修开关、高压电池包、驱动电机、电力电子箱、高压配电单元、高压线束、电空调压缩机、交流充电口和交流充电线、快速充电口、电加热器、慢速充电器)。

❷ 当拆解或装配高压配件时,必须断开12V电源和高压电池包上的手动维修开关。

❸ 在开始维修作业前,维修人员必须穿戴好劳保用品:戴好绝缘手套,穿好高压绝缘鞋。在戴绝缘手套前,必须要检查绝缘手套是否有破损的地方,要确保手套无绝缘失效。

 注意

在安装和拆卸的过程中,应防止制动液、洗涤液、冷却液等液体进入或飞溅到高压部件上。

(1) 拆装
❶ 关闭点火钥匙,车辆静置5min以上,才可进行拆卸作业。

 注意

正常情况下,在钥匙开关关闭后,高压系统还存在高压电,这是因为电机控制器中高压电容的存在造成的。需要经过一段时间的等待,高压电容中的电能才能完全释放。

❷ 拆下蓄电池负极电缆。

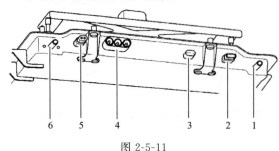

图 2-5-11

❸ 拆下手动维修开关。
❹ 在举升台上举升车辆。
❺ 高压电池包冷却液的排空。
❻ 断开高压电池包上的冷却水管入口1(图2-5-11)。
❼ 断开高压电池包上的整车低压连接器2。

⑧ 断开高压电池包上的充电低压连接器 3。
⑨ 断开高压电池包上的整车快充连接器 4。
⑩ 断开高压电池包上的车载充电连接器 5。
⑪ 断开高压电池包上的冷却水管出口 6。
⑫ 用万用表（直流电压挡，量程大于 400V）测量高压电池包上高压连接器各端子间、端子与地之间，以及高压线束端高压连接器内的端子之间是否有高压电。如果电压为零，则可以继续拆解。
⑬ 使用高压电池包托架专用工具 TEL00023，缓慢升起支撑平台，使高压电池包托架工具放置于高压电池包下方举升工位（图 2-5-12）。

图 2-5-12

 警告

高压电池包托架专用工具的推手柄处应该置于车身尾部，从而使高压电池包卸下之后重心靠近高压电池包突起部分。推行方向为车尾至车头。

⑭ 继续抬升高压电池包托架工具直至与高压电池包底部接触。
⑮ 拆下高压电池包固定到车架上的 23 个螺栓。
⑯ 利用高压电池包托架工具缓慢降下放置高压电池包支撑平台，并从举升工位移走。

 警告

高压电池包托架专用工具在举升之后，禁止拖动。

（2）安装
❶ 在举升机上举升车辆。
❷ 使用高压电池包托架专用工具 TEL00023 缓慢升起放置高压电池包的支撑平台，使高压电池包托架工具处于高压电池包的安装合适位置。
❸ 继续抬升高压电池包托架工具支撑平台直至高压电池包的安装面与车身安装面接触。
❹ 将高压电池包固定到车架上，装上 23 个螺栓拧紧到 65～78N·m，并检查扭矩。
❺ 连接高压电池包上的冷却水管入口。
❻ 连接高压电池包上的整车低压接插件。
❼ 连接高压电池包上的充电低压接插件。
❽ 连接高压电池包上的整车快充接插件。
❾ 连接高压电池包上的车载充电接插件。
❿ 连接高压电池包上的冷却水管出口。
⓫ 降下高压电池包托架工具支撑平台，并从举升工位移走电池托架工具。
⓬ 高压电池包冷却液加注。
⓭ 降低车辆。
⓮ 安装手动维修开关。
⓯ 连接蓄电池负极电缆。

2.5.5 动力电池电路图

动力电池电路如图 2-5-13 所示。

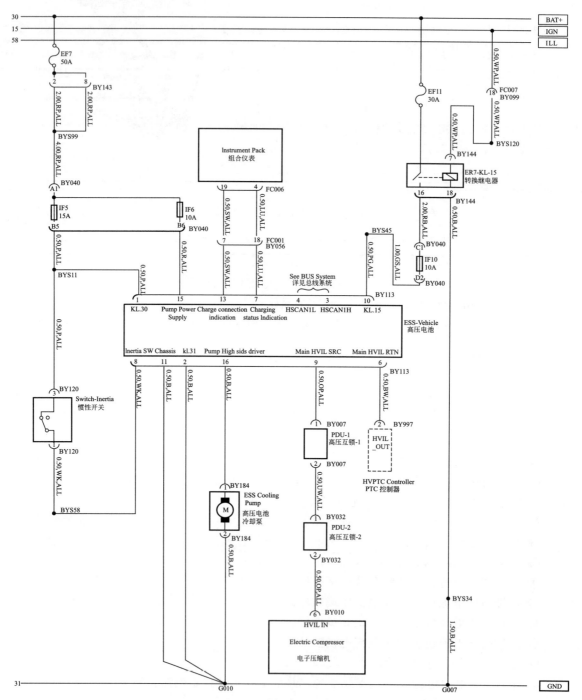

图 2-5-13

2.6 吉利帝豪 EV300 纯电动汽车

2.6.1 动力电池简介

(1) 简介

本车动力电池采用三元锂电池（Lithium Ion Battery）：以钴酸锂、锰酸锂或镍酸锂等化合物为正极，以可嵌入锂离子的炭材料为负极，使用有机电解质。动力电池总成安装在车体下部，动力电池的组成部件包括各模组总成、CSC 采集系统、电池控制单元（BMU）、电池高压分配单元（B-BOX）、维修开关等部件。

(2) 动力电池规格（风冷）（表 2-6-1）

表 2-6-1

项目	型式与参数	单位	项目	型式与参数	单位
电池种类	三元锂离子动力电池	—	额定功率	50	kW
电池组额定电压	359.66	V	电池组工作电压范围	274.4~411.6	V
峰值功率	150,持续 10s	kW	电池容量	126	Ah

(3) 动力电池规格（风冷）（表 2-6-2）

表 2-6-2

项目	型式与参数	单位	项目	型式与参数	单位
电池种类	三元锂离子动力电池	—	额定功率	50	kW
电池组额定电压	346	V	电池组工作电压范围	266~394.3	V
峰值功率	150,持续 10s	kW	电池容量	120	Ah

(4) 位置图（图 2-6-1）

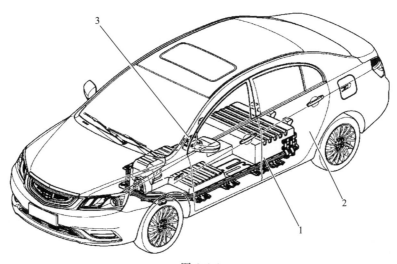

图 2-6-1
1—动力电池；2—车身；3—维修开关

2.6.2 动力电池故障代码

故障诊断代码（DTC）类型如表 2-6-3 所示。

表 2-6-3

故障代码	故障描述/条件	故障部位/排除方法
P21F10E	主正继电器粘连故障	电池包内部(更换主正继电器)
P21F10B	主负继电器粘连故障	电池包内部(更换主负继电器)
P21F10C	直流充电继电器粘连故障	电池包内部(更换充电正端继电器)
P21F06A	主正继电器无法闭合故障	电池包内部(更换主正继电器)
P21F06B	主负继电器无法闭合故障	电池包内部(更换主负继电器)
P21F06C	直流充电继电器无法闭合故障	电池包内部(更换充电正端继电器)
P21F06D	预充继电器无法闭合故障	电池包内部(更换预充继电器)
P21F601	充电继电器老化	电池包内部(更换充电继电器)
P21F602	主负继电器老化	电池包内部(更换主负继电器)
P21F603	主正继电器老化	电池包内部(更换主正继电器)
P21F604	预充继电器老化	电池包内部(更换预充继电器)
P21E011	主正或主负继电器下电粘连	电池包内部(更换主正继电器)
P21F10F	放电电流过大(PS:放电为正)(可操作级别)	电池包内/外部(重新上下电)
P21F118	放电电流过大(PS:放电为正)(质保级别)	电池包内/外部(重新上下电)
P21F111	放电电流过大(PS:放电为正)(安全级别)	电池包内/外部(重新上下电)
P21F112	充电电流过大(PS:充电为负)(安全级别)	电池包内/外部(重新上下电)
P21F114	充电电流过大(PS:充电为负)(质保级别)	电池包内/外部(重新上下电)
P21F115	充电电流过大(PS:充电为负)(可操作级别)	电池包内/外部(重新上下电)
P21F113	电流传感器故障	电池包内部(更换 CSU)
P21E01C	CSU 采样异常	电池包内部(重新上下电,不恢复,更换 CSU)
P21F122	单体欠压(可操作级别)	电池包内部(重新上下电)
P21F123	单体过压(安全级别)	电池包内部(重新上下电)
P21F124	单体欠压(安全级别)	电池包内部(重新上下电)
P21F125	单体过压(质保级别)	电池包内部(重新上下电)
P21F126	单体欠压(质保级别)	电池包内部(重新上下电)
P21F127	电池包总电压过压	电池包内部(重新上下电)
P21F128	电池包总电压欠压	电池包内部(重新上下电)
P21F12A	高压互锁断路故障	电池包内部(检查电池包内部高压线路哪里短接到电源)
P150117	热管理结束时温差过大	电池包内部(检查电池温差)
P21F12C	高压互锁短路到电源故障	电池包内部(检查电池包内部高压线路哪里短接到地)
P21F070	CSC 的 CAN 报文丢失	电池包内部(电池包内部通信异常,检测 CCAN 通信)

续表

故障代码	故障描述/条件	故障部位/排除方法
P21F0B0	CSC 采样线掉线或松动	电池包内部(检测 CSC 采样线松动或掉线)
P21E010	SOC 不合理	电池包内部(根据详细 DTC 故障码结果处理,包括 CSCWakeup 电流短路、CSCPCB 板载温度过高、均衡回路故障)
P21F179	电池温度高于可操作温度的上限值	电池包内部(重新上下电)
P21F17A	电池温度低于可操作温度的下限值	
P21F17B	电池温度高于质保温度的上限值	
P21F17D	电池温度高于安全温度的上限值	
P21F17E	电池温度低于质保温度的下限值	
P21F17F	电池温度不合理(安全级别)	电池包内部(电池温度异常)
P21F310	电池温差过大	
P21F710	CSC 采样线松动	电池包内部(检测 CSC 采样线松动或掉线)

2.6.3 动力电池绝缘阻值检测

(1) 电路图 (图 2-6-2)

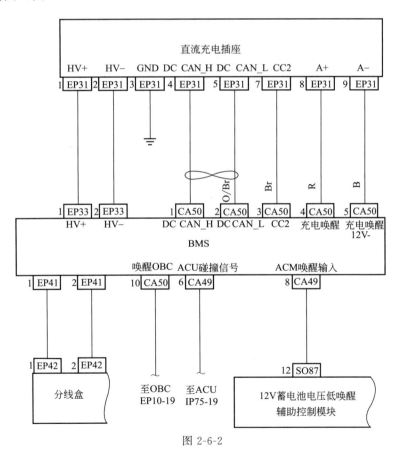

图 2-6-2

(2) 检测 EP41 端子 1 与 2 之间的电压

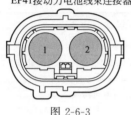

图 2-6-3

❶ 操作启动开关使电源模式至 OFF 状态。
❷ 断开蓄电池负极电缆（图 2-6-3）。
❸ 拆卸维修开关。
❹ 断开动力电池高压线线束连接器 EP41。
❺ 等待 5min。
❻ 用万用表检测 EP41 端子 1 与端子 2 之间的电压。标准电压：小于或等于 5V。

 注意

端子 1 与端子 2 距离较近，严禁万用表针头短接和触碰任何非目标测量金属部件，并佩戴绝缘手套。

（3）检测动力电池供电绝缘阻值
❶ 操作启动开关使电源模式至 OFF 状态。
❷ 断开蓄电池负极电缆（图 2-6-4）。
❸ 拆卸维修开关。
❹ 拆卸动力电池高压线线束连接器 EP41。
❺ 将高压绝缘检测仪的挡位调至 1000V。
❻ 用高压绝缘检测仪测量动力电池高压线线束连接器 EP41 的 1 号端子与车身接地之间的电阻。标准电阻：大于或等于 20MΩ。

图 2-6-4

❼ 用高压绝缘检测仪测量动力电池高压线线束连接器 EP41 的 2 号端子与车身接地之间的电阻。标准电阻：大于或等于 20MΩ。
❽ 确认测量值是否符合标准。

（4）检测动力电池充电线路绝缘阻值
❶ 操作启动开关使电源模式至 OFF 状态。
❷ 断开蓄电池负极电缆。
❸ 拆卸维修开关。
❹ 拆卸动力电池高压线线束连接器 EP33。
❺ 将高压绝缘检测仪的挡位调至 1000V。
❻ 用高压绝缘检测仪测量动力电池高压线线束连接器 EP33 的 1 号端子与车身接地之间的电阻。标准电阻：大于或等于 20MΩ。
❼ 用高压绝缘检测仪测量动力电池高压线线束连接器 EP33 的 2 号端子与车身接地之间的电阻。标准电阻：大于或等于 20MΩ。
❽ 确认测量值是否符合标准。

2.6.4 动力电池故障检查

（1）动力电池回路故障
❶ 检查回路绝缘故障。
a. 操作启动开关使电源模式至 OFF 状态。
b. 断开蓄电池负极电缆。
c. 拆卸维修开关。

d. 断开直流母线线束连接器 EP41（图 2-6-5）。

e. 用兆欧表测量测量直流母线线束连接器 EP41 端子 1 和分线盒壳体之间的电阻。

标准电阻：大于或等于 20MΩ。

f. 用兆欧表测量测量直流母线线束连接器 EP41 端子 2 和分线盒壳体之间的电阻。

标准电阻：大于或等于 20MΩ。

g. 确认测量值是否符合标准。

❷ 检查回路断路故障。

a. 操作启动开关使电源模式至 OFF 状态。

b. 断开蓄电池负极电缆。

c. 拆卸维修开关。

d. 断开直流母线线束连接器 EP41。

e. 断开电机控制器线束连接器 EP54（图 2-6-6）。

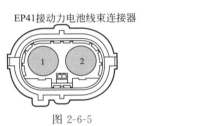

图 2-6-5

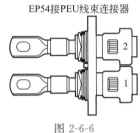

图 2-6-6

f. 用万用表测量直流母线线束连接器 EP41 端子 1 和电机控制器线束连接器 EP54 端子 1 之间的电阻。电阻标准值：小于 1Ω。

g. 用万用表测量直流母线线束连接器 EP41 端子 2 和电机控制器线束连接器 EP54 端子 2 之间的电阻。电阻标准值：小于 1Ω。

h. 确认测量值是否符合标准。

❸ 检查回路相互短路故障。

a. 操作启动开关使电源模式至 OFF 状态。

b. 断开蓄电池负极电缆。

c. 拆卸维修开关。

d. 断开直流母线线束连接器 EP41。

e. 断开分线盒其他所有高压线束连接器。

f. 用万用表测量直流母线线束连接器 EP41 端子 2 与端子 1 之间的电阻。标准电阻：大于或等于 20MΩ。

g. 确认测量值是否符合标准。如果异常，则修理或更换线束。如果正常，则更换分线盒。

（2）P150217 加热时进水口温度过高，P150316 冷却时进水口温度过高

❶ 电路图（图 2-6-7）。

❷ 检查车载充电机内部熔丝。

a. 操作启动开关使电源模式至 OFF 状态。

b. 断开蓄电池负极电。

c. 拆卸维修开。

d. 拆卸车载充电机盒上盖，用万用表测量车载充电机盒熔断器 HF02、HF03 两端的电阻。标准电阻：小于 1Ω。

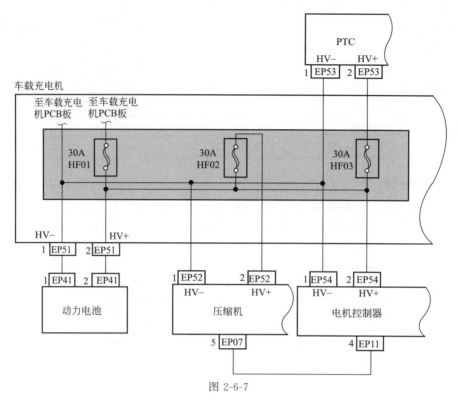

图 2-6-7

e. 确认测量值是否符合标准。如果异常，则检修熔丝线路，更换额定容量熔断器。如果正常，检查 PTC、压缩机与车载充电机之间的线路。

❸ 检查 PTC、压缩机与车载充电机之间的线路。

a. 操作启动开关使电源模式至 OFF 状态。
b. 断开 PTC 线束连接器 EP53（图 2-6-8）。
c. 断开压缩机线束连接器 EP52（图 2-6-9）。

图 2-6-8　　　　　　　图 2-6-9

d. 用万用表测量 PTC 线束连接器 EP53 的端子 1 与压缩机线束连接器 EP52 的端子 1 两端的电阻。

e. 用万用表测量 PTC 线束连接器 EP53 的端子 2 与压缩机线束连接器 EP52 的端子 2 两端的电阻。标准电阻：小于 1Ω。

f. 确认测量值是否符合标准。如果异常，则修理或更换线束。如果正常，则更换 PTC。

❹ 更换 PTC。

a. 操作启动开关使电源模式至 OFF 状态。
b. 断开蓄电池负极电缆。
c. 更换 PTC。
d. 系统是否正常。
如果不能解决问题，则更换更换压缩机。
❺ 更换压缩机。
a. 操作启动开关使电源模式至 OFF 状态。
b. 断开蓄电池负极电缆。
c. 更换压缩机。
d. 系统是否正常。如果不能解决问题，则更换车载充电机。
❻ 更换车载充电机。
a. 操作启动开关使电源模式至 OFF 状态。
b. 断开蓄电池负极电缆。
c. 更换车载充电机。
d. 系统是否正常。

2.6.5　动力电池拆装

（1）维修开关拆装。
1）拆卸。
❶ 打开前机舱盖。
❷ 断开蓄电池负极电缆。
❸ 拆卸维修开关。
a. 打开副仪表储物盒盖板。
b. 拆卸副仪表板储物盒。
c. 拇指按住维修开关把手卡扣，其余手指按住把手，当把手由水平位置到垂直位置时，向上垂直拔出维修开关插头（图 2-6-10）。
d. 关闭副仪表储物盒盖板（图 2-6-11）。

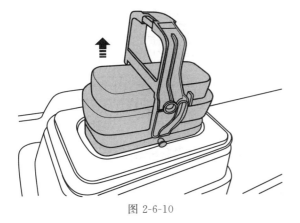

图 2-6-10

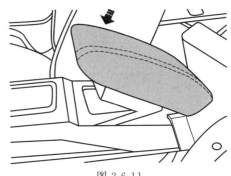

图 2-6-11

 注意

防止异物落入维修开关插座造成维修开关短路。

2) 安装。

❶ 打开副仪表储物盒盖板。

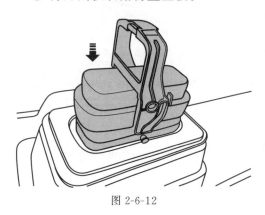

❷ 连接维修开关,维修开关插头垂直对准插座轻按,如受到阻力侧旋转插头180°再轻向下按,然后使把手卡口卡到位或听到轻微"咔嚓"声(图2-6-12)。

❸ 安装副仪表板储物盒。

❹ 关闭副仪表储物盒盖板。

a. 连接蓄电池负极。

b. 关闭前机舱盖。

(2) 动力电池拆装

1) 拆卸。

❶ 打开前机舱盖。

图 2-6-12

❷ 断开蓄电池负极电缆。

❸ 拆卸维修开关。

❹ 支撑动力电池总成。

a. 将车辆用举升机升起。

 注意

举升时确保举升机的支撑点不要支撑在动力电池上。

b. 置入平台车,使用平台车支撑动力电池总成(图2-6-13)。

❺ 拆卸动力电池总成。

a. 断开动力电池进出水管与动力电池的连接(2017款)(图2-6-14)。

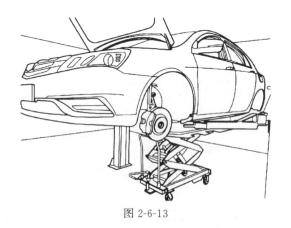

图 2-6-13

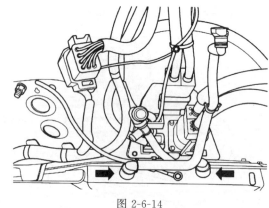

图 2-6-14

b. 断开动力电池出水管与热交换器的连接(2017款)。

c. 断开动力电池进水管与水泵(水冷)的连接(2017款)。

d. 断开动力电池进水管与电池膨胀壶加水软管的连接(2017款)。

e. 取下动力电池进出水管(2017款)。

f. 断开动力电池的2个高压线束连接器3(图2-6-15)。

g. 断开动力电池与前机舱线束的 2 个线束连接器 2。
h. 拆卸动力电池搭铁线固定螺母,断开动力电池搭铁线 1。
i. 拆卸动力电池总成后部 3 个固定螺栓(图 2-6-16)。

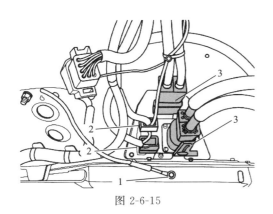

图 2-6-15

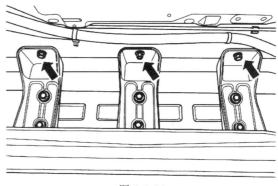

图 2-6-16

j. 拆卸动力电池总成前部 2 个固定螺栓 1(图 2-6-17)。

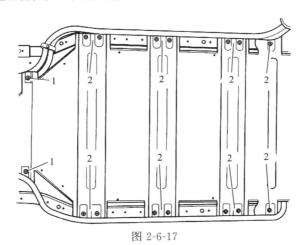

图 2-6-17

k. 拆卸动力电池总成左右各 7 个固定螺栓 2。
l. 缓慢下降平台车取出动力电池总成。

注意

动力电池下降过程中平台车缓慢向前移动,可以避免动力电池与后悬架的干涉。

2)安装。

❶ 安装动力电池总成。
❷ 缓慢举升平台车,调整平台车位置,使动力电池总成上的安装孔与车身对齐。

注意

动力电池上升过程中降举升平台缓慢向后移动,可以避免动力电池与车身的干涉。

❸ 安装并紧固动力电池总成后部 3 个固定螺栓。力矩：78N·m。
❹ 安装并紧固动力电池总成前部 2 个固定螺栓。力矩：78N·m。
❺ 安装并紧固动力电池总成左右各 7 个固定螺栓。力矩：78N·m。
❻ 安装动力电池搭铁线，紧固动力电池搭铁线固定螺母。力矩：10N·m。
❼ 连接动力电池与前机舱线束的 2 个线束连接器。
❽ 连接动力电池的 2 个高压线束连接器。

注意

插接时注意"一插、二响、三确认"。

❾ 安装动力电池搭铁线，紧固动力电池搭铁线固定螺母。力矩：10N·m。
❿ 连接动力电池与前机舱线束的 2 个线束连接器。
⓫ 连接动力电池的 2 个高压线束连接器。
⓬ 连接动力电池进出水管（2017 款动力电池冷却方式为水冷，所以需增加此操作）。
⓭ 连接动力电池出水管与热交换器的管路（2017 款）。
⓮ 连接动力电池进水管与水泵（水冷）的连接（2017 款）。
⓯ 连接动力电池进水管与电池膨胀壶加水软管（2017 款）。

注意

插接时注意"一插、二响、三确认"。

⓰ 安装动力电池维修开关。
⓱ 连接蓄电池负极。
⓲ 关闭前机舱盖。

2.7　宝马 i3 纯电动汽车

2.7.1　有关使用电池模块的提示

（1）使用电池单元模块的注意点

❶ 打开包装之后，目检电池模块是否损坏。
❷ 安装前或调整充电状态时应立即从原包装中取出电池单元模块。
❸ 电池模块只能置于干净的工作场地。
❹ 应当防止电池模块掉落。
❺ 使用防止滑动倾斜存物架。
❻ 电池模块未在导线上抬起。
❼ 抬升或者拆卸和安装可以采用为此规定的专用工具。
❽ 跌落的电池模块不得继续使用。
❾ 递送电池单元模块前，应当在服务站评估电池单元模块的运输能力。
❿ 如果电池模块上发现损坏，则应联系技术支持。

（2）安装前的注意点

❶ 安装新电池模块之前应当使其电压与其余已安装电池模块互相平衡。

❷ 相应的电池模块电压可以通过诊断得到。

❸ 仅允许使用由 BMW 许可的模块充电器。

2.7.2 事故后目检高压蓄电池单元

❶ 若高压蓄电池单元情况不明、变形严重、散热严重或溢出液体，则必须结束工作并联系技术支持。须将事故车放置在室外用于放置事故车的场地上。高压蓄电池单元仍位于车内时，必须关闭和隔开车辆。此外，必须借助高压截止带隔开拆下的高压蓄电池单元并联系技术支持。

❷ 触发的安全气囊或安全蓄电池接线柱。如果至少一个安全气囊或者安全蓄电池接线柱已触发，则必须拆下高压蓄电池单元并执行内部评估高压蓄电池单元。如果车辆明显在停车（驻车、充电）状态下遭遇严重事故，但是安全气囊或安全蓄电池接线柱未触发，则必须执行内部评估高压蓄电池单元。

❸ 固定点上的损坏。高压蓄电池单元1通过壳体用螺栓跟车辆连接（图2-7-1）。若壳体的旋接点不连贯、弯曲或变形，则必须更新壳体槽。如果壳体上有裂缝，则必须联系技术支持。如果无法识别到描述的损坏或者损坏情形/损坏过程不清楚，则必须联系技术支持！

❹ 电气接口上的损坏。高压蓄电池单元通过壳体上的下列接口与车辆连接在一起（图2-7-2）。

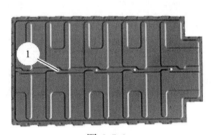
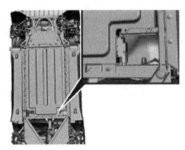

图 2-7-1　　　　　　　　　图 2-7-2

a. 信号线的接口。

b. 高压线的接口。

c. 高压互锁的接口。若此接口损坏，则必须更新损坏的电线束/插头。

需要注意的相应损坏如下。

a. 弯曲的插头接点。

b. 损坏的插头外壳。

c. 壳体插头破裂。

d. 对接插头容易松脱。

如果组合仪表中不显示高压系统退出工作状态，则必须结束工作。高压蓄电池单元仍位于车内时，必须封闭和隔开车辆。此外，必须借助高压截止带隔开拆下的高压蓄电池单元。如果这些点中的一个或多个符合实际情况，则必须联系技术支持。

❺ 排气单元/制冷剂接口上的损坏。目检壳体上的下列接口（图2-7-3）。

a. 排气单元。如果此接口损坏，则必须更新通气单元。若膜片损坏，则请联系技术支持。

b. 冷却液接口。如果此接口损坏，则必须更新水箱。

需要注意的相应损坏如下。

a. 在冷却液口/膨胀阀上的损坏螺距1。

b. 变形（如制冷剂管路无法再安装）。

c. 冷却液接口与壳体之间不密封。

d. 对接插头容易松脱。

❻ 其他壳体上的损坏。目检壳体，出现下列相应损坏时需要更新高压蓄电池单元。

a. 壳体破裂、穿孔或不密封。

b. 壳体凹陷和变形，尤其是大面积的壳体件。

抓痕被评定为无关紧要，无需进行更新。

如果无法识别到描述的损坏或者损坏情形/损坏过程不清楚，则必须联系技术支持。

❼ 内部评估高压蓄电池单元。

螺栓固定点必须与电池单元模块垂直。如果一个或多个电池单元模块的螺栓固定点变形（图2-7-4），则必须更换所有电池单元模块。

图2-7-3

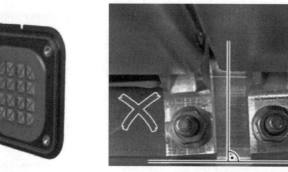

图2-7-4

目检安全箱上的明显损坏。如果安全箱上发现了明显的损坏（图2-7-5），则不再存在接触保护，必须联系技术支持。

冷却液管上的轻微变形可以认为不重要。如果冷却液管的变形比插图所示厉害，则必须更换水箱（图2-7-6）。

图2-7-5

图2-7-6

❽ 目检。如果打开盖罩,则必须在打开盖罩后立即目检,看是否有明显的损坏。如果无法识别到描述的损坏或者损坏情形/损坏过程不清楚,则必须联系技术支持。

2.7.3 动力电池拆装

(1) 拆卸

❶ 需要的准备工作。

a. 排放冷暖空调。

b. 无电压时切换高压系统。

c. 遵守电动汽车的操作安全提示。

警告

拆卸高压蓄电池单元之前必须确保高压蓄电池单元充分充电。如果组合仪表上还显示剩余续航里程,则高压蓄电池单元充电充分。在拆卸之前检查高压蓄电池单元的损坏情况。在发生事故后和工作开始之前,必须对高压蓄电池单元进行外观鉴定。事故后注意高压蓄电池单元的检测准则。

❷ 脱开高压插头连接1(图2-7-7)。

❸ 松开制冷剂管路2上的螺栓1并按箭头方向将其拔出(图2-7-8)。拧紧力矩:13N·m。

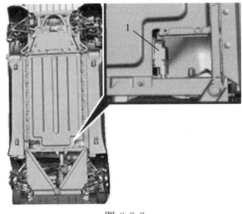

图2-7-7

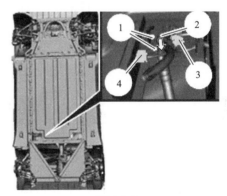

图2-7-8

❹ 使用塞子将制冷剂管路2封堵,以免污染。如果已经安装有电气膨胀阀则必须脱开插头3。

❺ 脱开信号插头4。

❻ 松开高压蓄电池单元上的螺栓1(图2-7-9)。拧紧力矩:28N·m。

❼ 缓慢降低升降台。

(2) 安装

❶ 安装应通过辅助人员执行。

定位件2 356 946在安装到行走模块2中时,用于对正高压蓄电池单元1(图2-7-10)。

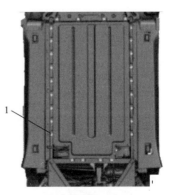

图2-7-9

❷ 等电位连接螺栓连接件损坏时按照下列顺序安装。

在 1 处钻孔 5.4mm（图 2-7-11）。安装新的等电位连接螺栓。拧紧力矩：11.8N·m。

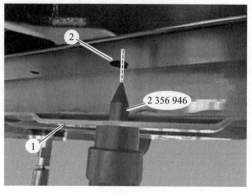

图 2-7-10　　　　　　　　　　图 2-7-11

❸ 在安装高压蓄电池单元之前必须使用 EoS 测试仪（2 353 250）检测高压蓄电池单元。

❹ 在安装高压蓄电池单元之前必须检查是否安装有安全标签和提示标签（图 2-7-12）。缺失或损坏标签必须予以更新。

图 2-7-12

2.8　特斯拉纯电动汽车

2.8.1　动力电池拆装

（1）拆卸

警告

❶ 仅允许已接受高压警觉培训的技术人员执行此程序。若要处理高压电缆，必须随时佩戴最低防护等级为 00（500V）的适用型个人防护装备（PPE）和绝缘高压手套。

❷ 若车辆配有空气悬架，请在举起并支撑车辆前启动触摸屏上的"Jack"模式。

注意：将无线电钻与3/8in驱动装置接合器和3/8in驱动装置气动棘轮扳手配合使用来执行此程序。

❸ 请勿使用冲击扳手拆卸电池紧固件。

❶ 升起并支撑车辆。
❷ 拆卸后护板。
❸ 拆卸将左侧剪力板固定到副框架的螺母（扭矩为35N·m）。
❹ 拆卸将电池固定到车身的中心螺栓（×6）（扭矩为38N·m）（图2-8-1）。
❺ 在电池下面正确放置电池工作台。确保该工作台保持水平并且可以支撑电池的全重。
❻ 如果装配了防撞板压铸件，请将其拆下。
❼ 拆卸将高压电池固定到前副框架和车身的螺栓（×2）（扭矩为115N·m）（图2-8-2）。

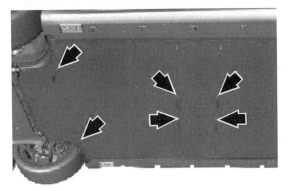

图 2-8-1

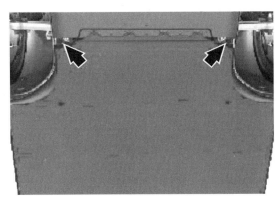

图 2-8-2

❽ 拆卸将高压电池固定到前副框架的螺栓（×4）（扭矩为30N·m）（图2-8-3）。
❾ 拆卸将高压电池固定到车身左侧车门槛板的螺栓（×8）（扭矩为55N·m）（图2-8-4）。

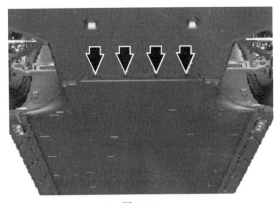

图 2-8-3

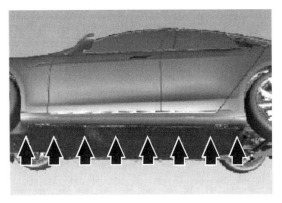

图 2-8-4

❿ 对于固定到车身右侧车门槛板的电池，请重复上述步骤。
⓫ 拆卸将电池固定到车身的其余螺栓（×6）（扭矩为38N·m）（图2-8-5）。
⓬ 小心降低电池总成。

⑬ 使用万用表测量高压电池电压。

a. B+到地面。

b. B—到地面。

c. B+到 B—。

警告

若电压读数超过 10V，则接触器没有完全打开。立即中断此程序。进一步操作前，请联系现场维修工程师。

⑭ 将一个高电压盖（1038478-00-A）和一个低电压盖（1028325-00-A）插入高压和低压电池端口。如果没有此类护盖，则使用 3M 2480S 遮蔽胶带（2in❶ 宽）或 3M 471 红色聚氯乙烯绝缘带（2in 宽）密封这些端口（图 2-8-6）。

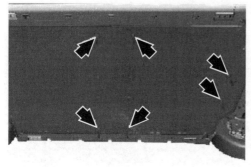

图 2-8-5

图 2-8-6

1—高压；2—低压

警告

使用前，验证盖上的密封并未损坏。

(2) 安装

安装程序与拆卸程序相反。

---

❶ 注：1in=2.54cm

第3章 高压电控系统

3.1 比亚迪 E5 纯电动汽车

3.1.1 高压电控简介

高压电控总成集成两电平双向交流逆变式电机控制器模块、车载充电器模块、DC-DC 变换器模块，高压配电模块和漏电传感器（图 3-1-1）。

高压电控总成主要功能如下。

❶ 控制高压交/直流电双向逆变，驱动电机运转，实现充、放电功能（VTOG、车载充电器）。

❷ 实现高压直流电转化低压直流电为整车低压电器系统供电（DC-DC）。

图 3-1-1

❸ 实现整车高压回路配电功能以及高压漏电检测功能（高压配电箱和漏电传感器模块）。

❹ 另外还包括 CAN 通信、故障处理记录、在线 CAN 烧写以及自检等功能。

3.1.2 高压电控盒故障代码

高压电控盒故障代码如表 3-1-1、表 3-1-2 所示。

表 3-1-1

故障症状	可能发生部位
电机控制系统不工作	①电机控制器高压配电源电路
	②电机控制器低压电源电路
	③线束

表 3-1-2

故障码(ISO15031-6)	故障定义	DTC 值(hex)
P1B0000	驱动 IPM 故障	1B0000
P1B0100	旋变故障	1B0100
P1B0200	驱动欠压保护故障	1B0200

续表

故障码(ISO15031-6)	故障定义	DTC值(hex)
P1B0300	主接触器异常故障	1B0300
P1B0400	驱动过压保护故障	1B0400
P1B0500	IPM散热器过温故障	1B0500
P1B0600	挡位故障	1B0600
P1B0700	油门异常故障	1B0700
P1B0800	电机过温故障	1B0800
P1B0900	电机过流故障	1B0900
P1B0A00	电机缺相故障	1B0A00
P1B0B00	EEPROM失效故障	1B0B00
P1B3100	IGBT过热	1B3100
P1B3200	GTOV电感温度过高	1B3200
P1B3400	电网电压过高	1B3400
P1B3500	电网电压过低	1B3500
P1B3800	可自适应相序保护错误	1B3800
P1B3900	交流电压霍尔异常	1B3900
P1B3A00	交流电流霍尔失效	1B3A00
P1B3B00	三相交流过流	1B3B00
P1B4000	GTOV母线电压过高	1B4000
P1B4100	GTOV母线电压过低	1B4100
P1B4300	GTOV母线电压霍尔异常	1B4300
P1B4700	GTOV直流电流过流保护	1B4700
P1B4900	GTOV直流电流霍尔异常	1B4900
P1B4A00	GTOV直流电流瞬时过高	1B4A00
P1B4B00	GTOV-IPM保护	1B4B00
P1B4C00	GTOV可恢复故障连续触发	1B4C00
P1B4D00	GTOV可恢复故障恢复超时	1B4D00
U025F00	与P挡电机控制器通信故障	C25F00
U029E00	与主控通信故障	C29E00
U011100	与电池管理器通信故障	C11100
U029D00	与ESP通信故障	C29D00
U012100	与ABS通信故障	C12100
U029F00	与OBC通信故障	C29F00
P1B6800	充电枪过温	1B6800
P1B6900	启动前交流过流	1B6900
P1B6A00	启动前直流过流	1B6A00
P1B6B00	频率过高	1B6B00
P1B6C00	频率过低	1B6C00

续表

故障码(ISO15031-6)	故障定义	DTC 值(hex)
P1B6D00	不可自适应相序错误保护	1B6D00
P1B6E00	直流预充满	1B6E00
P1B6F00	直流短路	1B6F00
P1B7000	直流断路	1B7000
P1B7100	电机接触器烧结	1B7100
P1B7200	CC 信号异常	1B7200
P1B7300	CP 信号异常	1B7300
P1B7400	IGBT 检测故障	1B7400
P1B7500	交流三相电压不平衡	1B7500
P1B7600	交流三相电流不平衡	1B7600

3.1.3 高压电控盒接口定义

(1) 低压接插件 1（64pin）（图 3-1-2、表 3-1-3）

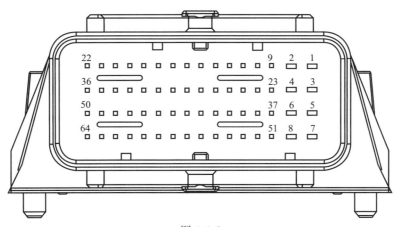

图 3-1-2

表 3-1-3

引脚号	端口名称	端口定义	线束接法	电源性质	备注
1	电源(+12V)	外部提供 ON 挡电源	双路电	双路电	
2	电源(+12V)	外部提供常火电	常电	常电	
3					
4	电源(+12V)	外部提供 ON 挡电源	双路电	双路电	
5					
6	GND	油门深度屏蔽(地)	车身(地)		
7	GND	外部电源(地)	车身(地)		
8	GND	外部电源(地)	车身(地)		
9					
10	GND	巡航地			

续表

引脚号	端口名称	端口定义	线束接法	电源性质	备注
11	GND	充电枪温度1(地)(标准)	充电口		
12	MES-BCM	BCM充电连接信号	BCM		
13	NET-CC1	充电控制信号1(标准)	充电口		
14	CRUISE-IN	巡航信号	方向盘		
15	STATOR-T-IN	电机绕组温度	电机		
16	CHAR-TEMP1	充电枪座温度信号1(标准)	充电口		
17	DC-BRAKE1	刹车深度1	制动踏板		
18	DC-GAIN2	油门深度2	油门踏板		
19～25					
26	GND	动力网CAN信号屏蔽(地)	充电口		
27、28					
29	GND	电机模拟温度(地)	电机		
30					
31	DC-BRAKE2	刹车深度2	制动踏板		
32	DC-GAIN1	油门深度1	油门踏板		
33	DIG-YL1-OUT	预留开关量输出1	空		
34	DIG-YL2-OUT	预留开关量输出2	空		
35	IN-HAND-BRAKE	手刹信号	预留		
36					
37	GND	刹车深度屏蔽(地)			
38	+5V	刹车深度电源1	制动踏板		
39	+5V	油门深度电源2	油门踏板		
40	+5V	油门深度电源1	油门踏板		
41	+5V	刹车深度电源2	制动踏板		
42					
43	SWITCH-YL1	预留开关量输入1	空		
44		车内插座触发信号	车内插座		
45	GND	旋变屏蔽(地)	电机		
46	EXT-ECO/SPO	经济/运动模式输入	开关组		预留
47、48					
49	CANH	动力网CANH	动力网CANH		
50	CANL	动力网CANL	动力网CANL		
51	GND	刹车深度电源(地)1	制动踏板		
52	GND	油门深度电源(地)2	油门踏板		
53					
54	GND	油门深度电源(地)1	制动踏板		
55	GND	刹车深度电源(地)2			

续表

引脚号	端口名称	端口定义	线束接法	电源性质	备注
56	SWITCH-YL2	预留开关量输入2	空		
57	IN-FEET-BRAKE	制动信号	制动信号		
58	DSP-ECO/SPO-OUT	经济/运动模式输出	开关组		预留
59	/EXCOUT	励磁−			
60	EXCOUT	励磁＋			
61	COS＋	余弦＋	电机		
62	COS−	余弦−			
63	SIN＋	正弦＋			
64	SIN−	正弦−			

（2）低压接插件2（33pin）（图3-1-3、表3-1-4）

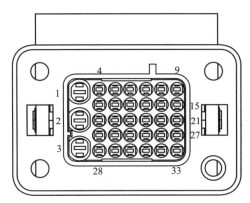

图 3-1-3

表 3-1-4

引脚号	端口名称	端口定义	线束接法	电源性质及电压标准值	备注
1～3					
4		VCC双路电电源		双路电（＋12V）	
5		VCC双路电电源		双路电（＋12V）	
6、7					
8		GND双路电电源（地）		双路电	
9		GND双路电电源（地）		双路电	
10		GND	直流霍尔屏蔽（地）		
11、12					
13	GND	CAN屏蔽（地）			
14		CAN_H	动力网		
15		CAN_L	动力网		
16		直流霍尔电源＋	BMS		
17		直流霍尔电源−	BMS		
18		直流霍尔信号	BMS		

续表

引脚号	端口名称	端口定义	线束接法	电源性质及电压标准值	备注
19					
20		一般漏电信号	BMS		
21		严重漏电信号	BMS		
22	驱动/充电	高压互锁+	BMS		
23	驱动/充电	高压互锁-	BMS		
24		主接触器/预充接触器电源		双路电	
25		交直流充电正负极接触器电源		双路电	
26~28					
29		主预充接触器控制信号	BMS		
30		直流充电正极接触器控制信号	BMS		
31		直流充电负极接触器控制信号	BMS		
32		主接触器控制信号	BMS		
33		交流充电接触器控制信号	BMS		

3.1.4 高压电控盒拆装

❶ 将车辆退电至 OFF 挡，等待 5min。

❷ 打开前舱盖。

❸ 用 14#套筒拆除四合一控制器与前舱大支架之间的 6 个 M10 螺栓（图 3-1-4）。

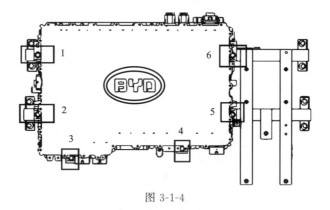

图 3-1-4

❹ 依次拔除四合一上的所有高低压接插件。

❺ 拆除四合一冷却进、出水口以及排气管管路，并拆除左右两根搭铁线。

❻ 用抱装夹具将四合一控制器从前舱中抬出。

高压电控总成安装按照拆卸相反顺序进行安装。

3.1.5 高压电控盒电路图

高压电控盒电路图如图 3-1-5～图 3-1-7 所示。

第 3 章 高压电控系统　107

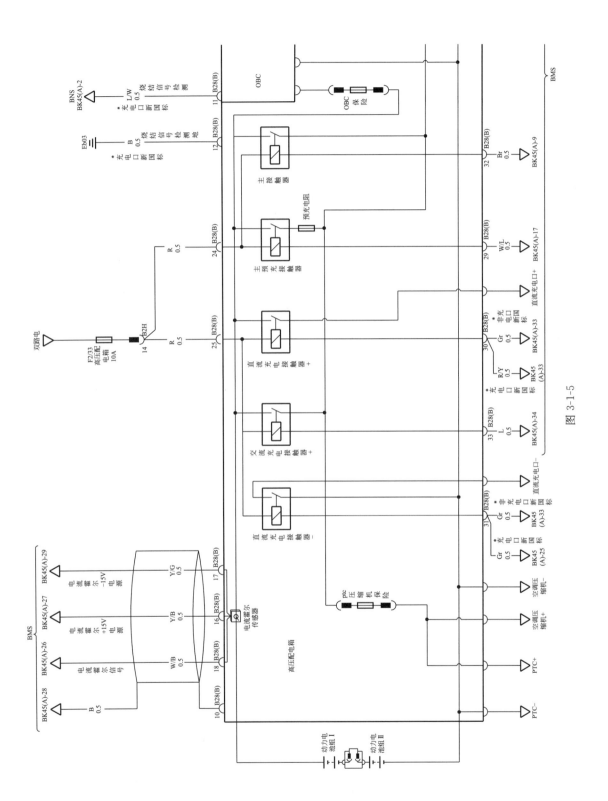

图 3-1-5

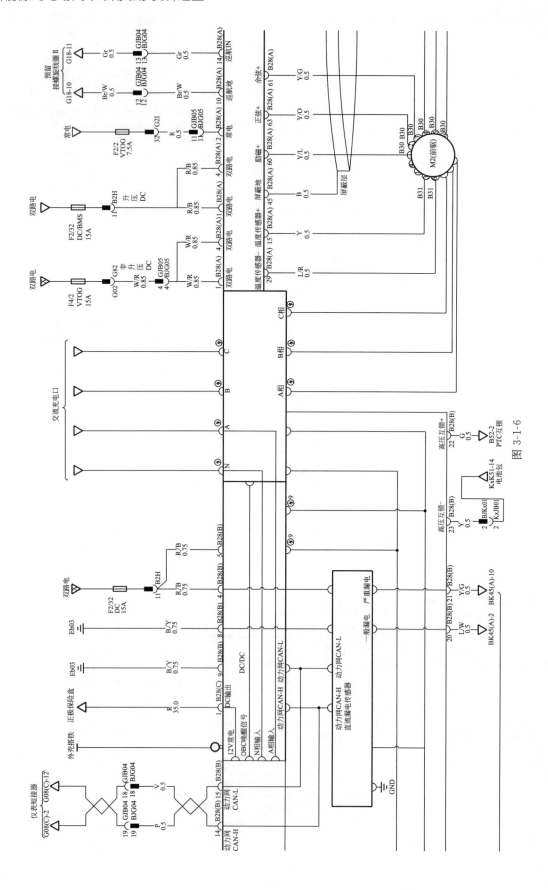

图 3-1-6

第 3 章 高压电控系统

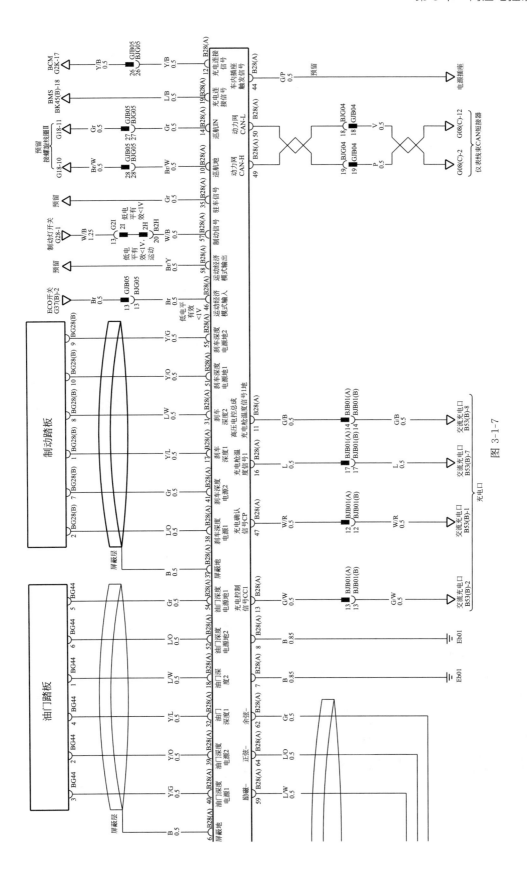

图 3-1-7

3.2 比亚迪 E6 纯电动汽车

3.2.1 高压电控简介

(1) 高压配电箱

高压配电箱（High Voltage Distribution Assy，HVDA），位于后备厢后排座椅后边（图 3-2-1）。将电池包的高压直流电分配给整车高压电器使用，其上游是电池包，下游包括电机控制器、直流充电口、车载充电器、DC/DC、空调驱动器、漏电传感器。

作用：整车高压电配电装置，实施电源分配、接通、断开（图 3-2-2）。

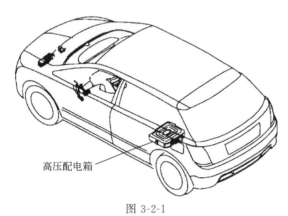

图 3-2-1

图 3-2-2

(2) DC/DC 系统

作用：DC/DC 负责将动力电池高压电转换成 12V 电源（图 3-2-3）。

DC/DC 在 DC 主接触吸合时工作，输出的 12V 电源供给整车用电器工作（包括 EHPS 电机），并且在低压电池亏电时给低压电池充电。

(3) 驱动电机控制器

驱动电机控制器系统主要是由高压配电、控制器、驱动电机及相关的传感器组成，该系统核心为驱动电机控制器（图 3-2-4）。驱动电机控制器接受挡位开关信号、油门深度、脚刹深度、旋变等信号，经过一系列的逻辑处理和判断，来控制电机正反转、转速等。

图 3-2-3

图 3-2-4

主要功能如下。

❶ 控制电机正向驱动、反向驱动、正转发电、反转发电。
❷ 控制电机的动力输出，同时对电机进行保护。
❸ 通过 CAN 与其他控制模块通信，接收并发送相关的信号，间接地控制车上相关系统正常运行。
❹ 制动能量回馈控制。
❺ 自身内部故障的检测和处理。

3.2.2 高压电控故障代码

(1) DC/DC 系统

DC/DC 系统故障诊断码如表 3-2-1 所示。

表 3-2-1

故障诊断码(DTC)	故障描述	可能发生部位
DC-DC(1)模块		
P1DA0	输出 1# 电压故障(保留)	DC/DC
P1DA1	输出 2# 电压故障(保留)	DC/DC
P1DA2	DC(1)输出过压	DC/DC
P1DA3	DC(1)输出欠压	DC/DC
P1DA4	DC(1)输出过流	DC/DC
P1DA5	DC(1)散热器过温	DC/DC、冷却系统
P1DA6	DC(1)输入过压	动力电池
P1DA7	DC(1)输入欠压	动力电池、高压配电箱、高压线
P1DA8	DC(1)输出断路	输出接插件未接
P1DA9	DC1、2 输出断路	输出接插件未接
U0111	与高压电池管理器(BMS)通信故障	BMS、其他动力网模块、低压线束
DC-DC(2)模块		
故障诊断码(DTC)	故障描述	可能发生部位
P1E00	输出 1# 电压故障(保留)	DC/DC
P1E01	输出 2# 电压故障(保留)	DC/DC
P1E02	DC(2)输出过压	DC/DC
P1E03	DC(2)输出欠压	DC/DC
P1E04	DC(2)输出过流	DC/DC
P1E05	DC(2)散热器过温	DC/DC、冷却系统
P1E06	DC(2)输入过压	动力电池
P1E07	DC(2)输入欠压	动力电池、高压配电箱、高压线
P1E08	DC(2)输出断路	输出接插件未接
U0111	与高压电池管理器(BMS)通信故障	BMS、其他动力网模块、低压线束

(2) 驱动电机控制器

驱动电机控制器故障如表 3-2-2 所示。

表 3-2-2

故障码(ISO 15031-6)	故障定义	故障码(ISO 15031-6)	故障定义
P1B0000	驱动 IPM 故障	P1B3D00	GTOV 交流电流斜率异常
P1B0100	旋变故障	P1B3E00	GTOV 交流电压斜率异常
P1B0200	驱动欠压保护故障	P1B3F00	GTOV 母线电压瞬时过高
P1B0300	主接触器异常故障	P1B4000	GTOV 母线电压过高
P1B0400	驱动过压保护故障	P1B4100	GTOV 母线电压过低
P1B0500	IPM 散热器过温故障	P1B4200	GTOV 母线电压斜率异常
P1B0600	挡位故障	P1B4300	GTOV 母线电压霍尔异常
P1B0700	油门异常故障	P1B4400	GTOV 电池电压过高
P1B0800	电机过温故障	P1B4500	GTOV 电池电压过低
P1B0900	电机过流故障	P1B4600	GTOV 电池电压斜率异常
P1B0A00	电机缺相故障	P1B4700	GTOV 直流电流过流保护
P1B0B00	EEPROM 失效故障	P1B4800	GTOV 直流电流斜率保护
P1B3000	电机过温-模拟量	P1B4900	GTOV 直流电流霍尔异常
P1B3100	IGBT 过热	P1B4A00	GTOV 直流电流瞬时过高
P1B3200	GTOV 电感温度过高	P1B4B00	GTOV-IPM 保护
P1B3300	GTOV 三相电压瞬时过高	P1B4C00	GTOV 可恢复故障连续触发
P1B3400	GTOV 三相电压过高	P1B4D00	GTOV 可恢复故障恢复超时
P1B3500	GTOV 三相电压过低	P1B4E00	电网交流漏电
P1B3600	GTOV 捕获异常	U025F00	与 P 挡电机控制器通信故障
P1B3700	GTOV 三相电缺相	U029E00	与主控通信故障
P1B3800	GTOV 三相电压相序错误	U011100	与电池管理器通信故障
P1B3900	GTOV 交流电压霍尔异常	U025E00	与 ACM 通信故障
P1B3A00	GTOV 交流电流霍尔异常	U029D00	与 ESP 通信故障
P1B3B00	GTOV 交流过流	U012100	与 ABS 通信故障
P1B3C00	GTOV 交流电流采样异常		

3.2.3 高压电控盒接口定义

（1）高压配电箱

低压接插件引脚诊断定义如图 3-2-5、表 3-2-3 所示。

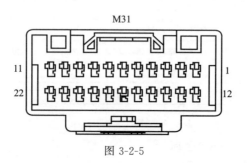

图 3-2-5

表 3-2-3

连接端子	端子描述	条件	正常值
1～车身(地)	ON 挡电源	充电或电源 ON 挡	11～14V
2～车身(地)			
3～车身(地)		电源 ON 挡	
4～车身(地)	双路电	充电或电源 ON 挡	
5～车身(地)			
6～车身(地)	DC 预充控制	DC 预充时	小于 1V
8～车身(地)	DC 接触器控制	充电或电源 ON 挡	
9～车身(地)	电流霍尔信号	电流信号	—
10～车身(地)	车身地	始终	小于 1V
12～车身(地)	仪表常电	ON 挡	11～14V
13～车身(地)	预充接触器控制	启动	小于 1V
14～车身(地)	正极接触器控制	电源 OK 挡	
15～车身(地)	PTC 接触器控制	打开空调	
16～车身(地)	烧结监测正	电源 OFF 挡	11～14V
17～车身(地)	烧结监测负	电源 OFF 挡	小于 1V
19～车身(地)	+15V 电源	充电或电源 ON 挡	约+15V
20～车身(地)	交流充电接触器控制	交流充电	小于 1V
21～车身(地)	−15V 电源	充电或电源 ON 挡	约−15V

(2) DC/DC 系统

DC 低压接插件如图 3-2-6、表 3-2-4 所示。

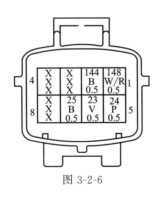

图 3-2-6

表 3-2-4

端子	线色	条件	正常值	可能故障模块
1→车身(地)	B		小于 1Ω	线束
2→车身(地)	W/R	OK 挡	11～14V	线束,ON 挡电源回路
5→车身(地)	P		约 2.5V	线束,CAN 动力网的其他模块
6→车身(地)	V			
7→车身(地)	B		小于 1Ω	线束

续表

端子	线色	条件	正常值	可能故障模块
5→车身(地)	P	OFF挡,拔蓄电池	大于10kΩ	线束
6→车身(地)	V	OFF挡,拔蓄电池	大于10kΩ	线束
5→6	—		约60Ω	线束,CAN动力网的其他模块

(3) 驱动电机控制器

驱动电机控制器低压62PIN插脚定义如图3-2-7、表3-2-5所示。

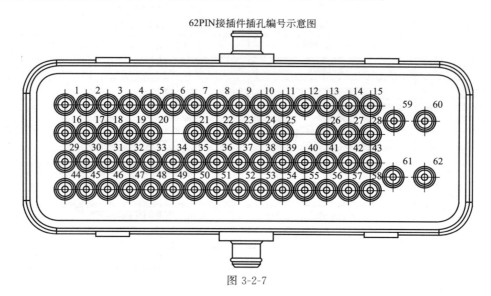

图 3-2-7

表 3-2-5

引脚编号	信号标号	信号定义	备注
1	EXCOUT	励磁＋	
2	/EXCOUT	励磁－	
3	GND1	电机温度开关(地)	
4～10		—	
11	GND	油门屏蔽(地)	
12		—	
13	GND	油门深度电源(地)2	
14		—	
15	GND	油门深度电源(地)1	
16	SIN＋	正弦＋	
17	SIN－	正弦－	
18			
19	EMACHINE-TEMP	电机温度开关	低电平有效<1V
20、21			
22	DSP-ECO/SPO-OUT	经济/运动模式输出	低电平有效<1V
23	NET-CP	充电电流确认信号	充电PWM信号检测(CP)

续表

引脚编号	信号标号	信号定义	备注
24		—	
25	5V	油门深度电源 2	
26		—	
27	5V	油门深度电源 1	
28	DC-GAIN1	油门深度 1	
29	COS−	余弦−	
30	COS+	余弦+	
31		—	
32	GND1	电机模拟温度(地)	
33	GND	CAN 信号屏蔽(地)	
34、35		—	
36	MES-BMS-OUT	BMS 信号	给电池管理器低电平有效<1V
37	MES-METER	仪表信号	给仪表低电平有效<1V
38	EXT-ECO/SPO	经济/运动模式输入	低电平有效<1V
39、40		—	
41	DC-GAIN2	油门深度 2	
42		—	
43	GND	外部提供的电源(地)(常火电)	12V 电源地
44	GND	旋变屏蔽(地)	
45	GND	电机温度屏蔽(地)	
46	STATOR-T-IN	电机绕组温度	
47	CANL	CAN 低	
48	CANH	CAN 高	
49、50		—	
51	MES-BCM	BCM 信号	给 BCM 低电平有效<1V
52	NET-CC	充电控制信号	7 芯充电枪连接确认(CC)
53	IN-FEET-BRAKE	脚刹信号	高电平有效≥9V
54		—	
55	DC-BRAKE1	刹车深度 1	
56、57			
58	12V1	外部提供的电源(常火电)	12V 常电
59	GND	外部电源(地)	12V 电源地
60	GND	外部电源(地)	12V 电源地
61	12V0	外部提供的电源(ON 挡电)	双路电
62	12V0	外部提供的电源(ON 挡电)	双路电

3.2.4 高压电控故障诊断

(1) DC/DC 高压电源电路故障诊断

高压配电箱电路图如图 3-2-8 所示。

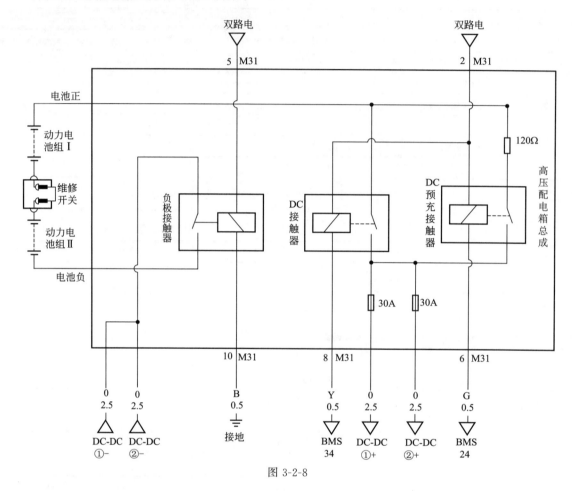

图 3-2-8

DC/DC 电路图如图 3-2-9 所示。

❶ 检查母线。

将电源挡位上到 OK 挡。检查从高压配电箱出来的母线正极与母线负极两端是否加载高压（图 3-2-10、表 3-2-6）。

表 3-2-6

端子	正常值	端子	正常值
C→F	230～400VDC	D→G	230～400VDC

正常应为电压正常。

❷ 检查 DC 低压接插件。参考 DC 低压接插件（图 3-2-6、表 3-2-4）。

❸ 检查高压配电箱低压控制端。将电源挡位上到 OK 挡。拔下高压配电箱 M31 连接器。测量线束端连接器各端子间电压或电阻（图 3-2-11、表 3-2-7）。

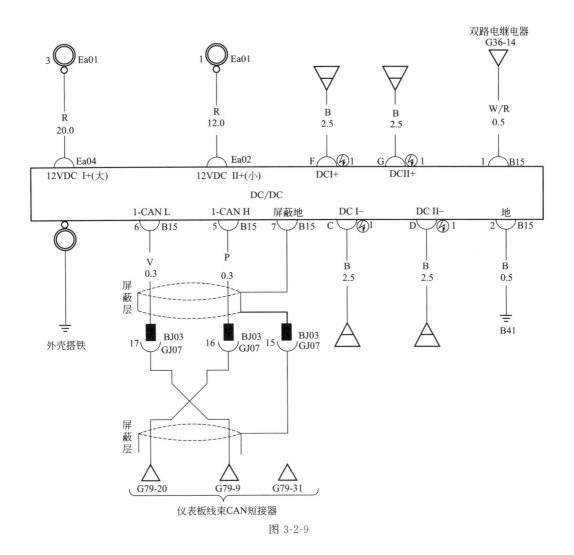

图 3-2-9

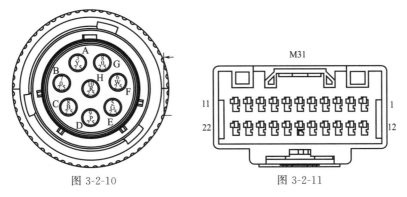

图 3-2-10　　　　　图 3-2-11

表 3-2-7

端子	线色	条件	正常值	可能故障模块
M31-2→车身(地)	W/B	OK 挡	11～14V	线束,ON 挡电源回路
M31-5→车身(地)	W/B	OK 挡		

续表

端子	线色	条件	正常值	可能故障模块
M31-8→车身(地)	Sb	OK 挡	小于 1V	线束,电池管理器
M31-10→车身(地)	B	始终	小于 1Ω	线束

如果正常,则更换高压配电箱。如果异常,则检查相关模块。

(2) 驱动电机控制器

VTOG 高压电源电路故障诊断电路图如图 3-2-12 所示。

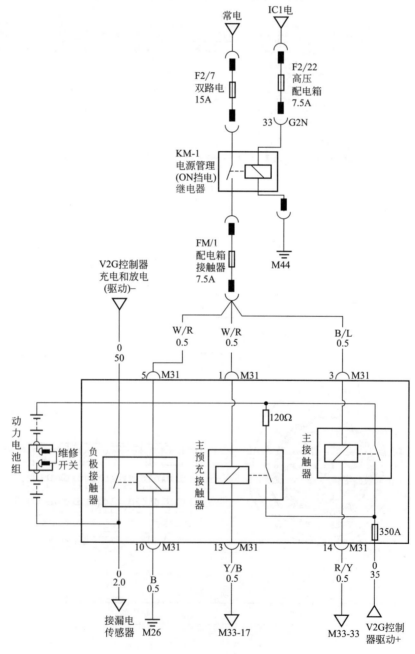

图 3-2-12

❶ 检查高压。将电源挡位上到 OK 挡（若无法上，进入下一步）。读取 VTOG 数据流，看电池高压是否供给 VTOG 控制器（表 3-2-8）。

表 3-2-8

数据流	动力电机母线电压				
	与电池管理器总电压相差小于 20V			与电池管理器总电压相差大于 20V	
电压值/V	0～199	200～400	>400V	<20	其他
可能故障	电压过低，电池包故障	跳到下一回路	检查电池包	无高压，检查高压线束连接，若正常，进入第❸步	检查 VTOG 控制器或者电池管理器的采集电路（可更换尝试）

❷ 检查整车启动流程。踩刹车上电，读取电池管理器数据流中预充状态（表 3-2-9）。

表 3-2-9

数据流	预充状态		
	未预充	预充完成	预充失败
处理	进入表 3-2-10	检查配电箱低压线束，进入第❹步	检查配电箱高低压线束，若正常，更换 VTOG

❸ 检查上电过程环节。上电过程环节检查步骤如表 3-2-10 所示。

表 3-2-10

步骤	检查项	是	否
1	踩刹车，观察制动灯是否点亮	转至步骤 2	检查制动信号
2	踩刹车，观察启动按钮绿色等是否点亮	转至步骤 3	检查 BCM
3	读取 VTOG 数据流，踩刹车上电，是否发送上电请求	检查管理器 CAN 线和管理器	转至步骤 4
4	检查 BCM 是否发送启动请求报文	转至步骤 5	更换 BCM
5	重新匹配电机防盗后，重新尝试上电，重是否能上 OK 电	完成	更换 VTOG 控制器

❹ 检查高压配电箱低压控制端。拔下高压配电箱 M31 连接器。根据低压接插件引脚诊断定义（图 3-2-5、表 3-2-3），测量线束端连接器各端子间电压或电阻。如果正常，则更换高压配电箱。

3.2.5 高压电控拆装

(1) 高压配电箱拆装

❶ 拆卸维修前的工作。

a. 启动开关 OFF 挡。

b. 拔掉紧急维修开关。

c. 蓄电瓶断电。

❷ 拆卸高压配电箱。

a. 拆卸后座椅。

b. 拆卸配电箱车身盖板。

c. 断开所有高低压接插件。

d. 拆卸配电箱支架 4 个螺栓。

e. 取出高压配电箱。

❸ 安装高压配电箱。
a. 将高压配电箱置于地板上，对准安装孔。
b. 安装配电箱 4 个螺栓。
c. 连接所有高低压接插件。
d. 安装高压配电箱车身盖板。
e. 恢复座椅。
（2）DC/DC 拆装
❶ 拆卸维修前的工作。
a. 点火开关 OFF 挡。
b. 拔掉紧急维修开关。
c. 蓄电瓶断电。
d. 放掉冷却系统冷却液。
e. 拆卸 DC 和空调驱动器总成冷却管路。
❷ 拆卸 DC/DC。
a. 断开高压电缆。
b. 断开 DC 输入、充电器输入、空调驱动器输入三合一接插件。
c. 断开空调驱动输出 1 接插件。
d. 断开空调驱动输出 2 接插件。
e. 断开 DC 和空调驱动器总成上 5 个接插件。
f. 拆卸 DC 前端 2 个螺栓。
g. 拆卸 DC 后端 1 个螺母。
h. 卸下 DC 和空调驱动器总成。
❸ 安装 DC/DC。
a. 将 DC 和空调驱动器总成放在支架上对准孔位。
b. 安装 DC 后端 1 个螺母。
c. 安装 DC 前端 2 个螺栓。
d. 安装 DC 和空调驱动器总成上 5 个接插件。
（3）驱动电机控制器拆装
❶ 拆卸维修前的工作。
a. 启动开关 OFF 挡。
b. 拔掉紧急维修开关。
c. 蓄电瓶断电。
❷ 拆卸驱动电机控制器。
a. 打开前舱盖。
b. 打开固定螺栓。
c. 断开高压接插件。
d. 断开低压接插件。
e. 断开搭铁线束。
f. 断开水管及其固定支架。
g. 断开电机三相线。
h. 取出 VTOG 控制器。
❸ 安装驱动电机控制器。

a. 打开前舱盖。
b. 把 VTOG 控制器放到安装位置。
c. 接上高压接插件。
d. 拧紧固定螺栓。
e. 连接搭铁线束。
f. 连接三相线。
g. 连接水管及其固定支架。
h. 连接低压接插件。

3.3 北汽 E150EV 纯电动汽车

3.3.1 高压电控简介

❶ DC/DC 技术参数如表 3-3-1 所示。

表 3-3-1

项目	技术要求	备注
额定输入电压/频率	DC：380V	
输入电压范围	DC：290～420V	
输出 DC 额定值	DC13.5V/14V	
输出电压精度	≤±1%	
输出过流保护	150～170A	
输入过压保护	正常	
输入欠压保护		
遥控方式	遥控正对地控制加+12V，开机	
过温保护	95℃关机	
工作频率	200kHz	±10%
工作效率	≥83%	额定输入、满载
绝缘电阻	500MΩ	输入—输出—机壳
工作温度	-20～65℃	
储存温度	-30～75℃	
工作湿度	5%～85%RH	
储存湿度	5%～95%RH	
冷却方式	自然冷	

❷ 驱动电机控制器。

电机控制器是一种自动弱磁调速逆变控制器，用于电动汽车 YTD020W02 型电机驱动。电机控制器箱内主要由以 IGBT 功率模块为核心的功率电路和以单片机为核心的微电子控制电路两部分构成，可以安装在地面、车辆等无腐蚀性气体的环境中。

系统的主要功能是将输入的直流电压变为可调的交流电压和电流给电机等负载使用。机组采用水冷方式，需外配水循环、膨胀水箱等散热设备。

电机控制器技术参数如表 3-3-2 所示。

表 3-3-2

额定功率/kW	20
额定输入电压(DC)/V	车载充电器低压供电
额定输入电流(DC)/A	68
控制电源额定电压(DC)/V	12
外形尺寸(长×宽×高)/mm×mm×mm	342×237×130
重量/kg	12
冷却方式	水冷
保护	系统具有过流、过热、过压、欠压、短路等保护功能
安装	该系统安装于车体内，安装环境无阳光直射，无腐蚀或破坏绝缘的气体或蒸汽

3.3.2 高压电控接口定义

（1）高压控制盒接口定义

适用车型 C30DB-B/B1/B9/B10/B11/B12/B13/2012-B1/B2/B3 的高压控制盒接口如表 3-3-3 所示。

表 3-3-3

引脚号	引脚功能	线束方向
HT8		
A	DC/DC 高压正极	DC/DC 高压正极输入
B	充电机高压正极	充电机高压正极输入
C	压缩机高压正极	压缩机高压正极输入
D	PTC 高压正极	PTC 高压正极输入
E	PTC 高压负极	PTC 高压负极输入
F	压缩机负极	压缩机负极输入
G	DC/DC 高压负极	DC/DC 高压负极输入
H	充电机高压负极	充电机高压负极输入
HT2a		
A	电机控制器高压负极	电机控制器高压负极输入
B	电机控制器高压正极	电机控制器高压正极输入
HT2		
A	动力电池高压负极	动力电池高压负极输入
B	动力电池高压正极	动力电池高压正极输入
T8		
A	主继电器低压控制线（正极）	低压保险盒-充电继电器
B	主继电器低压控制线（负极）	整车控制器 81/10

续表

引脚号	引脚功能	线束方向
C	—	
D	PTC 继电器低压控制线（正极）	低压保险盒-PTC/EPS 熔丝
E	PTC 继电器低压控制线（负极）	整车控制器 81/49
F		
G	—	—
H		

（2）DC/DC 系统

DC/DC 接口定义如表 3-3-4 所示。

表 3-3-4

针脚号	针脚功能	线束走向
HT4		
A	直流输入−	高压控制盒
B	直流输入＋	高压控制盒
T3a		
1	12V 输入	低压保险盒
2	故障报警线	整车控制器
3	负极输入	接地点 100
T1c		
＋Vout		
T1b		
−Vout		

（3）驱动电机控制器

驱动电机控制器接口定义如表 3-3-5 所示。

表 3-3-5

针脚号	针脚功能	线束方向
35pin		
1	驱动电机温度传感器信号线	驱动电机低压接插件
2		
3	CAN-H	CAN
4	屏蔽线（CAN）	驱动电机低压接插件
5～8	—	—
9	旋变信号线	驱动电机低压接插件
10	屏蔽线	
11	旋变信号线	
12		
13	屏蔽线（温度传感器）	

续表

针脚号	针脚功能	线束方向
14	—	—
15	CAN-L	CAN-L
16~20	—	—
21	旋变信号线	驱动电机低压接插件
22	屏蔽线	
23		
24	地线	接地点100
25~28	—	—
29	12V正极输入	低压保险盒熔丝
30		
31	—	—
32	地线	接地点100
33		
34	旋变信号线	驱动电机低压接插件
35		

3.3.3 高压电控故障代码

(1) DC/DC 故障代码

DC/DC 故障代码如表 3-3-6 所示。

表 3-3-6

DTC	DTC定义	DTC检测条件	DTC触发条件	可能的故障原因
P1792	DC/DC 故障	钥匙门至 ON/START 挡	仪表蓄电池故障指示灯亮	DC/DC 故障
P1796	DC/DC 驱动通道对电源短路故障	钥匙门至 ON/START 挡	DC/DC 线束短路	DC/DC 线束与插头故障

(2) 驱动电机控制器故障代码

驱动电机控制器故障代码如表 3-3-7、表 3-3-8 所示。

表 3-3-7

DTC	DTC定义	DTC检测条件	DTC触发条件	可能的故障原因
P0031	电机控制器IGBT故障	钥匙门至ON/START挡	电机控制器	电机控制器故障
P0032	电机控制器12V瞬间断路故障	钥匙门至ON/START挡	电机控制器供电电源	电机控制器供电线路及接插件故障
P0512	电机控制器温度传感器短路故障	钥匙门至ON/START挡	电机控制器传感器及线束	电机控制器传感器及线束故障
P0514	电机控制器温度传感器开路故障	钥匙门至ON/START挡	电机控制器温度传感器或线路	电机控制器传感器故障 电机控制器传感器线路故障
P0515	电机控制器CAN故障	钥匙门至ON/START挡	电机控制器或电机总线CAN线束	电机控制器或电机总线CAN线束故障

续表

DTC	DTC 定义	DTC 检测条件	DTC 触发条件	可能的故障原因
P0516	电机控制器过流故障	钥匙门至 ON/START 挡	表示电机系统电压高于 200A	电机负载突变,引起的冲击过大造成过流、电机控制器故障

表 3-3-8

DTC	DTC 定义	DTC 检测条件	DTC 触发条件	可能的故障原因
P0518	电机控制器欠压故障	钥匙门至 ON/START 挡	电机系统高电压值低于正常工作电压阀值	主继电器未闭合
P0521	电机控制器相电流过流故障	钥匙门至 ON/START 挡	电机控制器	电机控制器故障
P0771	电机控制器反馈模式故障			

3.3.4 高压电控故障诊断

(1) DC/DC 故障诊断

❶ P1792 (DC/DC 故障)。

a. 使用电动汽车专用故障检测仪清除故障码。

是,车辆重新启动故障消失车辆恢复正常。否,进行下一步。

将钥匙开关打到 ON 挡,使用万用表电压挡测量检查 DC/DC 输出电压是否正常(正常输出电压 13.2~13.5V/13.5~14V)。

是,修复或更换 DC/DC。否,进行下一步。

b. 检测高压控制盒中的 DC/DC 熔断器是否熔断。

是,更换熔断器,车辆恢复正常。否,进行下一步。

c. 检测熔断器至 DC/DC 之间的插头及线束是否熔断。

是,维修或更换线束及插头。否,进行下一步。

d. 检查 DC/DC 低压输出线至低压蓄电池之间的线束是否熔断。

是,更换 DC/DC,车辆恢复正常。否,维修或更换线束及插头。

❷ P1796 (DC/DC 驱动通道对电源短路故障)。

a. 检查 DC/DC 控制插头 T3a 中的针脚 1 至低压保险盒中的 DC/DC 控制继电器中的 23 号线是否正常。

是,进行下一步。否,修复线束。

b. 检查 DC/DC 控制插头 T3a 中的针脚 2 至仪表 T36 针脚、整车控制器 T81 针脚 60 之间的线束是否正常。

是,进行下一步。否,修复线束。

c. 使用电动汽车专用故障检测仪清除故障码。

是,重新启动,车辆恢复正常。否,更换 DC/DC。

(2) 驱动电机控制器故障诊断

❶ P0031 (电机控制器 IGBT 故障)。

使用电动汽车专用故障诊断仪清除故障码。

是,车辆恢复正常。否,更换电机控制器 IGBT 主板。

❷ P0032 (电机控制器 12V 瞬间断路故障)。

a. 检查低压保险盒电机控制器熔丝 (F12/7.5A) 是否熔断。

是，更换低压熔丝并查找线路是否有短路故障。否，进行下一步。

b.使用万用表测量低压保险盒电机控制器熔丝（F12/7.5A）至电机控制器插头 T35 中的 1 针脚是否导通。

是，修复线束及接插件。否，修复电机控制器插头 T35 中的 24 针脚与车身搭铁点。

❸ P0512（电机控制器温度传感器短路故障）。

a.检查电机控制器插头 T35 中的 9、10 针脚与车身之间的阻值是否正常（无穷大）。

是，进行下一步。否，检查电机控制器插头 T35 中的 9、10 针脚与车身之间的线束及插头。

b.测量电机控制器插头 T35 中的 9、10 针脚之间的阻值是否正常（994Ω）。

是，更换或维修电机控制器。否，更换温度传感器。

❹ P0514（电机控制器温度传感器开路故障）。

检查电机控制器插头 T35 中的 9、10 针脚之间的阻值是否正常（994Ω）。

是，更换或维修电机控制器。否，检修电机控制器插头 T35 中的 9、10 针脚线束、接插件及温度传感器。

❺ P0515（电机控制器 CAN 故障）。

拔掉电机控制器插头 T35、整车控制器插头 T81，使用万用表电阻挡测量电机控制器插头 T35 中的针脚 31、32 与整车控制器插头 T81 中的针脚 8、9 之间是否正常。

是，维修电机控制器插头 T35，更换维修电机控制器。否，更换维修电机控制器。

❻ P0516（电机控制器过流故障）。

a.使用专用故障诊断仪清除故障码。

是，车辆恢复正常。否，进行下一步。

b.检查电机控制器与驱动电机之间的高压母线是否有故障。

是，更换或维修高压母线。否，电机控制器内部故障，维修或更换电机控制器。

❼ P0517（电机控制器过压故障）。

a.使用专用故障诊断仪清除故障码。

是，车辆恢复正常。否，进行下一步。

b.检查电机控制器与驱动电机之间的高压母线是否有故障。

是，更换或维修高压母线。否，电机控制器内部故障，维修或更换电机控制器。

❽ P0518（电机控制器欠压故障）。

检查主继电器是否闭合。是，检查高压继电器输出母线至电机控制器线束。否，使用电动汽车专用故障检测仪读取故障码，根据提示进行维修。

❾ P0521（电机控制器相电流过流故障）。

a.使用电动汽车专用故障检测仪清除故障码。

是，车辆恢复正常。否，进行下一步。

b.检查电机控制器至驱动电机之间的母线是否有故障。

是，维修或更换电机控制器。否，维修或更换高压母线。

❿ P0771（电机控制器反馈模式故障）。

使用电动汽车专用故障检测仪清除故障码。是，车辆恢复正常。否，进行下一步。

3.3.5 高压电控拆装

❶ 拆卸高压控制盒。

a.将车钥匙置于 OFF 挡。

b. 断开蓄电池负极电缆。
c. 拔下高压控制盒低压线束。
d. 用专用工具拆下高压控制盒高压线束插头。

 **注意**

确认无高压后方可进行。

e. 拧下固定高压控制盒的螺栓，取下高压控制盒。
❷ 拆卸高压控制器（DC/DC、压缩机、PTC、充电机）熔断器。
a. 将车钥匙置于 OFF 挡。
b. 断开蓄电池负极电缆。
c. 将高压控制盒上盖紧固螺栓拧下。
d. 使用专用工具拆下熔断器。
❸ 拆卸高压控制盒主熔断器。
a. 将车钥匙置于 OFF 挡。
b. 断开蓄电池负极电缆。
c. 将高压控制盒上盖紧固螺栓拧下。
d. 使用记号笔逐个对所要拆卸的线束进行标记。
e. 使用十字螺丝刀松开（DC/DC、压缩机、PTC、充电机）熔断器座两端连接线固定螺栓。
f. 取下两端连接线。
g. 拔下 PTC 高压继电器控制线插头。
h. 拆下 PTC 高压继电器两端连接线固定螺栓并取下连接线。
i. 取下高压控制盒上侧绝缘支架总成。
j. 拆下主熔断器两侧固定螺栓。
k. 拆下主熔断器与主继电器连接板固定螺栓。
l. 取下主熔断器与主继电器连接板。
m. 取下主熔断器。
❹ 安装。安装以倒序进行。
❺ 安装完成后，对部件进行以下检查。
a. 各部件机械安装牢固性。
b. 各线缆所连接电源的极性及其连接正确性。
c. 各电气连接器连接是否到位，相应的卡口或锁紧螺栓是否卡紧或拧紧。
d. 各高、低压部件的绝缘性。

3.4 北汽 EV160/EV200 纯电动汽车

3.4.1 高压电控简介

（1）PDU 总成
采用 DC-DC 变换器与充电机集成的模式，散热性能好，使用寿命长。DC-DC 变换器将高压直流电变换成低压直流电供整车的低压负载使用，且可以对低压铅酸电池进行充电。充电机将商用交流电源转换为电动车充电电池的高压直流源。交流输入电源须可支持110V和220V（50/60Hz）。

❶ 使用环境（表3-4-1）。

表 3-4-1

项目	技术指标	项目	技术指标
工作温度	－40～+6℃	防护等级	IP67
储存温度	－40～+105℃	冷却方式	水冷
相对温度	5～95℃		

❷ DC/DC性能（表3-4-2）。

表 3-4-2

项目	规格	项目	规格
系统工作电压	6～18V	峰值输出电流	(107±5)A
额度输入电压	336V(DC)	额定输出功率	1.4kW(满负荷连续运行)
输入电压范围	200～420V(DC)	峰值输出功率	1.6kW
输出额定电压	14VDC	效率	≥90%
输出电压精度	±0.2V(DC)	输出电压上升时间	≤300ms
额定输出电流	100A	控制方式	模拟控制

（2）驱动电机控制器

驱动电机系统的控制中心，又称智能功率模块，以IGBT（绝缘栅双极型晶体管）模块为核心，辅以驱动集成电路、主控集成电路（图3-4-1）。

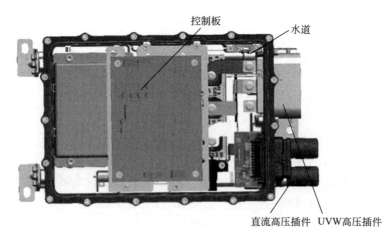

图 3-4-1

对所有的输入信号进行处理，并将驱动电机控制系统运行状态的信息通过CAN2.0网络发送给整车控制器。驱动电机控制器内含故障诊断电路。当诊断出异常时，它将会激活一个错误代码，发送给整车控制器，同时也会存储该故障码和数据。

3.4.2 高压电控故障诊断

❶ DC-DC 故障检测及排除（表 3-4-3）。

表 3-4-3

异常现象	异常原因	处理意见
DC-DC 不工作	高压输入断电	检查高压输入是否正常
	使能信号为高电位	检查控制端子 17 脚是否正常
	输出短路	检查输出连接是否正常
配电盒熔丝烧坏	高压输入短路或输入正负极接反	检测高压输入是否正常
故障反馈:DC-OK	输入过/欠压,输出过/欠压,整机过温	检查输出是否过流或过压,关闭,关闭 DC-DC 总成,静置 10min 后启动,如果仍然报故障,请联后台技术工程师

❷ 驱动电机控制器故障检测及排除。

MCU IGBT 驱动电路过流故障如表 3-4-4 所示。

表 3-4-4

故障名称	MCU IGBT 驱动电路过流故障(U/V/W)
故障码	P116016/P116116/P116216
MCU 故障处理方式	MCU 关闭 PWM 输出,并发送关闭使能请求标志位
VCU 故障处理方式	①VCU 关闭使能信号 ②仪表点亮电机系统专用报警灯 ③仪表点亮 MIL 灯,报警音短鸣
导致故障的原因	①驱动电源欠压 ②电机短路引起电流畸变 ③转子位置信号异常引起电流畸变 ④相电流信号异常引起电流畸变 ⑤软件失控引起电流畸变
故障可能造成的影响	①MCU 无法正常工作 ②MCU 硬件 IGBT 损坏 ③车辆无法行驶
建议售后处理措施	检查 MCU 软、硬件版本,若软、硬件版本正确,则立即更换 MCU
建议的维修措施	①检查 MCU 软、硬件版本 ②更换 MCU

MCU 相电流过流故障如表 3-4-5 所示。

表 3-4-5

故障名称	MCU 相电流过流故障
故障码	P113519
MCU 故障处理方式	当"相电流保护阈值(510A)"＜相电流值＜"(595A)"时,MCU 控制电机输出转矩由当前值到零

VCU 故障处理方式	①仪表点亮电机系统专用报警灯 ②仪表点亮 MIL 灯,报警音短鸣
导致故障的原因	①电机短路引起电流畸变 ②转子位置信号异常引起电流畸变 ③相电流信号异常引起电流畸变 ④负载突然变化引起电流畸变 ⑤线束短路引起电流畸变
故障可能造成的影响	①MCU 无法正常工作 ②车辆无法行驶
建议售后处理措施	①如果重新上电,车辆恢复正常,则不需要派工。同时将信息反馈技术中心电机工程师 ②如果重新上电车辆不能恢复正常,可能 MCU 存在硬件故障或软、硬件版本问题,则需要派工
建议的维修措施	①检查 MCU 软、硬件版本 ②更换 MCU

MCU 直流母线过压故障如表 3-4-6 所示。

表 3-4-6

故障名称	MCU 直流母线过压故障
故障码	P114017
MCU 故障处理方式	MCU 关闭 PWM 输出,并发送关闭使能请求标志位
VCU 故障处理方式	①VCU 关闭使能信号 ②仪表点亮 MIL 灯,报警音短鸣
导致故障的原因	①电机系统突然大功率充电 ②发电状态下高压回路非正常断开
故障可能造成的影响	①MCU 无法正常工作 ②MCU 高压直流侧电容损坏 ③车辆无法行驶
建议售后处理措施	①若其他节点也上报直流母线过压故障,则优先排查其他子系统和高压供电回路可能存在的问题 ②否则将 SD 卡数据反馈给电机工程师进行分析,如果故障期间母线电压确实超过上限阈值,则不需要派工 ③如果故障期间母线电压未超过上限阈值,则需要派工
建议的维修措施	检查高压供电回路

3.4.3 高压电控接口定义

(1) PDU 总成

❶ PDU 总成外部连接端名称定义(图 3-4-2、表 3-4-7)。

第 3 章 高压电控系统

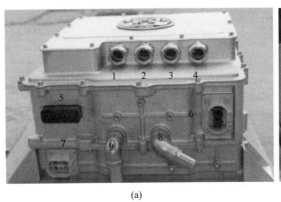

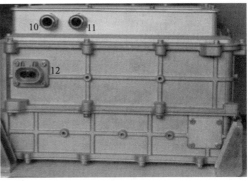

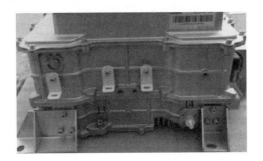

图 3-4-2

表 3-4-7

序号	名称	序号	名称
1	动力电池高压输入正极	8	冷却入水管
2	动力电池高压输入负极	9	冷却出水管
3	高压输出到电机控制器正极	10	连接快充高压负极
4	高压输出到电机控制器负极	11	连接快充高压正极
5	低压控制	12	连接压缩机高压插件
6	PTC 高压输出	13	接蓄电池负极（搭铁线）
7	充电机高压输入	14	接蓄电池正极（电源线）

❷ PDU 低压线束端 35 芯插件接口定义（图 3-4-3、表 3-4-8）。

图 3-4-3

表 3-4-8

针脚号	针脚定义	备注
1,2	空	
3,4	12V 常电	
5,6	地	
7	CAN-H	
8	CAN-L	
9	CAN 屏蔽层	
10	CAN 地	
11,12	空	
13	慢充 CC 连接确认	
14	OBC 使能输出	OBC 唤醒 VCU 使能信号
15	VCU 使能输出	VCU 唤醒 OBC 使能信号
16	空	
17	DC/DC 使能	
18	PTC 传感器＋	温度采集
19	PTC 传感器－	
20	接口 1 温度检测 1	
21	充电口温度传感器负端	
22	快充正极继电器控制端	
23	快充负极继电器控制端	
24	快充正极继电器控制端	
25	快充负极继电器控制端	
26	高压互锁 1	
27	高压互锁 2	
28	12V PTC(空调系统)运行电源	由 VBU 控制一个继电器,继电器的负载端输出此电源
29	电磁锁状态检测	预留
30	辅助控制器检测	充电辅助控制器检测
31	进度 PWM	LED 电量显示控制
32	接口 2 温度检测 1	
33	充电口温度传感器负端	
34,35	空	

(2) 驱动电机控制器

驱动电机控制器 35 针脚接口定义如图 3-4-4、表 3-4-9 所示。

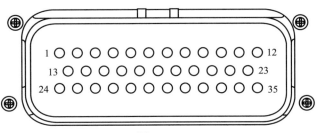

图 3-4-4

表 3-4-9

35 针脚接口定义

型号	编号	信号名称	说明
AMP 35pin C-776163-1	12	激励绕组 R1	电机旋转变压器接口
	11	激励绕组 R2	
	35	余弦绕组 S1	
	34	余弦绕组 S3	
	23	正弦绕组 S2	
	22	正弦绕组 S4	
	33	屏蔽层	控制电源接口
	24	12V_GND	
	1	12V+	
	32	CAN_H	CAN 总线接口
	31	CAN_L	
	30	CAN_PB	
	29	CAN_SHIELD	电机温度传感器接口
	10	TH	
	9	TL	
	28	屏蔽层	RS485 总线接口
	8	485+	高低压互锁接口
	7	485-	
	15	HVIL1(+L1)	
	26	HVIL2(+L2)	

3.4.4 高压电控拆装

(1) PDU 总成拆装

❶ 拆卸 PDU 总成。

a. 拆卸蓄电池负极线固定螺栓,取下负极线并对负极接头做好防护。固定螺栓标准力矩:10N·m。

注意事项：拆卸蓄电池负极前，必须确保点火开关处于关闭状态，并将车钥匙放在口袋。等待 15min 后再进行下一步操作。拆卸高压零部件前，必须做好防护措施。拆卸高压零件时，必须使用绝缘工具。

b. 拆卸 PDU 12V 线束。固定螺栓标准力矩：6N·m。

c. 拆卸 PDU 电子分配单元低压搭铁线束。固定螺栓标准力矩：5N·m。

d. 拆卸低压接插件控制线束插接器。

e. 拆卸慢充高压线束插接器。

f. 拆卸空调高压线束插接器。

g. 拆卸高压 PTC 加热控制模块线束插接器。

h. 拆卸 PDU 动力电池组高压线束。固定螺栓标准力矩：6N·m。

i. 拆卸 PDU 电机控制器高压线束。固定螺栓标准力矩：6N·m。

j. 拆卸快充高压线线束。

k. 使用电工胶布包裹快速充电高压线束插接器、空调泵高压线线束插接器、永磁同步电机控制器高压线束插接器、动力电池组高压线束插接器。

l. 使用电工胶布包裹 PDU 快充接头、PDU 电动压缩机接头、PDU 驱动电机控制器线缆接头、PDU 动力电池线缆头。

m. 拆卸 PDU 进、出水管。

n. 拆卸 4 颗 PDU 总成固定螺栓。固定螺栓标准力矩：20N·m。

o. 两名维修人员协作取下 PDU 电子分配单元总成。

p. 放置干净、干燥环境下存放。

❷ 安装 PDU 总成。安装以倒序进行。

（2）驱动电机控制器拆装

❶ 拆卸驱动电机控制器。

a. 拆卸蓄电池负极线固定螺栓，取下负极线并对负极接头做好防护。固定螺栓标准力矩：10N·m。

注意事项：拆卸蓄电池负极前，必须确保点火开关处于关闭状态，并将车钥匙放在口袋。等待 15min 后再进行下一步操作。拆卸高压零件前，必须做好防护措施。拆卸高压零件时，必须使用绝缘工具。

b. 拆卸永磁同步电机控制器低压线束。

c. 拆卸驱动电机控制器正负极高压线缆。

d. 拆卸驱动电机控制器散热进、出水管。

e. 拆卸驱动电机控制器总成四颗固定螺栓，取下驱动电机控制器单元总成。固定螺栓标准力矩：15N·m。

f. 放置干净、干燥环境下存放。

g. 使用绝缘胶布包裹驱动电机三相插接件线束插头。

h. 使用绝缘胶布包裹永磁同步电机控制器高压线束正极端口和负极端口。

❷ 安装驱动电机控制器，安装以倒序进行。

3.4.5 高压电控电路图

❶ PDU 总成电路图如图 3-4-5 所示。

❷ 驱动电机控制器如图 3-4-6 所示。

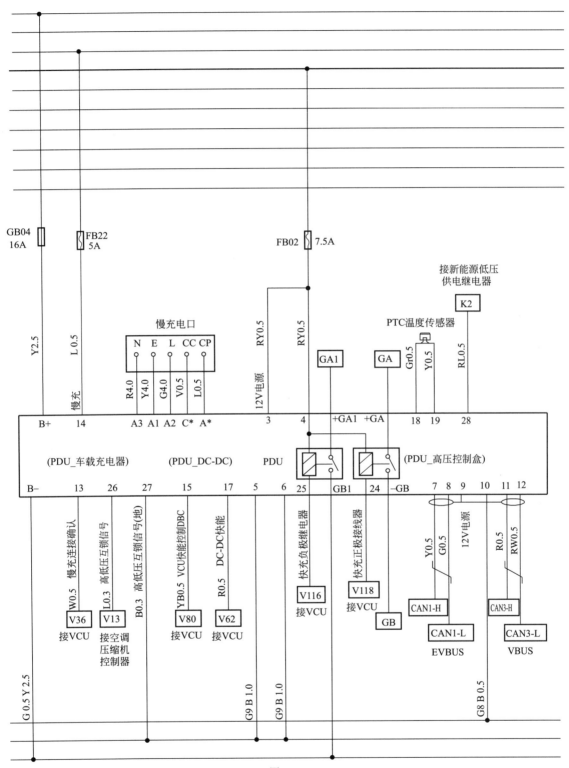

图 3-4-5

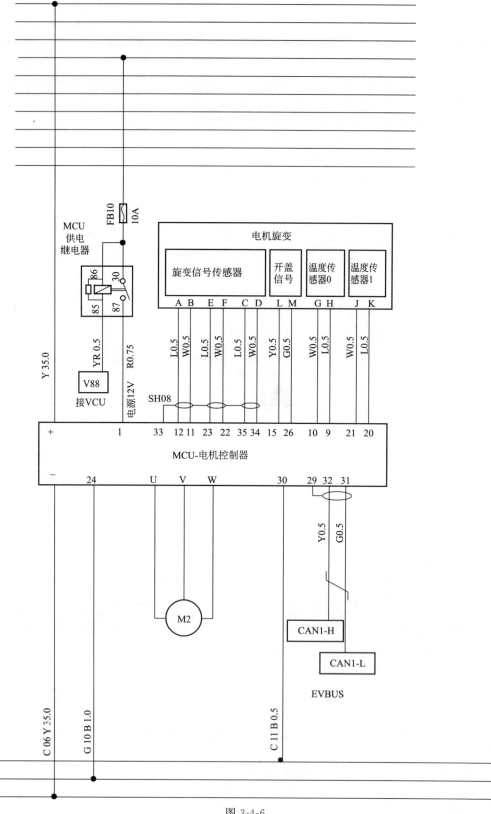

图 3-4-6

3.5 长安逸动纯电动汽车

3.5.1 高压电控简介

(1) 高压电控盒

高压电器盒总成将高压电池线路分成 5 路,分别给电机控制器、PTC、空调压缩机、充电机和直流变换器供高压电,其中 PTC、空调压缩机、充电机和直流变换器各配电支路串接 30A 熔丝,起保护作用,其中熔丝可以更换(图 3-5-1、图 3-5-2)。

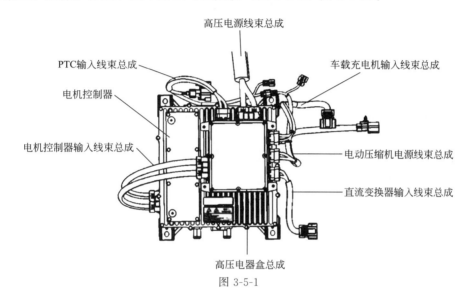

图 3-5-1

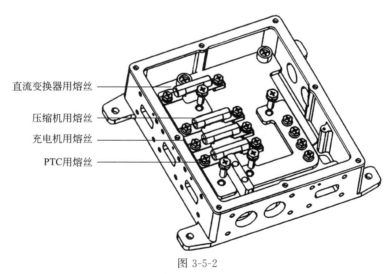

图 3-5-2

(2) 直流变频器

直流变换器总成,简称直流变换器(图 3-5-3),主要作用是将动力电池的高压直流电转换为低压直流电,为铅酸蓄电池及整车低压系统提供电源。

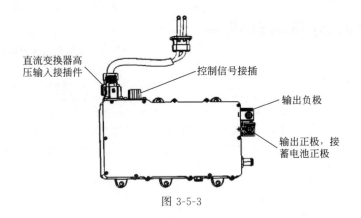

图 3-5-3

(3) 驱动电机控制器

❶ 电机控制器总成。

电动时,将高压直流电,通过 IGBT 功率模块,转换成三相交流电,驱动电机转动;发电时,将电机线圈端产生的三相交流电通过 IGBT 模块,转变成高压直流电,给电池充电。

❷ 工作原理介绍。

电机控制器通过矢量控制的方式控制电机输出扭矩。通过控制 IGBT 开关管的顺序实现电机正转、反转和制动能量回收功能。

3.5.2 高压电控故障代码及诊断

(1) 直流变频器故障代码及诊断

❶ 故障查找方式及检查程序。

在未插入钥匙或钥匙在 OFF 挡时用万用表测量铅酸蓄电池电压,并记录,然后把钥匙旋至 ON 挡,用万用表测量蓄电池电压。若后者电压高于前者且后者电压在 10~16V,表明直流变换器输出正常。否则,说明可能存在故障,请查看故障代码。

❷ 故障代码及诊断如表 3-5-1 所示。

表 3-5-1

显示码	描述	检查及处理方法
P1A00	直流变换器硬件故障	清除故障信息,重新充电,若此故障仍存在,请更换直流变换器
P1A01	直流变换器输入过压 (430±10)V	①重新上电,使用诊断仪读取整车数据流,比较电机控制器,电池管理系统,与直流变换器上报的高压电压值,若直流变换器上报的电压值高于前两者 20V 以上,更换直流变换器 ②若无①所述情况,清除故障信息,重新上电,若此故障仍存在,再次读取整车数据流,若直流变换器上报的电压低于 420V,更换直流变换器;否则,请参考电池维修手册
P1A02	直流变换器输入欠压 (230±10)V	①重新上电,用诊断仪读取整车数据流,比较电机控制器、电池管理系统、与直流变换器上报的高压电压值,若直流变换器上报的电压值低于前两者 20V 以上,则更换直流变换器 ②若无①所述情况,清除故障信息,重新上电,若此故障仍存在,使用诊断仪再次读取整车数据流。若直流变换器上报的电压高于 250V,更换直流变换器;若电压低于 240V,请参考电池维修手册

续表

显示码	描述	检查及处理方法
P1A03	直流变换器输出过压 (17±0.5)V	①整车下电,用万用表测量蓄电池电压,若电压高于(17±0.5)V,更换蓄电池 ②若蓄电池电压低于16.5V,清除故障信息,重新上电,故障消除,不做处理;否则,更换直流变换器
P1A04	直流变换器输出欠压 (9.5±0.5)V	①用万用表检查直流变换器输出端子及线束是否有短路现象,若有,请更换故障件 ②若无①所述现象,清除故障信息,重新上电后,用万用表测量重新上电前后的蓄电池电压,若上电前后蓄电池电压升高,故障消除,不做处理;否则,更换直流变换器
P1A05	直流变换器输出过流 (160A±10%)	①用万用表检查输出线束是否有短接现象 ②若无上述现象,清除故障信息,重新上电,用万用表测量重新上电前后的蓄电池电压,若上电前后蓄电池电压升高,故障消除,不做处理;否则,更换直流变换器
P1A06	直流变换器输出过功率	清除故障信息,重新上电,若此故障仍存在,更换直流变换器
P1A07	直流变换器过温 (95°±2°)	①检查整车冷却系统工作是否正常;若没有正常工作,请检修 ②若冷却系统正常工作,清除故障信息,重新上电,若此故障一直存在,请更换直流变换器
P1A08	直流输出短路	①用万用表检查输出线束是否有短接现象 ②若无上述现象,清除故障信息,重新上电,若此故障仍存在,则更换直流变换器
U12A0	直流变换器CAN通信故障	①检查直流变换器电缆端CAN H、CAN L(针脚1与针脚4),终端电阻是否为(60±15)Ω,若不符合,请检查线束 ②若无上述情况,清除故障信息,重新上电,若此故障仍存在,更换直流变换器

(2) 驱动电机控制器故障代码及诊断

故障代码及诊断如表3-5-2所示。

表3-5-2

显示码	描述	检查及处理方法
P1900	逆变器温度过低 (<-40℃)	①整车上电,清除故障信息,再次读取故障信息,若此故障仍存在,则进行以下步骤 ②读取电机逆变器温度值,若该值明显低于环境温度,请更换电机控制器
P1903	电机控制器过温 (一级,温度≥80℃)	①整车上电,清除故障信息,重新上电,再次读取故障信息,若此故障仍存在,则进行以下步骤 ②检查电机系统水泵是否工作正常,如不工作,请更换水泵 ③检查冷却系统冷却液是否缺液,如是,请补充 ④待控制器冷却至室温,再次读取电机控制器壳体温度,若明显高于室温,请更换电机控制器
P1904	电机控制器过温 (二级,温度≥85℃)	①整车上电,清除故障信息,重新上电,再次读取故障信息,若此故障仍存在,则进行以下步骤 ②检查电机系统水泵是否工作正常,如不工作,请更换水泵 ③检查冷却系统冷却液是否缺液,如是,请补充 ④待控制器冷却至室温,再次读取电机控制器壳体温度,若明显高于室温,请更换电机控制器

续表

显示码	描述	检查及处理方法
P1905	IGBT 过温 （一级，温度≥85℃）	①整车上电，清除故障信息，重新上电，再次读取故障信息，若此故障仍存在，则进行以下步骤 ②检查电机系统水泵是否工作正常，如不工作，请更换水泵 ③检查冷却系统冷却液是否缺液，如是，请补充 ④待控制器冷却至室温，再次读取电机控制器逆变器温度，若明显高于室温，请更换电机控制器
P1906	IGBT 过温 （二级，温度≥90℃）	①整车上电，清除故障信息，重新上电，再次读取故障信息，若此故障仍存在，则进行以下步骤 ②检查电机系统水泵是否工作正常，如不工作，请更换水泵 ③检查冷却系统冷却液是否缺液，如是，请补充 ④待控制器冷却至室温，再次读取电机控制器逆变器温度，若明显高于室温，请更换电机控制器
P1908	电机控制器直流过压 （一级，电压≥380V）	①充电状态报该故障：停止充电，上电后清除故障信息，重新上电，再次读取故障信息，若此故障仍存在，则更换电机控制器 ②正常电动运行状态：检查直流变换器或电池管理系统是否报过压故障，若无，重新上电后，此故障仍存在，请更换电机控制器
P1909	电机控制器直流过压 （三级，电压≥400V）	①充电状态报该故障：停止充电，上电后清除故障信息，重新上电，再次读取故障信息，若此故障仍存在，则更换电机控制器 ②正常电机运行状态：检查直流变换器或电池管理系统是否报过压故障，若无，重新上电后，此故障仍存在，请更换电机控制器
P190A	功率模块故障	①整车上电，清除故障信息，重新上电，再次读取故障信息 ②若此故障仍存在，检查电机 U、V 和 W 三相高压线对壳体的电阻，是否大于 20MΩ，如不是，则更换电机 ③若无短路，电机 U、V 和 W 三相高压线对壳体电阻也大于 20MΩ，请更换电机控制器
P190C	电机控制器欠压 （一级，电压≤240V）	①整车上电，清除故障信息，重新上电，再次读取整车数据流，观察电池电压、直流变换器电压、电机控制器电压是否接近，若三者相差 10V 左右，且低于 240V，请给车辆充电 ②若电机控制器电压明显低于其他两个部件电压（10V 以上），请更换电机控制器
P190D	电机控制器欠压 （二级，电压≤200V）	①整车上电，清除故障信息，重新上电，再次读取整车数据流，观察电池电压、直流变换器电压、电机控制器电压是否接近，若三者相差 10V 左右，且低于 240V，请给车辆充电 ②若电机控制器电压明显低于其他两个部件电压（10V 以上），请更换电机控制器
P190E	电机控制器直流过流	①目测电机控制器和电池直流高压线，之间是否有短路（线束表面破损、变黄、烧焦等异常现象） ②检查直流高压线束对壳体电阻，是否大于 20MΩ ③若无短路，电机 U、V 和 W 三相高压线对壳体电阻也大于 20Ω，请更换电机控制器
P190F	预充电故障	①整车上电，清除故障信息，重新上电，再次读取整车数据流，观察电池电压、直流变换器电压、电机控制器电压是否接近，若三者相差 10V 左右，且低于 240V 请给车辆充电 ②若电机控制器电压明显低于其他两个部件电压（10V 以上），请更换电机控制器 ③若电机控制器与 DC/DC 电压明显过低，电池电压正常，则检查动力电池系统

续表

显示码	描述	检查及处理方法
P1915	电机控制器传感器对地短路	
P1916	电机控制器传感器合理性故障	
P1917	电机控制器传感器开路	
P1918	电机控制器温度传感器短路接电源	
P191D	IGBT 温度传感器开路	
P191E	IGBT 温度传感器对电源短路	
P191F	IGBT 温度传感器对地短路	
P1920	IGBT 温度传感器合理性故障	
P1921	A 相交流电流传感器短路接地	
P1922	A 相交流电流传感器合理性故障	
P1923	A 相交流电流传感器开路	
P1924	A 相交流电流传感器对电源短路	
P1925	A 相交流电流传感器零偏移错误	
P1926	B 相交流电流传感器短路接地	更换新的电机控制器
P1927	B 相交流电流传感器合理性故障	
P1928	B 相交流电流传感器开路	
P1929	B 相交流电流传感器对电源短路	
P192A	B 相交流电流传感器零偏移错误	
P1930	电机控制器直流电流传感器开路	
P1931	电机控制器直流电流传感器对电源短路	
P1932	电机控制器直流电流传感器短路接地	
P1933	电机控制器直流电流传感器合理性故障	
P1934	电机控制器直流电流传感器零偏移错误	
P1939	校验故障	

3.5.3 高压电控接口定义

(1) 直流变换器

❶ 直流变换器控制信号接插件接口定义如图 3-5-4、表 3-5-3 所示。

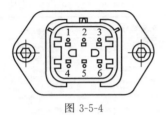

图 3-5-4

表 3-5-3

针脚号	定义	针脚号	定义
1	CAN H	4	CAN L
2	高压互锁	5	高压互锁
3	空	6	空

❷ 高压输入接插件接口定义如图 3-5-5、表 3-5-4 所示。

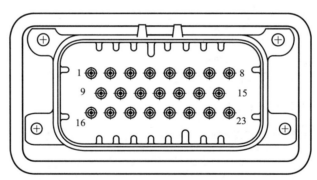

图 3-5-5

表 3-5-4

针脚号	定义
1	正极/+
2	负极/−
3	高压互锁
4	高压互锁

(2) 驱动电机控制器

驱动电机控制器低压接插件接口定义如图 3-5-6、表 3-5-5 所示。

图 3-5-6

表 3-5-5

序号	定义	
1	R1 激励+	旋变激励信号(双绞屏蔽线)
2	R2 激励−	旋变激励信号地(双绞屏蔽线)
3	tmp+	电机温度传感器信号
4	tmp−	电机温度传感器地
5	空	
6	CANL_1	(双绞屏蔽线)
7	CANL_1	(双绞屏蔽线)
8	空	
9	S2 sin+	旋变 SIN 信号(双绞屏蔽线)

续表

序号	定义	
10	S4 sin−	旋变 SIN 信号地（双绞屏蔽线）
11	空	
12	空	
13	高压互锁	
14	高压互锁	
15	IPU-p 工作电源	（+12V）要求 6~18V 正常工作
16	S1 cos+	旋变 COS 信号（双绞屏蔽线）
17	S3 cos−	旋变 COS 信号地（双绞屏蔽线）
18~22	空	
23	GND	地

3.5.4 高压电控拆装

(1) 高压电控盒拆装

注意事项：在维修高压电器盒时要保证高压断电（将钥匙打到 OFF 挡，拔下维修开关）。

❶ 拆卸。

a. 将高压电器盒上盖打开。

b. 将高压电器盒内部连接线束螺栓卸掉。

c. 将与高压电器盒盒体连接的高压线束的堵头螺栓卸掉。

d. 最后将高压电器盒与电机控制器连接的螺栓卸掉，之后可以将高压电器盒拆下。

❷ 安装。

a. 高压电器盒上盖打开。

b. 各连接线束堵头安装在盒体上。

c. 固定各连接线束在盒子内部的螺栓。

d. 将高压电器盒固定在电机控制器上。

e. 最后将上盖与盒体安装固定。

❸ 熔丝的更换介绍。

a. 打开高压电器盒上盖。

b. 找到需要维修的熔丝，将连接的线束与固定标准件拿下，进行更换。

c. 更换完成之后，将连接线束与固定标准件安装好，并安装好上盖即可。

(2) 直流变频器拆装

若直流变换器出现故障需维修时，请按照以下步骤进行。

❶ 请先将钥匙拧到 OFF 挡，切断高压电源，取下前机舱护板。

❷ 将直流变换器输出端线束与蓄电池断开连接。

❸ 拔掉直流变换器的接插件，拆卸直流变换器低压输出端螺栓，卸掉直流变换器输出线束。

❹ 拆卸直流变换器水管卡箍，拔掉水管，放掉里面的水。

❺ 使用扭力扳手，将直流变换器固定螺栓拆下，取出直流变换器后交由专业人员检查。安装直流变换器时，逆序操作即可。

(3) 驱动电机控制器

❶ 拆卸。

a. 首先按照注意事项进行拆装前的准备工作，准备事项完成后排除冷却管路中的冷却液。

b. 拆下高压盒及附属线束，拆下控制器低压线束。

c. 取出三相线。打开接线盒的盖板，用套筒松开三相接线的 3 颗螺栓，再分别松开线束端法兰上 6 颗螺栓，取出三相线。

d. 取出直流母线。松开接线柱上的螺栓，再分别松开线束端法兰上 4 颗螺栓，取出直流母线，固定上接线柱上的螺栓，盖上接线盒板，拧紧盖板上的螺栓。

e. 用套筒取下电机控制器固定于安装支架上的 4 颗螺栓，再将冷却软管上的卡箍拆下，拔出冷却胶管，此时把电机控制器拆卸下来。

❷ 安装。

a. 电机控制器与支架安装。电机控制器有 4 个 $\phi 11$ 安装孔，使用 09118-08003 组合螺栓固定，扭矩 17~28N·m，标准值 25N·m，控制器支架使用涂焊螺母。

b. 电机控制器直流高压线安装。先将接线盒盖板上的 11 颗螺栓拧下，揭开盖板，直流母线用 M8 螺栓预紧，再用 4 颗 M5 组合螺栓将直流线束的法兰固定在控制器壳体上，紧固扭矩 5N·m，然后再紧固两颗直流母线固定螺栓，扭矩 17~28N·m，标准值 25N·m；

c. 电机控制器三相线安装。先将与电机连接的三相交流母线用 M8 螺栓预紧，再用 6 颗 M5 组合螺栓将交流母线法兰固定在控制器壳体上，扭力标准值 5N·m；然后再紧固交流母线的 3 颗 M8 螺栓，拧紧扭矩 17~28N·m，标准值 25N·m；合上盖板，将接线盒盖上 11 颗螺栓以对角的顺序拧紧，扭矩标准值 5N·m。

d. 电机控制器冷却水管安装。进出水嘴安装冷却水管后用卡箍拧紧固定。其中 in 为进水口，out 为出水口。

e. 电机控制器控制信号接插件安装。连接电机及整车控制器的低压信号接插件，接入前保持接插件内部干燥。

3.6 荣威 E50 纯电动汽车

3.6.1 高压电控简介

（1）高压配电箱

高压配电单元，位于前舱中，固定在 PEB 和 PDU 托盘之上。主要作用为，将高压电池组的高压电分配给各高压用电器；同时，可以对电空调压缩机和加热器高压回路起过流保护作用。

高压配电系统如图 3-6-1 所示。

（2）电力电子箱

电力电子箱是控制驱动电机的电器组件，在高速 CAN 上与 VCU、IPK、BCM 等控制器通信。接收 VCU 的扭矩命令以控制驱动电机，且电力电子箱控制器带有自诊断功能，确保系统安全运行（图 3-6-2）。

电力电子箱系统内部集成以下主要部件。

❶ MCU。

❷ 逆变器。

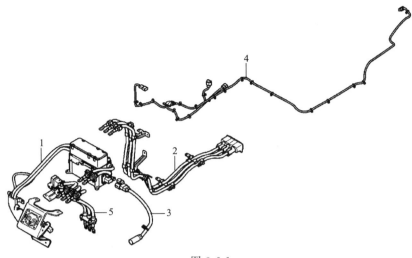

图 3-6-1

1—高压配电单元；2—高压配电单元线束；3—电空调压缩机线束；4—高压加热器线束；5—驱动电机线束

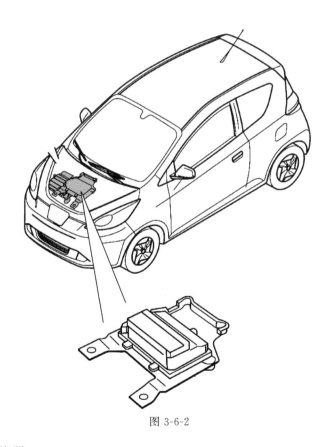

图 3-6-2

❸ DC/DC 转换器。

3.6.2 高压电控接口定义

电力电子箱低压插接器如图 3-6-3、表 3-6-1 所示。

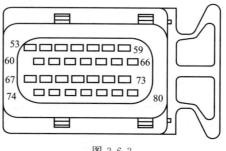

图 3-6-3

表 3-6-1

针脚号	描述	针脚号	描述
53	高压互锁	67	励磁正信号
54	PEB 冷却泵控制信号	68	余弦负信号
55	—	69	正弦负信号
56	高压互锁	70	—
57	—	71	—
58	环境温度传感器接地	72	高速 CAN1 高电平
59	电机温度模拟信号 0~5V	73	高速 CAN1 低电平
60	碰撞信号输入	74	励磁负信号
61	—	75	余弦正信号
62	屏蔽线接地	76	正弦正信号
63	接地	77	点火输入信号
64	—	78	PEB 供电 12V
65	—	79	本地 CAN 高电平
66	唤醒信号	80	本地 CAN 低电平

3.6.3 高压电控拆装

警告

❶ 禁止未参加该车型高压系统知识培训的维修人员拆解高压系统（包括手动维修开关、高压电池包、驱动电机、电力电子箱、高压配电单元、高压线束、电空调压缩机、交流充电口和交流充电线、快速充电口、电加热器、慢速充电器）。

❷ 当拆解或装配高压配件时，必须断开 12V 电源和高压电池包上的手动维修开关。

❸ 在开始维修作业前，维修人员必须穿戴好劳保用品：戴好绝缘手套，穿好高压绝缘鞋。在戴绝缘手套前，必须要检查绝缘手套是否有破损的地方，要确保手套无绝缘失效。

注意

在安装和拆卸的过程中，应防止制动液、洗涤液、冷却液等液体进入或飞溅到高压部件上。

(1) 高压配电箱

❶ 拆卸。

a. 关闭点火钥匙，车辆静置 5min 以上，才可进行拆卸作业。

b. 断开蓄电池负极电缆。

c. 拆下手动维修开关。

d. 将高压线束与高压电池包的连接器断开，并用万用表（直流电压挡，量程大于 400V）测量高压电池包上高压接插件各端子间、端子与地之间，以及高压线束端高压接插件内的端子之间是否有高压电。如果电压为零，则可以继续拆解。

e. 拆下电力电子箱。

f. 拆下将高压配电单元上盖固定到高压配电单元上的 6 个螺栓，取下盖子。

g. 拆下将 3 根高压配电单元线固定到高压配电单元内的 3 个螺栓。

h. 断开左侧高压互锁连接器 1（图 3-6-4）。

i. 断开电空调压缩机线束连接器 2。

j. 断开右侧高压互锁连接器 1（图 3-6-5）。

k. 断开加热器线束连接器 2。

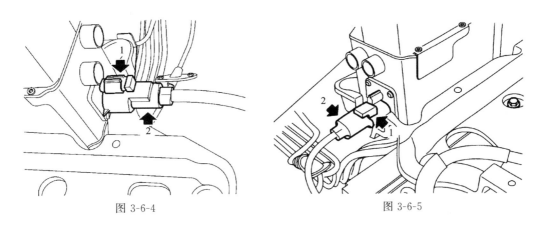

图 3-6-4　　　　　　　　　　　　　图 3-6-5

l. 拆下高压配电单元上的驱动电机线固定卡钉。

m. 拆下将高压配电单元固定到电力电子箱托盘上的 4 个螺栓。

n. 拆下前保险杠。

o. 拆下快速充电口小门总成。

p. 拆下将快速充电口支架固定到水箱上横梁的 2 个螺栓和 2 个螺母。

q. 拆下将快速充电口固定导槽固定到水箱上横梁的 2 个螺栓和 2 个螺母。

r. 拆下将快速充电口接地线固定到车身上的 1 个螺栓。

s. 拆下快速充电口线束的卡扣和扎带。

t. 取下高压配电单元。

❷ 安装。
　a. 将高压配电单元固定到电力电子箱托盘上，装上 4 个螺栓拧紧到 7～10N·m，并检查扭矩。
　b. 将驱动电机线固定卡钉固定到高压配电单元上。
　c. 连接右侧加热器线束连接器。
　d. 连接右侧高压互锁连接器。
　e. 连接左侧电空调压缩机线束连接器。
　f. 连接左侧高压互锁连接器。
　g. 连接高压配电单元线束固定到高压配电单元的 3 个螺栓，拧紧至 18～22N·m，并检查扭矩。
　h. 将高压配电单元上盖固定到高压配电单元上，装上 6 个螺栓拧紧到 5～7N·m，并检查扭矩。
　i. 将快速充电口支架固定到水箱上横梁上，分别装上 2 个螺栓，拧紧到 18～2N·m，并检查扭矩。
　j. 将快速充电口支架固定到水箱上横梁上，分别装上 2 个螺母，拧紧到 7～10N·m，并检查扭矩。
　k. 将快速充电口固定导槽固定到水箱上横梁上，装上 2 个螺栓，拧紧到 5～7N·m，并检查扭矩。
　l. 将快速充电口固定导槽固定到水箱上横梁上，装上 2 个螺母，拧紧到 5～7N·m，并检查扭矩。
　m. 将快速充电口接地线固定到车身上，装上 1 个螺栓拧紧到 7～9N·m，并检查扭矩。
　n. 使用 1 根扎带和 2 个卡扣固定快速充电口线束。
　o. 安装快速充电口小门总成。
　p. 安装前保险杠。
　q. 安装电力电子箱。
　r. 安装手动维修开关。
　s. 连接蓄电池负极电缆。
（2）电力电子箱拆装
❶ 拆卸。
　a. 关闭点火钥匙，车辆静置 5min 以上，才可进行拆卸作业。
　b. 拆下蓄电池负极电缆。
　c. 拆下蓄电池盒支架。
　d. 排空电机冷却系统。
　e. 拆下手动维修开关。
　f. 打开盖子，拆下将 2 根蓄电池电缆固定到电力电子箱 PEB 上的 2 个螺母，断开蓄电池电缆（图 3-6-6）。
　g. 断开 PEB 低压连接器（图 3-6-7）。
　h. 拆下将 PEB 盖板固定到 PEB 上的 7 个螺栓。
　i. 用万用表（直流电压挡，量程大于 400V）测量 PEB 上高压接插件各端子间、端子与地之间，以及高压线束端高压接插件内的端子之间是否有高压电。如果电压为零，则可以继续拆解。
　j. 拆下将 3 根电机线接头固定到 PEB 上的 3 个螺栓 1（图 3-6-8）。

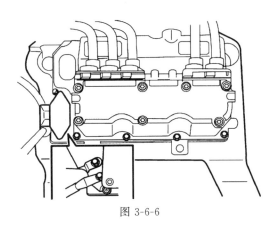
图 3-6-6

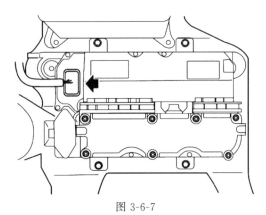
图 3-6-7

k. 拆下将 3 根电机线固定到 PEB 外壳上的 6 个螺栓 2，取下 3 根电机线束。

l. 拆下 PEB 线束固定于 PEB 内的 2 个螺栓。

m. 拆下 PEB 线束固定于 PEB 外壳的 4 个螺栓。

n. 拆下将 PEB 固定在 PEB 托架上的 4 个螺栓。

o. 松开卡箍，从 PEB 上断开 PEB 到电机软管，并拆下软管。

p. 松开卡箍，从 PEB 上断开水泵到 PEB 软管，并拆下软管。

q. 拆下 PEB。

❷ 安装。

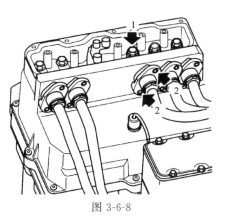
图 3-6-8

注意

更换 PEB 后，必须使用售后诊断仪进行驱动电机初始角度自学习。

a. 将水泵到 PEB 软管连接到 PEB 上，并用卡箍固定。

b. 将 PEB 到电机软管连接到 PEB 上，并用卡箍固定。

c. 将 PEB 固定在 PEB 托架上，装上 4 个螺栓拧紧到 18~22N·m，并检查扭矩。

d. 连接驱动电机线束到 PEB 上。

e. 将 PEB 线束的 2 个端子塞进 PEB 中，装上 2 个螺栓拧紧到 18~22N·m，并检查扭矩。

f. 将 PEB 线束的 4 个螺栓固定于 PEB 外壳上，拧紧到 5~7N·m，并检查扭矩。

g. 将 PEB 盖板固定到 PEB 上，装上 7 个螺栓拧紧到 8~10N·m，并检查扭矩。

h. 连接蓄电池低压连接器。

i. 将 2 根蓄电池接线固定到 PEB 上，装上 2 个螺母拧紧到 19~25N·m，并检查扭矩。

j. 装上高压手动维修开关。

k. 装上蓄电池盒支架。

l. 连接蓄电池负极。

m. 加注电机冷却系统。

3.6.4 高压电控电路图

电力电子箱电路图如图 3-6-9 所示。

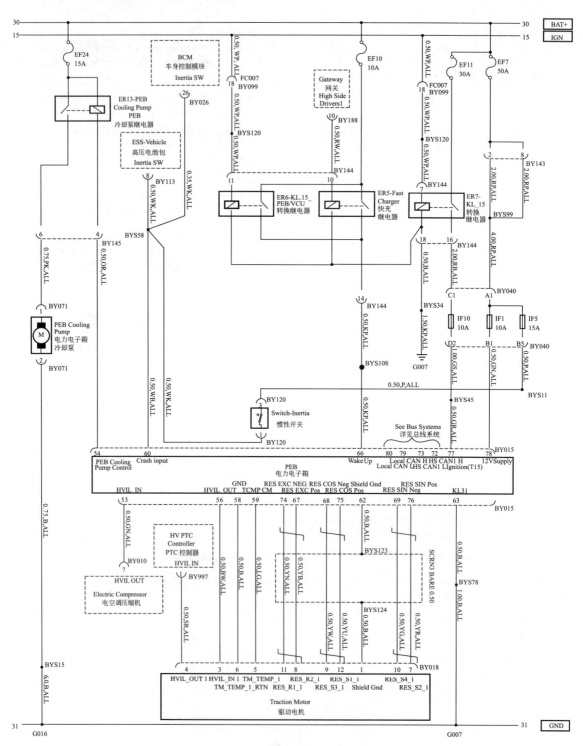

图 3-6-9

3.7 吉利帝豪 EV300 纯电动汽车

3.7.1 高压电控简介

(1) 电机控制器结构

电机控制器内部包含 1 个 DC/AC 逆变器和 1 个 DC/DC 直流转换器,逆变器由 IGBT、直流母线电容、驱动电机和控制电路板等组成,实现直流(可变的电压、电流)与交流(可变的电压、电流、频率)之间的转变。直流转换器由高低压功率器件、变压器、电感、驱动电机和控制电路板等组成,实现直流高压向直流低压的能量传递。电机控制器还包含冷却器(通冷却液)给电子功率器件散热(图 3-7-1)。

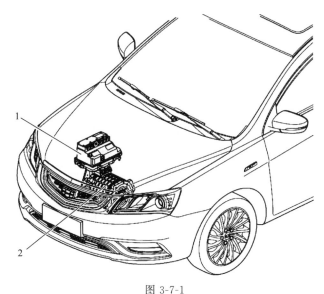

图 3-7-1
1—电机控制器;2—驱动电机

(2) 功能简介

电机控制器安装在前舱内,采用 CAN 通信控制,控制着动力电池组到电机之间能量的传输,同时采集电机位置信号和三相电流检测信号,精确地控制驱动电机运行。电机控制器是一个既能将动力电池中的直流电转换为交流电以驱动电机,同时具备将车轮旋转的动能转换为电能(交流电转换为直流电)给动力电池充电的设备。

DC/DC 集成在电机控制器内部,其功能是将电池的高压电转换成低压电,提供整车低压系统供电(图 3-7-2)。

(3) 电机控制器参数(表 3-7-1)

表 3-7-1

项目	参数	单位
产品尺寸(长×宽×高)	337×206×196	mm
产品体积/重量	约 8.6/约 9.8	L/kg
产品工作环境温度	-40~105	℃

续表

项目	参数	单位
逆变器直流输入电流量大持续电流	±190	A
逆变器直流输入电压	240～430	V
逆变器输出相电流峰值	400A,10s,336V;持续190A;冷却液最高温度65℃,8L/min	—
直流转换器输入电压	240～430	V
直流转换器输出电压	10～16	V
直流转换器输出功率	160A@ 13.5V,持续	—
冷却液型号	冷却液冰点≤-40℃,选用乙二醇和去离子水的混合液,乙二醇体积含量≤55%	—
冷却液温度及流量要求	最大 65℃ Q≥0；-40～-25℃ Q≥8L/min；-25～65℃	—
冷却液入口压力要求	≤200	kPa

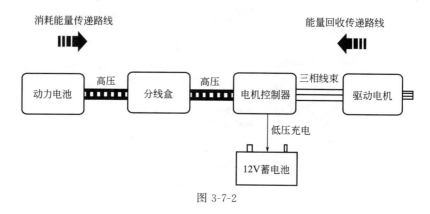

图 3-7-2

(4) 电机控制器介绍（图 3-7-3）

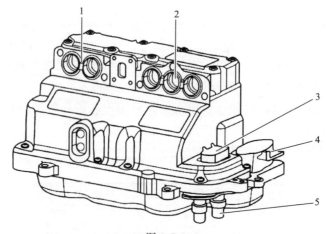

图 3-7-3

1—高压线束接口；2—驱动电机三相线束接口；3—低压信号接口；4—低压充电（DC/DC）接口；5—冷却管口

3.7.2 高压电控接口定义

电机控制模块线束连接器如图 3-7-4、表 3-7-2 所示。

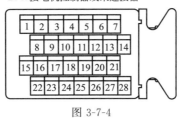

图 3-7-4

表 3-7-2

端子号	端子定义	线径颜色	端子状态
1	高压互锁输入	0.5mm² Br	E-S-PLTIN
2、3	—	—	—
4	高压互锁输出	0.5mm² W	E-S-PLOUT
5	温度传感器输入	0.5mm² Br/W	E-A-EMTI
6	温度传感器接地	0.5mm² R	M-A-EMTO
7	温度传感器输入	0.5mm² L/R	E-A-EMTO
8、9	—	—	—
10	屏蔽线接地	0.5mm² B	M-SCHIRM-VOGT
11	接地	0.5mm² B	
12	—	—	—
13	温度传感器接地	0.5mm² W/G	E-A-EMTI
14	唤醒输入	0.5mm² L/W	E-S-唤醒
15	resovler+EXC	0.5mm² G	
16	resovler+COSLO	0.5mm² P	
17	resovler+SINLO	0.5mm² W	
18、19	—	—	—
20	CAN-H	L/R	总线
21	CAN-L	0.5mm² Gr/O	总线
22	resovler-EXC	0.5mm² O	A-F-LG-ERR-NEG
23	resovler+COSHI	0.5mm² L	E-F-LG-COSHI
24	resovler+SINHI	0.5mm² Y	E-F-LG-SINHI
25	KL15	0.5mm² R/B	E-S-KL15
26	KL30	0.5mm² R/Y	U-UKL30
27	调试 CAN-H	0.5mm² P/W	总线
28	调试 CAN-L	0.5mm² B/W	总线

3.7.3 高压电控故障代码

故障代码表如表3-7-3、表3-7-4所示。

表 3-7-3

故障代码	故障描述	排除方法
P1C0300	drive模式下DFW时钟检测	更换PEU硬件
P060600	CPLD时钟检测	
P06B013	IGBT驱动芯片电源故障	
P1C0619	IGBT上桥臂短路故障	
P0C0100	硬件过流故障	
P1C0819	IGBT下桥臂短路故障	
P0C7900	母线电压硬件过压	
P1C1500	Inverter内部5V过压	
P060400	检测CAN Ram读写是否正常	
P1C0100	正常输出时70k DFW时钟检测	
P1C0200	紧急输出时25K DFW时钟检测	
P0A1B01	CY320与主控芯片的SPI通信不正常故障	
U007388	hybrid CAN发生BusOff故障	电机控制器通信故障
U007387	hybrid CAN发生Timeout故障	
P1C0300	drive模式下DFW时钟检测	更换PEU硬件
P060600	CPLD时钟检测	
P06B013	IGBT驱动芯片电源故障	
P1C0619	IGBT上桥臂短路故障	
P0C0100	硬件过流故障	
P1C0819	IGBT下桥臂短路故障	
P0C7900	母线电压硬件过压	
P1C1500	Inverter内部5V过压	
P060400	检测CAN Ram读写是否正常	
P1C0100	正常输出时70k DFW时钟检测	
P1C0200	紧急输出时25K DFW时钟检测	
P0A1B01	CY320与主控芯片的SPI通信不正常故障	
U007388	hybrid CAN发生BusOff故障	电机控制器通信故障
U007387	hybrid CAN发生Timeout故障	

表 3-7-4

故障代码	故障描述	故障原因
P0C7917	母线电压最大值大于阈值	PEU硬件故障
P130000	看门狗反馈的错误计算器的合理性检测	
P130200	扭矩监控模块的输入部分检查、扭矩计算检查、第一层和第二层扭矩合理性检查、扭矩比较、关断路径等	
P130700	监控层两条独立计算扭矩的路径的计算结果比较	

续表

故障代码	故障描述	故障原因
P0A9000	电流控制不合理故障	驱动电机三相线束故障
P0BE500	U 相电流幅值不合理故障	PEU 硬件故障
P0BE800	U 相电流过大故障	PEU 硬件故障
P0BE700	U 相电流过小故障	PEU 硬件故障
P180000	U 相电流中心线偏移量不合理故障	PEU 硬件故障
P0BFD00	三相电流之和不合理故障	PEU 硬件故障
P0BE900	V 相电流幅值不合理故障	PEU 硬件故障
P0BEC00	V 相电流过大故障	PEU 硬件故障
P0BEB00	V 相电流过小故障	PEU 硬件故障
P180100	V 相电流中心线偏移量不合理故障	PEU 硬件故障
P0BED00	W 相电流幅值不合理故障	PEU 硬件故障
P0BF000	W 相电流过大故障	PEU 硬件故障
P0AF000	U 相 IGBT 温度值小于阈值	PEU 硬件故障
P0AED00	U 相 IGBT 温度值与 V 和 W 相之差大于阈值	PEU 硬件故障
P0AF400	V 相 IGBT 温度值大于阈值	PEU 硬件故障
P0AF500	V 相 IGBT 温度值小于阈值	PEU 硬件故障
P0AF200	V 相 IGBT 温度值与 V 和 W 相之差大于阈值	PEU 硬件故障
P0BD300	W 相 IGBT 温度值大于阈值	PEU 硬件故障
P0BD400	W 相 IGBT 温度值小于阈值	PEU 硬件故障
P0BD100	W 相 IGBT 温度值与 V 和 W 相之差大于阈值	PEU 硬件故障
P190000	IGBT 过温故障	PEU 硬件故障
P0A2C00	定子温度最大值超过阈值	电机过温故障
P0A2D00	定子温度最小值小于阈值	电机过温故障
P0A2B00	定子温度过温故障	PEU 硬件故障
P0A2B01	定子温度不合理故障	PEU 硬件故障
P1C0513	DFW 时钟不合理故障	PEU 硬件故障
P0A8E00	12V 电压传感器值大于设定值	PEU 硬件故障

3.7.4 高压电控故障诊断

（1）电机控制器低压供电回路故障

❶ 故障代码说明（表 3-7-5）。

表 3-7-5

故障码	说明
P056300	蓄电池电压过压故障
P056200	蓄电池电压欠压故障
P113600	低压端输出与蓄电池连接断开故障

❷ 电路图（图 3-7-5）。

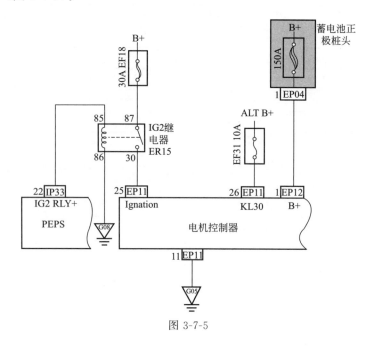

图 3-7-5

❸ 检查蓄电池电压。

a. 操作启动开关使电源模式至 OFF 状态。

b. 用万用表测量蓄电池电压。标准电压：11～14V。

c. 确认测量值是否符合标准。如果异常，则更换蓄电池或为蓄电池充电。如果正常，则检查电机控制器熔丝 EF18、EF31 和蓄电池正极柱头熔丝是否熔断。

❹ 检查电机控制器熔丝 EF18、EF31 和蓄电池正极柱头熔丝是否熔断。

a. 操作启动开关使电源模式至 OFF 状态。

b. 拔下熔丝 EF31，检查熔丝是否熔断。熔丝额定容量：10A。

c. 拔下熔丝 EF18，检查熔丝是否熔断。熔丝额定容量：30A。

d. 拔下蓄电池正极柱头熔丝，检查熔丝是否熔断。熔丝额定容量：150A。

如果异常，则检修熔丝线路，更换额定容量熔丝；如果正常，则检查电机控制器电源电压。

❺ 检查电机控制器电源电压。

a. 操作启动开关使电源模式至 OFF 状态。

b. 断开电机控制器线束连接器 EP11（图 3-7-6）。

c. 操作启动开关使电源模式至 ON 状态。

d. 用万用表测量电机控制器线束连接器 EP11 端子 25 和车身接地之间的电压值。标准电压：11～14V。

e. 用万用表测量电机控制器线束连接器 EP11 端子 26 和车身接地之间的电压值。标准电压：11～14V。

f. 确认测量值是否符合标准。

如果异常，则修理或更换线束；如果正常，则检查电机控制器接地电阻。

❻ 检查电机控制器接地电阻。

a. 操作启动开关使电源模式至 OFF 状态。

b. 断开电机控制器线束连接器 EP11。

c. 用万用表测量电机控制器线束连接器 EP11 端子 11（图 3-7-7）和车身接地之间的电阻。标准电阻：小于 1Ω。

d. 确认测量值是否符合标准。

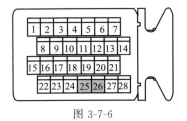

图 3-7-6

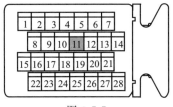

图 3-7-7

如果异常，则修理或更换线束；如果正常，则检查检测 DC/DC 与蓄电池之间的线路。

❼ 检查检测 DC/DC 与蓄电池之间的线路。

a. 操作启动开关使电源模式至 OFF 状态。

b. 断开蓄电池负极电缆。

c. 断开电机控制器线束连接器 EP12（图 3-7-8）。

d. 断开蓄电池正极电缆。

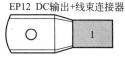

图 3-7-8

e. 用万用表测量电机控制器线束连接器 EP12 端子 1 和蓄电池正极电缆之间的电阻。标准电阻：小于 1Ω。

f. 确认测量值是否符合标准。

如果异常，则修理或更换线束；如果正常，则更换电机控制器。

❽ 更换电机控制器。

a. 操作启动开关使电源模式至 OFF 状态。

b. 断开蓄电池负极电缆。

c. 拆卸维修开关。

d. 更换电机控制器。

e. 确认故障排除。

（2）电机控制器通信故障

❶ 故障代码说明（图 3-7-6）。

表 3-7-6

故障码	说明	故障码	说明
U007388	hybrid CAN 发生 BusOff 故障	U120500	ID 1CA 长度错误
U007387	hybrid CAN 发生 Timeout 故障	U120600	ID 1CA 校验和错误
U120000	ID 1B6 接收超时	U120700	ID 1CA 循环计数错误
U120100	ID 1B6 长度错误	U120800	ID 364 接收超时
U120200	ID 1B6 校验和错误	U120900	ID 364 长度错误
U120300	ID 1B6 循环计数错误	U120A00	ID 364 校验和错误
U120400	ID 1CA 接收超时	U120B00	ID 364 循环计数错误

续表

故障码	说明	故障码	说明
U110000	ID 230 BMS_General 帧超过一段时间	U130000	ID 2A8 接收超时
U110100	ID 230 BMS_General DLC 长度错误	U130100	ID 2A8 长度错误
U110200	ID 230 BMS_General 校验和错误	U130200	ID 2A8 校验和错误
U110300	ID 230 BMS_General 循环计数错误	U130300	ID 2A8 循环计数错误
U110400	ID 2A6 帧接收超过一段时间	U110600	ID 2A6 校验和错误
U110500	ID 2A6 长度错误	U110700	ID 2A6 循环计数错误

❷ 电路图（图 3-7-9）。

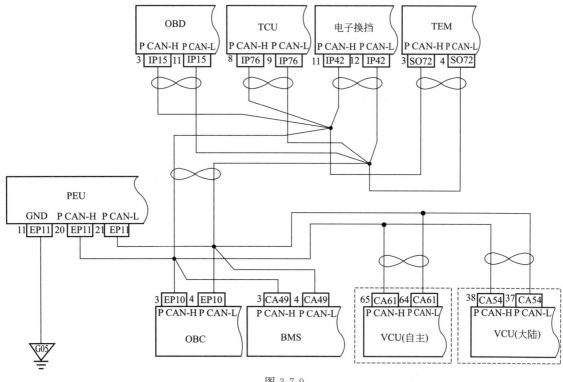

图 3-7-9

❸ 使用故障诊断仪读取故障代码。

a. 操作启动开关使电源模式至 ON 状态。

b. 连接故障诊断仪，读取系统故障代码。

c. 确认系统是否存在其他故障代码。

如果异常，则优先排除其他故障代码指示故障；如果正常，则检查电机控制器的通信屏蔽线路。

❹ 检查电机控制器的通信屏蔽线路。

a. 操作启动开关使电源模式至 OFF 状态。

b. 断开电机控制器线束连接器 EP11（图 3-7-10）。

c. 用万用表测量电机控制器线束连接器 EP11 端子 10 与车身可靠接地之间的电阻。电阻标准值：小于 1Ω。

d. 确认测量值是否符合标准。

如果异常,则修理或更换线束;如果正常,则检查电机控制器的通信线路。

❺ 检查电机控制器的通信线路。

a. 操作启动开关使电源模式至 OFF 状态。

b. 断开电机控制器线束连接器 EP11(图 3-7-11)。

c. 用万用表测量电机控制器线束连接器 EP11 端子 21 和诊断接口 IP15 端子 11 之间的电阻(图 3-7-12)。电阻标准值:小于 1Ω。

d. 用万用表测量电机控制器线束连接器 EP11 端子 20 和诊断接口 IP15 端子 3 之间的电阻。电阻标准值:小于 1Ω。

e. 确认测量值是否符合标准。

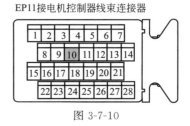

图 3-7-10

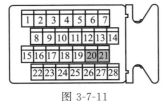

图 3-7-11

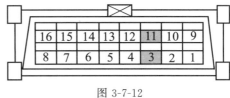

图 3-7-12

如果异常,则修理或更换线束;如果正常,则进行 P-CAN 网络完整性检查。

❻ 进行 P-CAN 网络完整性检查。

a. 操作启动开关使电源模式至 OFF 状态。

b. 用万用表测量终端接口 IP15 端子 3 和端子 11 之间的电阻值(图 3-7-13)。标准电阻:55~67.5Ω。

c. 确认测量值是否符合标准。

如果异常,则优先排除 P-CAN 网络不完整故障;如果正常,则更换电机控制器。

❼ 更换电机控制器。

a. 操作启动开关使电源模式至 OFF 状态。

b. 断开蓄电池负极电缆。

c. 拆卸维修开关。

d. 更换电机控制器。

e. 确认故障排除。

图 3-7-13

3.7.5 高压电控拆装

(1)拆卸

❶ 打开前机舱盖。

❷ 断开蓄电池负极电缆。

❸ 拆卸电机控制器上盖。

拆卸电机控制器上盖 8 个螺栓,取下电机控制器上盖(图 3-7-14)。

❹ 拆卸电机控制器。

a. 拆卸驱动电机三相线束连接器(电机控制器侧)3 个固定螺栓 1(图 3-7-15)。

b. 拆卸驱动电机三相线束端子（电机控制器侧）3 个固定螺栓 2，脱开三相线束。

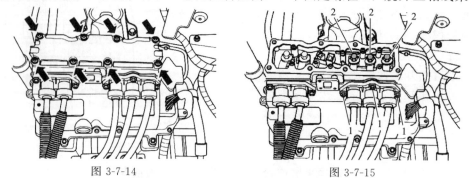

图 3-7-14　　　　　　　　　图 3-7-15

c. 拆卸分线盒电机控制器高压线线束连接器（电机控制器侧）2 个固定螺栓 2（图 3-7-16）。
d. 拆卸分线盒电机控制器高压线线束端子（电机控制器侧）2 个固定螺栓 1，脱开线束。
e. 断开电机控制器线束连接器 1（图 3-7-17）。

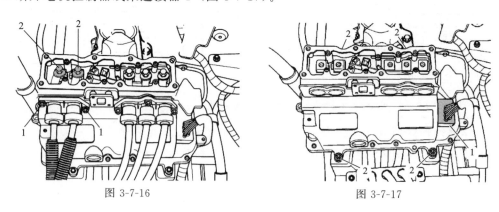

图 3-7-16　　　　　　　　　图 3-7-17

f. 拆卸电机控制器 4 个固定螺栓 2。
g. 取下防尘盖，拆卸电机控制器 2 根搭铁线束固定螺母，脱开搭铁线束（图 3-7-18）。
h. 脱开电机控制器进水管 2（图 3-7-19）。
i. 脱开电机控制器出水管 1，取下电机控制器总成。

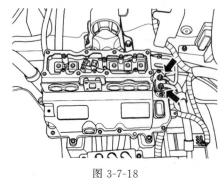 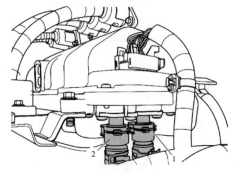

图 3-7-18　　　　　　　　　图 3-7-19

注意

水管脱开前请在车辆底部放置容器，接住防冻液，以免污染地面。

(2) 安装

❶ 安装电机控制器。

a. 安装电机控制器总成。

b. 连接电机控制器进水管。

c. 连接电机控制器出水管。

d. 连接 2 根搭铁线，紧固螺母，盖上防尘盖。力矩：23N·m。

e. 连接电机控制器线束连接器。

注意

插接时注意"一插、二响、三确认"。

f. 紧固电机控制器 4 个固定螺栓。力矩：25N·m。

g. 连接三相线束，紧固驱动电机三相线束连接器（电机控制器侧）3 个固定螺栓。力矩：9N·m。

h. 紧固驱动电机三相线束端子（电机控制器侧）3 个固定螺栓。力矩：25N·m。

i. 连接线束，紧固分线盒电机控制器高压线束连接器（电机控制器侧）2 个固定螺栓。力矩：9N·m。

j. 紧固分线盒电机控制器高压线端子（电机控制器侧）2 个固定螺栓。力矩：25N·m。

❷ 安装电机控制器上盖。放置机控制器上盖，紧固电机控制器上盖 8 个螺栓。

注意

电机控制器端盖合盖时采取对角法则拧紧。

❸ 安装维修开关。

❹ 连接蓄电池负极电缆。

❺ 加注冷却液。

a. 拧开膨胀罐盖，加入吉利指定的冷却液型号。

b. 持续加注冷却液，直至膨胀罐内冷却液容量达到 80% 左右，且液位不再下降，膨胀罐保持开口状态。

c. 拔出电机控制器出水管，待电机控制器出水口有成股水流出，装上电机控制器出水管。

d. 除气完成，补充冷却液，恢复车辆。

❻ 关闭前机舱盖。

3.8 宝马 i3 纯电动汽车

3.8.1 电子伺控系统（EME）的接口简介

电机电子伺控系统（EME）的接口简介如图 3-8-1 所示。

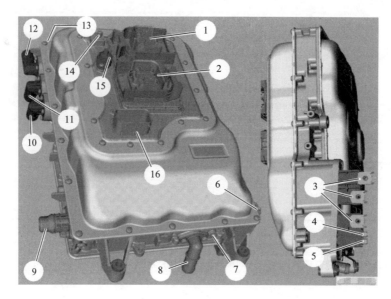

图 3-8-1

1—至高压蓄电池单元的高压接口；2—至便捷充电系统的高压接口（仅限直流电和）或（交流电快速充电特种装备）；3—至电机的高压接口（定子线圈1至3）；4—转子位置传感器；5—温度传感器；6—至行驶挡模块的电位补偿导线；7—至电机的电位补偿导线（仅限带量程扩展器的车辆）；8—冷却水接口（至电机的 EME 水箱出水管）；9—冷却水接口（EME 水箱出水管）；10—高压接口电动空调压缩机（EKK）；11—至电气加热装置的高压接口；12—加载高压接口；13—12V 电线束接地端；14—蓄电池负极导线；15—蓄电池正极导线；16—信号线

3.8.2 电子伺控系统（EME）拆装

警告

工作开始之前和开始时务必遵守下列几点。

❶ 注意电动汽车的操作安全提示。

❷ 遵守电位补偿螺旋接合的提示。

❸ 用于驱动单元修理的工作场地必须干净（无油脂、无污渍且无金属屑）、干燥（无泄漏的液体），并且没有飞溅的火星。因此应避免在车辆清洁区或进行车身维修工作的工作场所附近。

❹ 必要时应使用活动隔板和高压截止带进行分离。

❺ 必须重新取出电机内遗忘/落下的小零件/螺栓。

❻ 目检壳体、连接和密封件或电机及电机-电子伺控装置的密封面是否有污渍和是否损坏。

❼ 在更新时：只有在安装之前，才能将电机-电子伺控系统从包装中取出。

❽ 针对操作电机-电子伺控系统，原则上应安装保护插头。

（1）拆卸

❶ 取下固定点1上的高压线。

❷ 松开螺栓2并拆下发动机支撑3（图 3-8-2）。

❸ 松开螺栓 1 并取下电机－电子伺控系统 2 的压板器（图 3-8-3）。

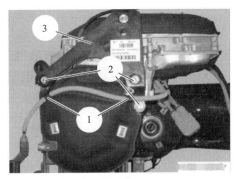

图 3-8-2

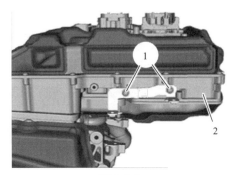

图 3-8-3

❹ 撬出夹子并取下隔音装置。
❺ 松开电线束接地端的螺栓 1（图 3-8-4）。
❻ 仅限快速充电装备（SA4U7 和/或 SA4U8）：脱开便捷充电系统的高压线，松脱并抽出高压线 2。
❼ 脱开信号线 3。
❽ 取下固定点上的电线束 4。
❾ 脱开 EKK 的高压线 5。
❿ 仅限交流电快速充电装备（SA4U8）：脱开至便捷充电系统的高压线 6。
⓫ 打开固定卡圈 1，拔出冷却液软管（图 3-8-5）。

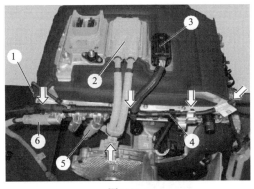

图 3-8-4

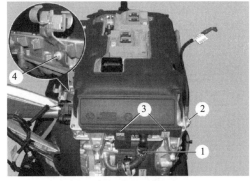

图 3-8-5

⓬ 松开螺栓 2 并拆下电位补偿导线。
⓭ 撬出隔音装置的夹子 3。
⓮ 松开螺栓 4 并拆下支架。
⓯ 取下并移除固定点 1 上 EKK 的高压线（图 3-8-6）。
⓰ 撬出隔音装置 3 的夹子 2。
⓱ 抽出并取下隔音装置 3。
⓲ 松开螺栓并取下维修盖板。
⓳ 松开高压线的螺栓 1（图 3-8-7）。

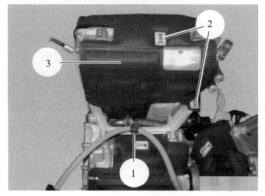

图 3-8-6

图 3-8-7

 注意

不允许电机内保留任何螺栓/小零件！必须注意绝对的清洁度！拆卸 EME 后必须遮盖电机已敞开的连接处！

⑳ 脱开插头连接 2。

㉑ 松开 EME 2 上的螺栓 1（图 3-8-8）。

㉒ 将 EME 1 小心放置于专用工具 2 356 938 上（图 3-8-9）。

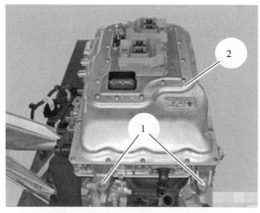

图 3-8-8

图 3-8-9

（2）安装

安装的顺序与拆卸顺序相反。

（3）进行编程/设码

❶ 读取电机的转子位置传感器调校值并匹配转子位置传感器。

a. 服务功能。

b. 驱动装置。

c. 电机-电子伺控系统。

d. 转子位置传感器匹配。

❷ 示教驻车锁止模块。
a. 服务功能。
b. 驱动装置。
c. 电机-电子伺控系统。
d. 示教驻车锁定模块。
❸ 仅针对交流电流快充装备（SA4U8），示教 KLE 便捷充电系统。
a. 服务功能。
b. 驱动装置。
c. 电机-电子伺控系统。
d. 示教 KLE。

3.9 特斯拉纯电动汽车

3.9.1 DC-DC 直流换流器拆装

 警告

❶ 仅允许已接受高压警觉培训的技术人员执行此程序。若要处理高压电缆，必须随时佩戴最低防护等级为 00（500V）的适用型个人防护装备（PPE）和绝缘高压手套。
❷ 为避免静电放电造成人身伤害或设备损坏，执行该程序时必须戴上静电放电腕带。

（1）拆卸
❶ 执行车辆电气绝缘程序。
❷ 拆卸右侧前部上轮拱内衬。
❸ 夹住直流直流换流器进给并返回冷却剂软管。
❹ 放置一个容器，以收集冷却剂。
❺ 松开固定进给的夹子（×2）并将冷却剂软管返回到直流直流换流器。从换流器上松开软管（图 3-9-1）。

 警告

插入管子连接，以防湿气或灰尘进入其中。

 注意

拆卸前，请注意组件的安装位置。

❻ 拆卸将 12V 接地端子固定到直流直流换流器的螺母和垫圈（扭矩为 16N·m）。松开线束并将其移到一旁（图 3-9-2）。

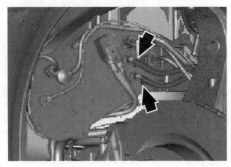
图 3-9-1

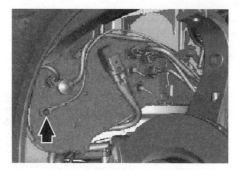
图 3-9-2

❼ 松开直流直流换流器 12V 正极端子绝缘套。

❽ 拆卸将 12V 正极端子固定到直流直流换流器的螺母和垫圈（扭矩为 9N·m）。松开线束并将其移到一旁。

❾ 松开将线束固定到直流直流换流器的夹子。

❿ 拆卸固定高压连接器盖的螺栓（扭矩为 18N·m）并从直流直流换流器中断开高压线束连接（扭矩为 5N·m）。

警告

若电压贯穿整个端子，请寻求专家建议。因存在触电死亡危险，请勿继续此程序，直至显示零电压读数。

⓫ 断开将电池冷却剂、电热器、驾驶室加热器和压缩机固定到直流直流换流器的高压线束连接器（×3）。

注意

拆卸前，请注意组件的安装位置。

⓬ 从直流直流换流器中断开信号线束连接器。

⓭ 松开将线束固定到直流直流换流器的夹子（×3）（图 3-9-3）。

⓮ 拆卸将直流直流换流器固定到车身的螺栓和螺母（×2），扭矩为 9N·m（图 3-9-4）。

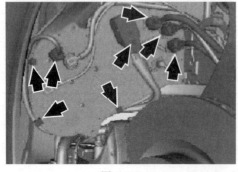
图 3-9-3

图 3-9-4

⓯ 拆卸直流直流换流器。
（2）安装
安装的顺序与拆卸顺序相反。

3.9.2 高压接线盒拆装

（1）拆卸
❶ 执行车辆电绝缘程序（请参考程序）。
❷ 拆卸后座垫架（请参考程序）。
❸ 拆卸固定高压接线盒盖的螺栓（×6），扭矩为5N·m（图3-9-5）。

> **警告**
>
> 测量整个接线盒端子的电压。若电压贯穿整个端子，请寻求专家建议。因存在触电死亡危险，请勿继续此程序，直至测量到零电压读数。

❹ 拆卸盖子。
❺ 将冷却剂软管置于一旁，以获得高压接线盒支架螺栓（图3-9-6）。

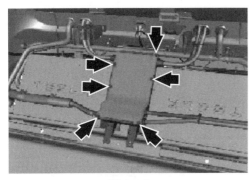

图 3-9-5

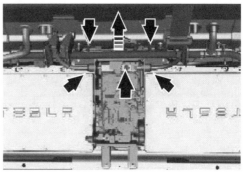

图 3-9-6

❻ 松开将充电器冷却剂软管固定到踵板的夹子（×2）（图3-9-7）。
❼ 拆卸固定高压接线盒的螺栓（×4），扭矩为5N·m。
❽ 断开接线盒与第二充电器连接器（×2）的连接（图3-9-8）。

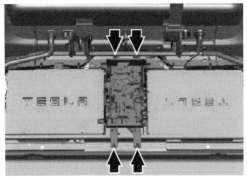

图 3-9-7

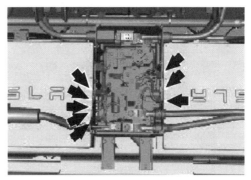

图 3-9-8

注意

拆卸前,请注意组件的安装位置。较低规格的车辆未安装该组件。

⑨ 断开高压互锁回路(HVIL)连接器并将其置于一旁。
⑩ 断开接线盒与主充电器连接器(×5)的连接。拆卸前,请注意组件的安装位置。
⑪ 谨慎举起接线盒并将其支撑在板上,以进入连接器。
⑫ 拆卸固定高压接线盒的正极和负极充电接口电缆的螺栓(×2)(扭矩为9N·m)。
⑬ 松开将充电接口电缆固定到高压接线盒框体的快速连接器(×2),再将电缆移到一旁。
⑭ 拆卸将直流直流正极和负极电缆终端固定到高压接线盒的螺栓(×2)(扭矩为9N·m)。
⑮ 松开将直流直流电缆固定到高压接线盒框体的快速连接器(×2),再将电缆移到一旁。
⑯ 拆卸将驱动变流器和高压电池正极电缆固定到高压接线盒的螺栓(扭矩为9N·m)。
⑰ 松开将驱动变流器和高压电池正极电缆固定到高压接线盒框体的快速连接器(×2),再将电缆移到一旁。
⑱ 拆卸将驱动变流器和高压电池负极电缆固定到高压接线盒的螺栓(扭矩为9N·m)。
⑲ 松开将驱动变流器和高压电池负极电缆固定到高压接线盒框体的快速连接器(×2),再将电缆移到一旁。
⑳ 拆卸将接地带固定到高压接线盒的螺栓(扭矩为5N·m)。
㉑ 拆卸高压接线盒。

(2)安装

安装的顺序与拆卸顺序相反。

第4章 充电系统

4.1 比亚迪 E5 纯电动汽车

4.1.1 充电系统简介

E5 电动车（图 4-1-1）有两种充电方式：直流充电和交流充电。

交流充电主要是通过交流充电桩、壁挂式充电盒以及家用供电插座接入交流充电口，通过高压电控总成将交流电转为 650V 直流高压电给动力电池充电。直流充电主要是通过充电站的充电桩将直流高压电直接通过直流充电口给动力电池充电。

充电系统主要组成部分：交流充电口、直流充电口、高压电控总成、动力电池包、电池管理器。

图 4-1-1

4.1.2 充电系统接口定义

（1）交流慢充口接口定义（图 4-1-2、表 4-1-1）

表 4-1-1

名称	定义	名称	定义
L	A 相	PE	地线
L2	B 相	CC	充电连接确认
L3	C	CP	充电控制
N	中性线		

(2) 直流快充（图 4-1-3、表 4-1-2）

图 4-1-2　　　　　　　　　　　　图 4-1-3

表 4-1-2

名称	定义	名称	定义
A−	低压辅助电源负	S−	CAN-L
A+	低压辅助电源正	S+	CAN-H
CC1	车身地	DC+	为直流电源正
CC2	直流充电感应信号	DC−	为直流电源负
PE	地线		

4.1.3　充电系统故障诊断

（1）故障症状表（表 4-1-3）

表 4-1-3

故障症状	可能发生部位	故障症状	可能发生部位
直流无法充电	①直流充电口 ②高压电控总成 ③电池管理器 ④线束	交流无法充电	①交流充电口 ②高压电控总成 ③电池管理器 ④线束

（2）直流无法充电

❶ 检查直流充电口总成高低压线束。

分别拔出直流充电口总成的高压接插件和低压接插件。分别测试正负极电缆和低压线束是否导通。

用万用表检查低压接插件与充电口端值是否正常（图 4-1-4、表 4-1-4）。

表 4-1-4

低压插接器端子	直流充电口端子	正常值
1	A−（低压辅助电源负）	小于 1Ω
2	A+（低压辅助电源正）	
3	CC2（直流充电感应信号）	

续表

低压插接器端子	直流充电口端子	正常值
4	CC1（车身地）	小于1Ω
5	S−（CAN-L）	
6	S+（CAN-H）	（1000±30）Ω

❷ 检查电池管理器至直流充电口线束。

拔出电池管理器低压接插件 BMC 02。用万用表检查电池管理器接插件 BMC 02 与充电口端子值（图 4-1-5、表 4-1-5）。

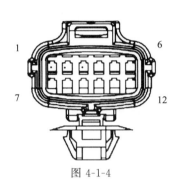
图 4-1-4

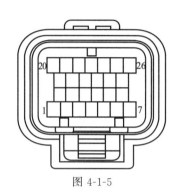
图 4-1-5

表 4-1-5

低压插接器 BMC02 端子	直流充电口端子	低压插接器 BMC02 端子	直流充电口端子
04	CC2（直流充电感应信号）	1	A−（低压辅助电源负）
14	S+（CAN-H）	2	A+（低压辅助电源正）
20	S−（CAN-L）		

注：正常值小于1Ω。

如果不正常，则更换线束。如果正常，则检查高压电控总成。

❸ 检查高压电控总成。

电源置为 OFF 挡。连接充电枪，准备充电。用万用表检查电池管理器接插件 BMC 02 与车身地值（表 4-1-6）。

表 4-1-6

端子	正常值
直流充电正负极接触器电源脚～车身地	11～14V
直流充电接触器控制脚～车身地	小于1Ω

拔下电池管理器接插件，将直流充电正负极接触器控制脚与车身地短接，将吸合充电正负极接触器。用万用表测量充电口 DC+ 与 DC− 之间的电压，正常值约为650V。如果不正常，则检修高压电控。如果正常，则更换电池管理器。

（3）交流无法充电

❶ 检查交流充电口总成。

检查充电电缆是否断路。如果不正常，则更换交流充电口总成。如果正常，则检查高压电控总成。

❷检查高压电控总成。

将交流充电口接入充电桩或家用电源。用万用表测量高压电控总成接插件交流充电感应信号脚端子电压,正常值小于1V。如果不正常,则检修或更换高压电控总成。如果正常,则检查低压线束(交流充电口-电池管理器)。

❸检查低压线束(交流充电口-电池管理器)。

如果不正常,则更换线束。如果正常,则检查电池管理系统。

4.1.4 充电口拆装

(1) 拆卸维修前准备

❶启动开关OFF挡。

❷蓄电池断电。

❸拆掉前保总成。

(2) 直流充电口拆装。

❶拆卸直流充电口。

a.拆掉充电口上安装板和充电口法兰面安装螺栓(图4-1-6)。

b.拧掉两颗搭铁螺栓。

c.退掉高低压接插件并拆掉扎带。

d.取出直流充电口。

❷安装直流充电口。

a.先将直流充电口高底压线束穿过车身安装钣金。

b.将直流充电口小压板装上,拧紧2个法兰面螺栓。

c.拧紧4颗法兰面安装螺栓。

d.固定好高压线束扎带并接上所有高低压接插件,拧紧2个搭铁螺栓。

(3) 交流充电口

❶拆卸交流充电口。

a.断开交流充电口高低压接插件并拆掉高压线束扎带,拆卸2个搭铁螺栓。

b.拆卸4个法兰面固定螺栓。

c.向外取出交流充电口。

❷安装交流充电口。

图4-1-6

a.将交流充电口线缆由外向里安装。

b.拧紧4颗充电口法兰面安装螺栓。

c.接好高低压接插件。

d.分别扣上小支架和水箱上横梁上面的扎带孔位。

e.拧紧2个搭铁螺栓。

4.1.5 充电系统原理图

充电系统原理如图4-1-7所示。

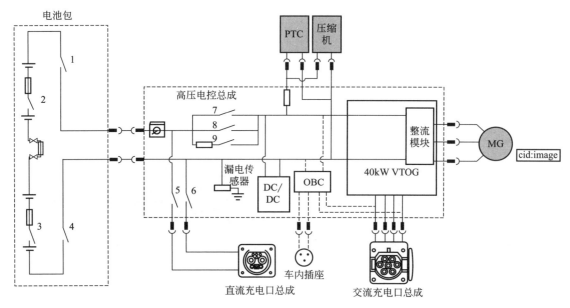

图 4-1-7

1—正极接触器；2—电池包分压接触器 1；3—电池包分压接触器 2；4—负极接触器 1；5—直流充电正极接触器；6—直流充电负极接触器；7—主接触器；8—交流充电接触器；9—预充接触器

4.2 比亚迪 E6 纯电动汽车

4.2.1 充电系统简介

（1）直流充电口

直流充电口又称快充口，位于车辆左后侧，和交流充电口在一起，9 芯。用于将外部充电站的直流电源转接到车辆直流充电回路上。车辆外部通过高压线连接到充电站，车辆内部通过高压线连接到高压配电箱（图 4-2-1）。

（2）交流充电口

交流充电口又称慢充口，位于车辆左后侧，和直流充电口在一起，7 芯。用于将外部交流充电设备的交流电源连接到车辆直流充电回路上，车辆外部通过高压线连接到交流充电设备，车辆内部通过高压线连接车载充电器上（图 4-2-2）。

图 4-2-1

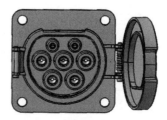

图 4-2-2

4.2.2 充电系统接口定义

参考 4.1.2 节充电系统接口定义

4.2.3 充电系统故障诊断

（1）检查交流充电口总成高低压线束

❶ 电源置为 OFF 挡。拔开维修开关。

❷ 用万用表测量以下导通情况（图 4-2-3～图 4-2-5、表 4-2-1）。

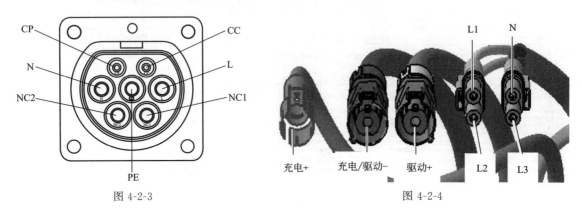

图 4-2-3　　　　　　　　　　　图 4-2-4

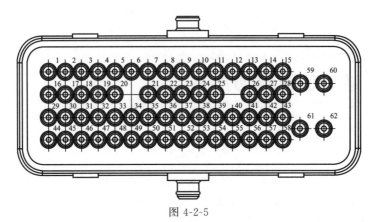

图 4-2-5

表 4-2-1

端子（左为充电口）	正常值	可能故障部件
CC～车身地	约 5V	线束、VTOG
PE～车身地	小于 1Ω	线束
N～N(VTOG 高压)		
L～L1(VTOG 高压)		
L～L2(VTOG 高压)		
L～L3(VTOG 高压)		
CC～52(VTOG 低压)		
CP～23(VTOG 低压)		

注：条件为 OFF。

如果异常，则检查是否插好接插件，或者相关线束。如果正常，则读取 VTOG 数据流。

（2）读取 VTOG 数据流

❶ 按正常充电的流程，插上充电枪，刷卡充电。

❷ 连接充电枪，准备充电。

❸ 用诊断仪读表 4-2-2 数据流，进行检查。

表 4-2-2

	模块	数据流	测量值	可能故障	符合
A	VTOG		有数据流更新	BCM/线束(电源,CAN线)	转至 B
B	VTOG	充、放电系统工作状态	充电准备就绪		转至 C
			充电开始		转至 C
			充电结束		已充满
			充电暂停		充电盒/三相线故障
			充电停止		故障
			默认驱动状态		CC 信号/VTOG 故障
C	电池管理器	充电接触器状态	吸合	充电感应信号/BMS	转至 D
D	电池管理器	漏电报警/电压过高报警/温度过高报警	正常	电池包/采集器/电池管理器	转至 E
E	VTOG	充电母线电压	与电池管理器总电压差值不超过 20V,(200~400V)。	配电箱、高压线束、电池管理器	转至 F
F	VTOG	交流 A 相电压	220V±20%	VTOG 采样故障/电网/高压线束	转至 G
		交流 B 相电压			
G	VTOG	充、放电系统故障状态	正常	根据数据流查相关部件	下一步

（3）检查其他低压信号

❶ 按正常充电的流程，插上充电枪。

❷ 用万用表测量以下 VTOG 低压信号情况（图 4-2-6、表 4-2-3）。

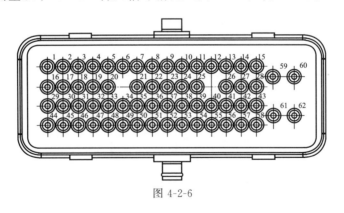

图 4-2-6

表 4-2-3

端子(左为充电口)	异常可能故障部件	可能故障现象
36~车身地	线束、VTOG	管理器无预充
37~车身地	线束、VTOG	仪表不显示充电状态
51~车身地	线束、VTOG、BCM	无双路电、无法进入充电

注：条件为连接充电枪；正常值为低电平。

如果异常,则检查相关线束。如果正常,则更换 VTOG 总成。

4.2.4 充电系统拆装

参考 3.2.5 节"高压电控拆装"内容。

4.2.5 充电系统电路图

充电系统电路如图 4-2-7 所示。

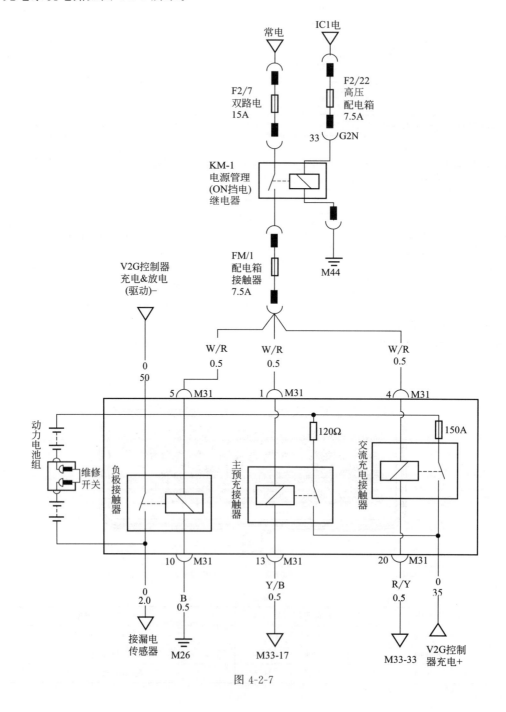

图 4-2-7

4.3 北汽 E150EV 纯电动汽车

4.3.1 充电系统简介

充电机是一款实用性强、功能齐全、可靠性高的产品，具有重量轻、体积小、功率密度高，充电稳定，效率高、抗震能力强、安全可靠等特点。根据车载充电机的特殊要求，具有 CAN 通信接口，可以根据 BSM 的指令进行工作（当没有 CAN 通信指令时，可以使用充电机本身具有的功能，使用无通信充电）。

充电机技术参数如表 4-3-1 所示。

表 4-3-1

项目		参数
输入参数	输入相数	单相
	输入电压(AC)/V	220±20%
	输入电流/A	≤16(在额定输入条件下)
	频率/Hz	45～65
	启动冲击电流/A	≤10
	软启动时间/s	3～5
输出参数	输出功率(额定)/W	3360
	输出电压(额定)(DC)/V	440
	输出电流/A	0～7.5
	稳压精度	≤±0.6%
	负载调整率	≤±0.6%
	输出电压纹波(峰值)	<1%
	整机效率(满载)	≥93%
保护功能	输入过欠压保护(AC)/V	170～180
	输入过压保护(AC)/V	260～270
	过温保护(壳体温度)/℃	85±2
	输入过流/短路保护	有
耐压强度	输入对输出(DC)/V	2200
	输入对机壳(DC)/V	2200
	输出对机壳(DC)/V	1500
绝缘电阻	输入对输出	DC1000V≥200MΩ
	输入对外壳	
	输出对外壳	
最大相对湿度		90%

4.3.2 充电指示灯的定义

（1）交流

电源指示灯，当接通交流电后，电源指示灯亮起（图 4-3-1）。

(2) 工作

当充电机接通电池进入充电状态后，充电指示灯亮起。

(3) 警告

报警指示灯，当充电机内部有故障或者错误的操作时亮起。

指示灯颜色的定义如表 4-3-2 所示。

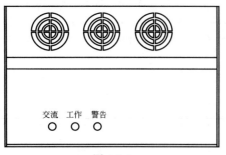

图 4-3-1

表 4-3-2

现象描述	功能描述
红灯常亮,绿灯灭	BMS 存在充电故障,继电器断开
红灯闪亮,绿灯灭	CHG 存在充电机故障,继电器断开
红灯灭,绿灯循环闪亮	正常充电,继电器闭合
红灯灭,绿灯常亮	充电完成,继电器断开
中间绿灯常亮	正在预加热

4.3.3 充电系统接口定义

快充和慢充接充电口接口定义，参考 4.1.2 小节。

(1) 适用车型（C30DB-B/B1/B9/B10）（图 4-3-2、表 4-3-3）

表 4-3-3

针脚号	针脚功能	线束走向
HT3		
A	交流输入"N"	充电口(慢充)
B	地线 GND	
C	交流输入"L"	
HT2C		
A	直流输出"－"	熔断器盒
B	直流输出"＋"	
HT5		
A	—	—
B	CAN 总线 H	前机舱线束
C	12V 输出	低压保险盒
D	负极输入	接地点 100
E	CAN 总线 L	前机舱线束

(2) 适用车型（C30DB-B11/B12）（图 4-3-3、表 4-3-4）

表 4-3-4

针脚号	针脚功能	线束走向
HT3		
A	交流输入"N"	充电口(慢充)
B	地线 GND	
C	交流输入"L"	

续表

针脚号	针脚功能	线束走向
HT2C		
A	直流输出"－"	熔断器盒
B	直流输出"＋"	
T5a		
A	—	—
B	CAN 总线 H	前机舱线束
C	12V 输出	低压保险盒
D	负极输入	接地点 100
E	CAN 总线 L	前机舱线束
T2g		
A	与充电桩连接确认线	充电口(慢充)
B	充电确认线	

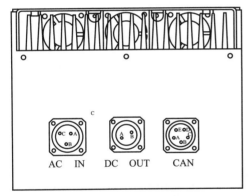

图 4-3-2

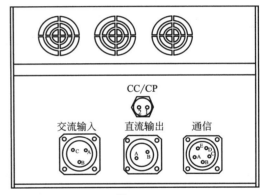

图 4-3-3

(3) 适用车型 (C30DB-B13/2012-B1/2012-B2/2012-B3) (图 4-3-4、表 4-3-5)

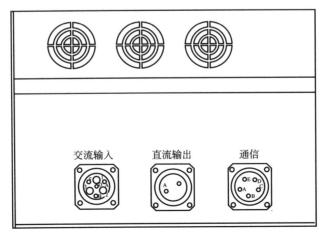

图 4-3-4

表 4-3-5

针脚号	针脚功能	线束走向
HT3		
A	充电确认线	充电口（慢充）
B	—	—
C	与充电桩连接确认线	充电口（慢充）
D	—	—
1	地线 GND	
2	交流输入"L"	充电口（慢充）
3	交流输入"N"	
HT2C		
A	直流输出"−"	熔断器盒
B	直流输出"+"	
T5a		
A	—	—
B	CAN 总线 H	前机舱线束
C	12V 输出	低压保险盒
D	负极输入	接地点 100
E	CAN 总线 L	前机舱线束

4.3.4 充电系统故障诊断

充电系统故障诊断见表 4-3-6。

表 4-3-6

故障描述	解决方法
不充电，电池灯不亮	检查高压充电母线是否与充电机直流输出连接完好。确认电池的接触器已经闭合
不充电，告警灯闪	确认输入电压在 170~263VAC 之间。输入电缆的截面积在 $2.5mm^2$ 以上
不充电，告警灯闪，且风扇不转	过热告警，请清理风扇的灰尘

车载充电机故障信号见表 4-3-7。

表 4-3-7

车载充电机故障信号		
故障描述	分析故障	判断方法
12V 低压供电异常	当充电机 12V 模块异常时，BMS、仪表等由于没有唤醒信号唤醒，无法与充电机进行通信	当 12V 未上电，最简单的判断方式就是交流上电的时候，电池没有发出继电器闭合的声音，一般都是 12V 异常。需要检查低压保险盒内充电唤醒的保险及继电器，以及充电机端子是否出现退针的情况

续表

车载充电机故障信号		
故障描述	分析故障	判断方法
充电机检测的电池电压不满足要求	此问题是在充电过程中,BMS可以正常工作,但充电机工作开始前需要检测动力电池电压,当动力电池电压在工作范围内,车载充电机可以正常工作,否则充电机认为电池不满足充电的要求	此情况常见的为高压插件端子退针或高压熔丝熔断,或者电池电压超过工作范围
充电机检测与充电桩握手不正常	充电机工作过程中会检测与充电桩之间的握手信号,当判断到CC的开关断开,充电机认为此时将要拔掉充电枪,此时会停止工作,防止带电插拔,提升充电枪端子寿命。当充电枪未插到位,可能出现此情况	检查充电枪连接是否到位,检测充电枪CC端子
充电机无法正常工作	充电桩输入电压正常,由于施工时电源线不符合标准所引起的无法充电故障,车辆在低温环境下,充电桩开始时与充电机连接正常,由于车辆动力电池低温下需将电芯加热至0~5℃时,才能进行正常充电,加热过程时,负载较小,电压下降并不多,进入充电过程时,负载加大,输入电压下降,充电桩为充电机提供的电源电压低于187V时,充电机无法正常工作,充电机停止工作后,负载减小,测量时电压又恢复正常	这种情况一定要在充电机进入充电过程时测量当时准确电压,来找到故障所在

4.3.5 充电机、充电口拆装

（1）充电机拆装

❶ 拆卸。

a. 将车钥匙置于OFF挡。

b. 断开蓄电池负极电缆。

c. 拔下DC/DC的低压和高压线束插头。

注意

确认无高压后方可进行。

d. 拧下固定DC/DC的内六角螺栓。

❷ 安装。安装以倒序进行。

❸ 系统安装完成,对系统进行以下检查。

a. 各部件机械安装牢固性。

b. 各线缆所连接电源的极性及其连接正确性。

c. 各电气连接器连接是否至位,相应的卡口或锁紧螺栓是否卡紧或拧紧。

d. 各高、低压部件的绝缘性。

（2）充电口拆装

❶ 拆卸。

a. 将车钥匙置于OFF挡。

b. 断开蓄电池负极电缆。

c. 从汽车驾驶员侧座椅下部向上拉动充电口盖开启扣手,充电口盖会自动打开。
d. 打开充电口盖。
e. 拧下固定充电口的 4 个螺钉。
f. 松开充电口固定螺栓。
g. 拧下车载充电机连接线。

注意

确认无高压后方可进行。

h. 将车辆举升。
i. 拆下充电线束固定卡子螺栓并将固定卡子取下。
j. 拆下充电线束。

提示

从充电口位置抽出充电线束。

❷ 安装。安装以相反的顺序进行。

4.4 北汽 EV160/EV200 纯电动汽车

4.4.1 充电系统简介

充电机技术参数见表 4-4-1。

表 4-4-1

项目	规格	项目	规格
AC 输入		高压输出	
电压	85~265V	电压	240~420V
频率	45~65Hz	电流	10A max
电流	32A max	电压精度	±1%
功率因数	≥0.98/半载以上	电流精度	±3%/半载以上

4.4.2 充电系统接口定义

快充和慢充接充电口接口定义,参考 4.1.2 小节内容。

4.4.3 充电系统故障诊断

充电系统故障诊断见表 4-4-2。

表 4-4-2

异常现象	异常原因	处理建议
低压无输出	交流输入断电	检查 AC 输入是否正常
高压无输出	①控制信号连接异常 ②与 BMS 的通信协议不匹配	①检查控制信号线连接是否正常 ②核对通信协议是否匹配
充电机上报故障	①输入欠/过压 ②输出欠/过压 ③输出过流/短路	①检查 AC 输入电压是否正常 ②检查动力电池电压是否正常 ③检查充电回路是否短路
	过温	拔掉 AC 插头,10min 后插上插头,观察是否能够正常充电,如不能正常充电,返回维修
	电池连接异常	检查电池的极性是否接反或者与充电机输出是否连接正常
	充电机硬件故障	返厂维修

4.4.4 充电系统控制策略

（1）慢充系统

作为纯电动汽车的核心，动力电池的充电过程由 BMS 进行控制及保护。车载充电机工作状态及指令均由 BMS 发出的指令进行控制，包括工作模式指令、动力电池允许最大电压、充电允许最大电流、加热状态电流值（表 4-4-3）。

表 4-4-3

车载充电机	动力电池及 BMS	VCU、仪表及数据采集终端
220V 上电	待机	待机
12V 低压供电并等待指令	唤醒	
接收指令并执行加热流程	BMS 检测电池状态并发送加热指令	
接收指令并停止工作	BMS 监控电池温度并发送停止指令	唤醒
接收指令并执行充电流程	BMS 待充电机反馈后发送充电指令	
接收指令并停止工作	BMS 监控电池状态并发送完成指令	
完成后 1min 控制充电桩结算	待机	待机

（2）快充系统

快充采用地面充电机充电，充电温度与充电电流要求（非车载充电机模式下充电要求）如表 4-4-4 所示。

表 4-4-4

温度	小于 5℃	5~15℃	15~45℃	大于 45℃
可充电电流	0	20A	50A	0
备注	恒流充电至 343/3.5V 以后转为恒压充电方式			

（3）快充和慢充的流程

采用恒流-恒压充电方法，在不同温度范围内以恒定电流充电至动力电池组总电压达到或最高单体电压达到此温度条件下的规定电压值，以恒定电压充电至电流小于 0.8A 后停止充电。车载充电机充电，充电温度与充电电流要求（车载充电机模式下充电要求）如表 4-4-5 所示。

表 4-4-5

温度	小于 5℃	0~55℃	大于 55℃
可充电电流	0	20A	0
备注	当电芯最高电压高于 3.6V 时，降低充电电流到 5A，当电芯电压达到 3.7V 时，充电电流为 0，请求停止充电		

4.4.5 充电机系统拆装

PDU 总成拆装参考 3.4.4 小节内容。

4.4.6 充电系统电路图

（1）快充电路图（图 4-4-1）

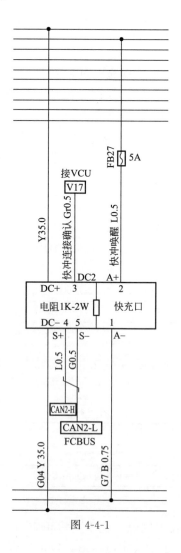

图 4-4-1

(2) 慢充电路图（图 4-4-2）

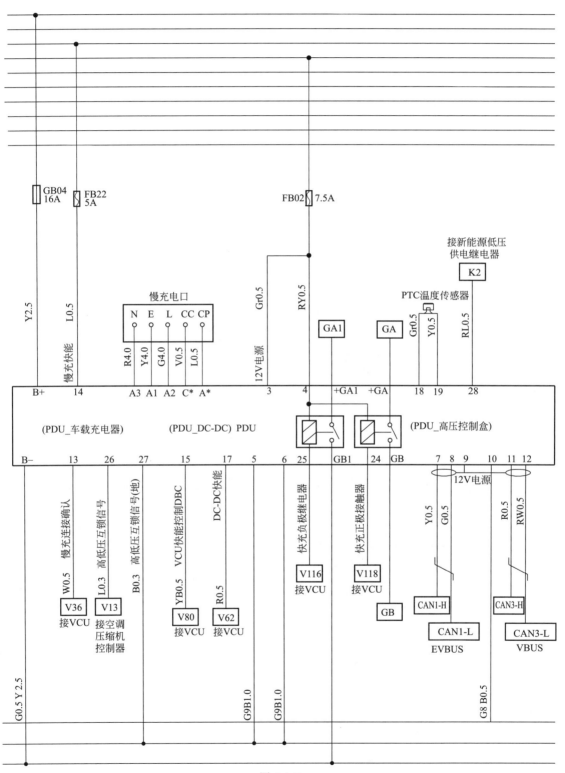

图 4-4-2

4.5 长安逸动纯电动汽车

4.5.1 充电系统简介

充电机上电初始化后,通过 CAN 总线接收充电参数指令,为动力蓄电池充电。充电模式:先恒流限压,再恒压限流。

4.5.2 充电系统接口定义

(1) 外部接口定义(图 4-5-1)

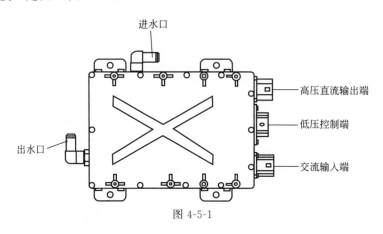

图 4-5-1

(2) 交流输入端接插件(图 4-5-2)
(3) 高压直流输出端插接(图 4-5-3、表 4-5-1)

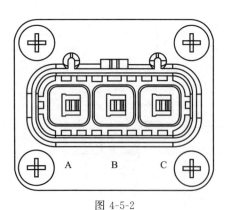

图 4-5-2
A—零线/N;B—地线/PE;C—火线/L

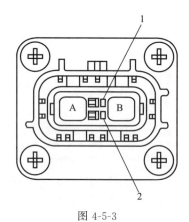

图 4-5-3

表 4-5-1

针脚	定义	针脚	定义
A	高压直流输出正	B	高压直流输出负
1	高压互锁	2	高压互锁

(4) 低压插接件接口定义（图 4-5-4、表 4-5-2）

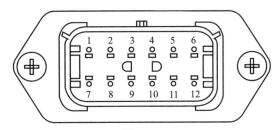

图 4-5-4

表 4-5-2

针脚	定义	针脚	定义
1	CAN H in(500K/s、5V、0.1A)	7	CAN 通信屏蔽地
2	CAN L in(500K/s、5V、0.1A)	8	NC
3	NC	9	基准电压输出地(0.02A)
4	低压输入/输出地	10	NC
5	互锁	11	基准电压输出(12V、0.2A)
6	互锁	12	NC

4.5.3 充电系统故障代码及诊断

故障代码与排除方法如表 4-5-3 所示。

表 4-5-3

显示码	描述	排除方法
P1A80	OBC 过温二级故障	①检查充电机系统水泵是否正常工作 ②检查冷却系统的冷却液是否缺液，若缺液，请补充 ③清除故障信息，重新充电，若此故障仍存在，请更换充电机
P1A81	OBC 过温三级故障	
P1A82	OBC 输入过压	①检查充电机交流输入端接插件，及充电枪是否连接可靠 ②用万用表检测电网电压，若高于 273±8V，请联系电网相关人员 ③清除故障信息，重新充电，若此故障仍存在，请更换充电机
P1A83		
P1A84	OBC 输出过压	①使用诊断仪读取电池、直流变换器端电压，若压差大于 20V，更换充电机 ②清除故障信息，重新充电，若此故障仍存在，更换充电机
P1A85	OBC 输出欠压	①重新充电，读取整车数据流，若充电机上报电压明显低于电池管理系统、直流变换器上报的电压，请更换充电机 ②若无①所述现象，重新读取整车数据流，观察充电机上报电压，若低于(220±4)V，请参考电池系统维修手册 ③若无②所述情况，清除故障信息，重新充电，若此故障仍存在，请更换充电机
P1A86	OBC 输出欠流	①检查充电机输出端及线束，是否有断路现象 ②清除故障信息，重新充电，若此故障仍存在，请更换充电机
P1A87	OBC 输出过流	
P1A88	OBC 内部 PFC 过压	清除故障信息，重新充电，若此故障仍存在，请更换充电机
P1A89	OBC 内部 PFC 欠压	
P1A8A	OBC 内部中间电压欠压<10V	
U12B0	OBC 通信故障	

4.5.4 充电系统拆装

警告

高压危险，注意安全！

❶ 拆卸与安装前，必须切断高压（将钥匙打到 OFF 挡，拔下维修开关），并测量充电机交流输入端及高压输出端电压，直至电压低于 36V 安全电压时，方可操作。

❷ 拆卸与安装中，螺栓必须按照规定进行操作，保证装配可靠性。

❸ 非专业人员不准拆卸充电机上盖。

(1) 充电机拆卸

❶ 充电机在前机舱安放，直流变换器总成安装在充电机上方，在拆卸充电机时，应先拆卸直流变换器。

❷ 如果充电枪还插在车上，请先拔掉充电枪，再将钥匙拧到 OFF 挡，切断高压电源，取下前机舱护板。

❸ 将直流变换器输出端线束与蓄电池断开连接。

❹ 拔掉直流变换器的接插件，拆卸直流变换器低压输出端螺栓，卸掉直流变换器输出线束。

❺ 拆卸直流变换器水管卡箍，拔掉水管，放掉里面的水。

❻ 拆卸直流变换器的螺栓，将直流变换器卸下。

❼ 拔掉充电机的接插件。

❽ 拆卸充电机水管卡箍，拔掉水管，放掉里面的水。

❾ 使用扭力扳手拆卸充电机固定螺栓，将充电机卸下。

(2) 充电机安装

安装步骤与拆卸步骤相反。

4.6 荣威 E50 纯电动汽车

4.6.1 充电系统简介

(1) 功能描述

❶ 提供与电池管理系统之间的 CAN 通信。

❷ 基于电池管理系统的需求，在最大功率范围内为高压电池组充电。

❸ 高压安全：提供输出反接保护、高压端口残压控制、故障自关断功能。

❹ 热管理：以风冷方式进行冷却。

(2) 快速充电口

快速充电口，与 PDU 连接在一起，安装在水箱上横梁上，主要作为给高压电池组快速补充电能的接口。直流充电桩的高压直流电通过此充电口给高压电池组补充电能。

(3) 慢速充电口

慢速充电口，与慢充充电器相连接，固定在车身侧围（左）上，主要作为民用电供给慢充充电器的连接端口，将民用电的 220V 交流电源，通过此充电口，提供给慢速充电器。

(4) 慢速充电线

慢速充电线，装配在后备厢的随车工具盒之上。主要功能为将民用 220V 交流电源引到交流充电口，同时，具有连接指示和交流电路过流保护功能。

(5) 充电系统组成（图 4-6-1）

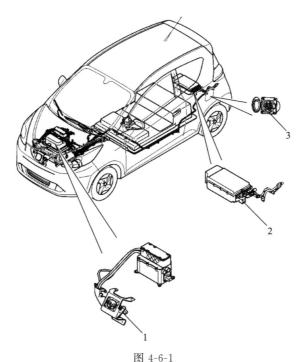

图 4-6-1
1—快速充电口；2—慢速充电器；3—慢速充电口

4.6.2 充电系统接口定义

(1) 充电系统接口定义（图 4-6-2）

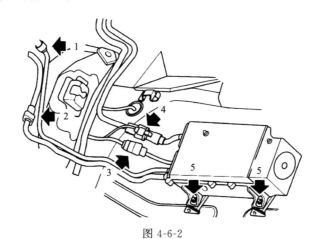

图 4-6-2
1—连接确认接插件；2—交流输入接插件；3—充电低压接插件 BY185；
4—高压直流输出接插件；5—M8 螺栓

(2) 连接确认接插件引脚定义（表 4-6-1）

(3) 交流输入接插件引脚定义（表 4-6-2）

表 4-6-1

针脚号	描述
1	充电连接确认 CC
2	控制确认 CP

表 4-6-2

针脚号	描述	针脚号	描述
1	高压交流 L	4	—
2	—	5	保护接地 PE
3	高压交流 N		

(4) 充电低压接插件 BY185

充电低压接插件 BY185 - 引脚定义如图 4-6-3、表 4-6-3 所示。

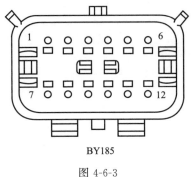

图 4-6-3

表 4-6-3

针脚号	描述	针脚号	描述
1	充电 12V 输出	7	—
2	充电器地线	8	电池管理系统唤醒
3	本地 CAN2 H	9	低压电源管理单元唤醒
4	本地 CAN2 L	10	—
5	本地 CAN SHD	11	连接确认
6	—	12	—

(5) 高压直流输出接插件引脚定义（表 4-6-4）

表 4-6-4

针脚号	描述	针脚号	描述
1	高压输出正	3	高压互锁信号
2	高压输出负	4	

4.6.3 充电机、充电口拆装

(1) 车载充电器拆装

❶ 禁止未参加该车型高压系统知识培训的维修人员拆解高压系统（包括手动维修开关、高压电池包、驱动电机、电力电子箱、高压配电单元、高压线束、电空调压缩机、交流充电口和交流充电线、快速充电口、电加热器、慢速充电器）。

❷ 当拆解或装配高压配件时，必须断开 12V 电源和高压电池包上的手动维修开关。

❸ 在开始维修作业前，维修人员必须穿戴好劳保用品：戴好绝缘手套，穿好高压绝缘鞋。在戴绝缘手套前，必须要检查绝缘手套是否有破损的地方，要确保手套无绝缘失效。

> **注意**
>
> 在安装和拆卸的过程中，应防止制动液、洗涤液、冷却液等液体进入或飞溅到高压部件上。

❶ 拆卸车载充电器。

a. 关闭点火钥匙，车辆静置5min以上，才可进行拆卸作业。

b. 断开蓄电池负极电缆。

c. 拆下手动维修开关。

d. 拆下后衣帽架。

e. 拆下后排座椅靠背。

f. 拆下后排座椅坐垫。

g. 拆下将后座椅靠背中间枢轴支架固定到车身的两个螺栓。

h. 取出固定于后备厢尾部的装有交流充电线及拖车挂钩的随车工具盒。

i. 断开固定于慢速充电器一侧的连接确认接插件1（图4-6-4）。

j. 断开固定于慢速充电器一侧的交流输入接插件2。

k. 断开固定于慢速充电器一侧的充电低压接插件3。

l. 断开固定于慢速充电器一侧的高压直流输出接插件4。

m. 拆下将慢速充电器固定于车身的4个螺栓5。

n. 拆下固定于慢速充电器另一侧的冷却风道。

o. 将慢速充电器从车身上取出。

❷ 安装车载充电器。

a. 将慢速充电器固定到车身的4个螺栓拧紧至22～30N·m，并检查扭矩。

b. 将充电器冷却风道的4个卡扣嵌入慢速充电器的一侧。

c. 将固定于慢速充电器另一侧的4个连接线接插件插入相应接口。

d. 将装有交流充电线及拖车挂钩的随车工具盒装入后备厢尾部合适位置。

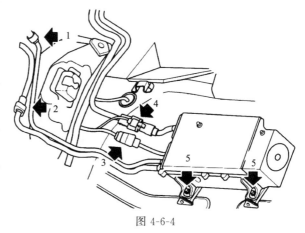

图4-6-4

e. 将后座椅靠背中间枢轴支架固定到车身的2个螺栓拧紧至40～50N·m，并检查扭矩。

f. 安装后排座椅坐垫。

g. 安装后排靠背。

h. 装上衣帽架。

i. 安装手动维修开关。

j. 连接蓄电池负极电缆。

（2）慢充充电口拆装

❶ 拆卸慢充充电口。

a. 关闭点火钥匙，车辆静置5min以上，才可进行拆卸作业。

b. 拆下蓄电池负极电缆。

c. 拆下手动维修开关。

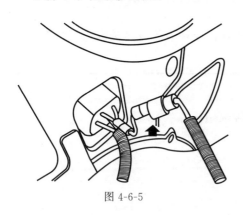

图 4-6-5

d. 拆下左后侧围饰板。
e. 拆下连接慢速充电器线束低压接插件（图 4-6-5）。
f. 拆下连接慢速充电器线束高压接插件（图 4-6-6）。
g. 拆下慢速充电口小门总成。
h. 拆下慢速充电口固定到车身上的 4 个螺栓 1（图 4-6-7）。
i. 将连接充电器线束高压插件和低压插件，从慢充小门的开孔处退出车身 2。
j. 拆下慢速充电接口。

❷ 安装慢充充电口。
a. 将连接充电器线束高压插件和低压插件，从慢充小门的开孔处塞进车身内。
b. 将慢充口座的四个安装孔对正。
c. 将慢速充电口固定到车身上，装上 4 个螺栓拧紧到 5~7N·m，并检查扭矩。

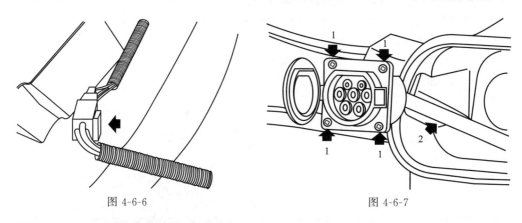

图 4-6-6   图 4-6-7

d. 将连接慢速充电器线束低压接插件装入对应接口。
e. 将连接慢速充电器线束高压接插件装入对应接口。
f. 安装左后侧围饰板。
g. 安装慢速充电口总成。
h. 安装手动维修开关。
i. 连接蓄电池负极电缆。

4.7 吉利帝豪 EV300 纯电动汽车

4.7.1 充电系统简介

（1）简介

充电系统从功能上分为快充、慢充、低压充电、智能充电和制动能量回收五项。

（2）系统工作原理

❶ 快充（直流高压充电）。当直流充电设备接口连接到整车直流充电口时，直流充电设备发送充电唤醒信号给 BMS，BMS 根据动力电池的可充电功率，向直流充电设备发送充电

电流指令。同时，BMS 吸合系统高压正极继电器和高压负极继电器，动力电池开始充电（图 4-7-1）。

充电时间：48min 可充电 80%。

图 4-7-1

❷ 慢充（交流高压充电）。当车辆处于交流充电模式下，ACM 检测交流充电接口的 CC、CP 信号（充电枪插入、导通信号）并唤醒 BMS，BMS 唤醒车载充电机并发送指令充电，同时闭合主继电器，动力电池开始充电（图 4-7-2）。

充电时间：13~14h 可充满。

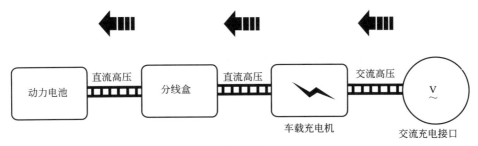

图 4-7-2

❸ 低压充电。高压上电前，低压电路系统依赖 12V 铅酸蓄电池供电，当高压上电后，电机控制器将动力电池的高压直流电转换成低压直流电为 12V 铅酸蓄电池充电（图 4-7-3）。

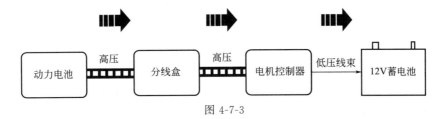

图 4-7-3

❹ 智能充电。长期停放的车辆容易造成低压蓄电池馈电，当低压蓄电池严重馈电将会导致车辆无法启动上电。为避免这一问题，本车具有智能充电功能。车辆停放过程中辅助控制器（ACM）将持续对电源蓄电池电压就行监控，当电压低于设定值时，ACM 将唤醒 BMS，同时 VCU 也将控制电机控制器通过 DC/DC 对低压蓄电池进行充电，防止低压蓄电池馈电（图 4-7-4）。

❺ 制动能量回收。能量回收系统在车辆滑行或制动过程中，驱动电机从驱动状态转变成发电状态，将车辆的动能转换为电能储存在动力电池中。车辆在滑行或制动时，VCU 根据当前动力电池状态和制动踏板位置信号，计算能量回收扭矩并发送指令给电机控制器，启动能量回收（图 4-7-5）。

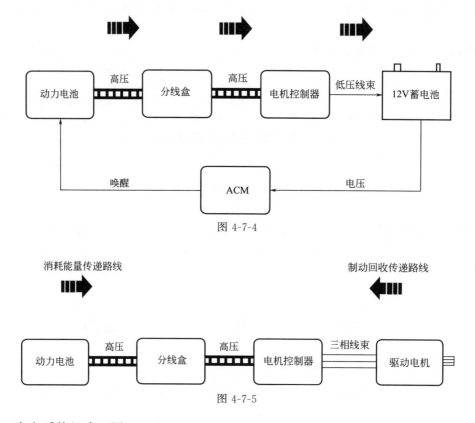

图 4-7-4

图 4-7-5

(3) 充电系统组成(图 4-7-6)

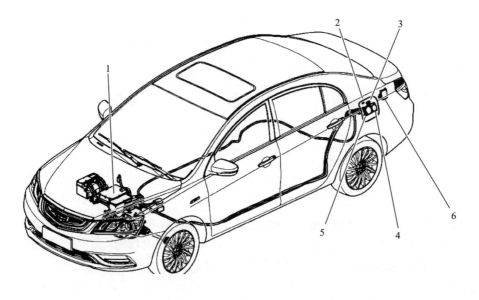

图 4-7-6

1—车载充电机(如配备);2—充电接口照明灯;3—充电接口指示灯;4—交流充电接口(如配备);5—直流充电接口;6—辅助控制器(ACM)

(4) 车载充电机规格（表 4-7-1）

表 4-7-1

项目	参数	项目	参数
输入电压	90~264V	效率	≥93%
输入频率	50Hz±2%	质量	6kg
输入最大电流	16A	工作温度	-40~80℃
输出电压	直流 200~450V	冷却液类型	50%水+50%乙二醇
输出最大功率	3.3kW/6.6kW（2017 款）	冷却液流量要求	2~6L/min
输出最大电流	直流 12A		

4.7.2 充电系统接口定义

车载充电机低压线束连接器（EP10）如图 4-7-7、表 4-7-2 所示。

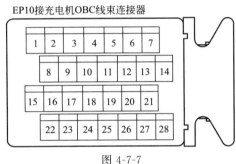

图 4-7-7

表 4-7-2

端子号	端子定义	线径/颜色	端子状态	规定条件（电压、电流、波形）
1	终端 30 输出	0.5mm²R/L	电源	+12V
2	GND	0.5mm²B	接地	负极
3	CAN-H	0.5mm²L/R	总线高	—
4	CAN-L	0.5mm²Gr/O	总线低	—
5~18	—	—	—	—
19	唤醒	0.5mm²/B	慢充唤醒信号	—
20~28	—	—	—	—

4.7.3 充电系统故障代码

故障代码如表 4-7-3~表 4-7-5 所示。

表 4-7-3

故障代码	故障描述	故障条件	排除方法
U007300	CAN 总线关闭	Busoff 事件发生	车载充电机通信故障
U017187	与 BMS 通信丢失	BMS 报文超时事件发生	
U100016	ECU 供电电压超过下限	KL30 电压小于 9V	
U100017	ECU 供电电压超过上限	KL30 电压大于 16V	

续表

故障代码	故障描述	故障条件	排除方法
P100006	MCU ROM 故障	发现内部错误	车载充电机、充电机水管更换(如配备)
P100007	MCU ROM 故障	发现内部错误	
P100005	预充电继电器故障	预充完成后交流预充继电器状态不为 1(10min 内超过 10 次)	预充故障
P100002	内部母线电压未达到设定值	充电时母线电压采样值与目标值比值不大于 95%(10min 内超过 10 次)	车载充电机、充电机水管更换(如配备)
P100003	高压输出电流未达到设定值	充电时直流输出电流采样值与目标值偏差大于 0.5A(10min 内超过 10 次)	
P100004	AC 电感过流	单 PFC 电感电流大于 15A(10min 内超过 10 次)	
P100100	充电效率故障	充电机输入功率大于 1000W 时计算效率小于 80%(持续 60s)	
P100201	系统板过温	系统板检测温度大于 120℃(持续 1s)	
P100202	功率板过温	功率板检测温度大于 120℃(持续 1s)	
P100203	PFC 电感过温	PFC 电感检测温度大于 100℃(持续 1s)	
P100204	PFC 电感过温	DCDC 电感检测温度大于 100℃(持续 1s)	
P100205	OBC 充电过程中水温过高	检测温度大于 100℃(持续 1s)	

表 4-7-4

故障代码	故障描述	故障条件	排除方法
U210101	交流输入电压过高	交流输入电压大于 300V(10min 内超过 10 次)	高压系统漏电故障
U210001	两路直流高压检测偏差过大	两路直流高压偏差超过 5V(10min 内超过 10 次)	
P100001	内部母线电压过高	内部母线电压大于 475V(10min 内超过 10 次)	
U210002	高压输出过压	直流输出电压大于 450V(持续 1200ms)	
U210003	高压输出过流	直流输出电流大于 15A	
U210004	高压输出短路	充电时直流输出电流大于 0.5A 并且输出电压小于 2.5V	
U210201	高压互锁故障	故障状态为紧急故障,且高压互锁断开	高压互锁故障
U24BA81	BMS_CCU_Control 帧内的 Checksum 错误	故障连续发生了 10 个周期	车载充电机通信故障

表 4-7-5

故障代码	故障描述	排除方法
B11B172	充电枪电子锁解锁卡滞(暂无此功能)	DTC B11B172 B11B173
B11B173	充电枪电子锁锁止卡滞(暂无此功能)	
B11B491	CC 阻值超出范围	充电感应信号(CC 信号)故障
B11B592	CP 信号有效但 CC 无效	
B11B692	智能充电故障	车载充电机、充电机水管更换(如配备)
B11B792	交流交电启动后 60s 内未收到 VCU 正发充电报文	

续表

故障代码	故障描述	排除方法
U014687	ACM 与 VCU 通信丢失	
U014087	ACM 与 BCM 通信丢失	
U021487	ACM 与 PEPS 通信丢失	
U012887	ACM 与 EPB 通信丢失	
U012287	ACM 与 ESP 通信丢失	
U017081	VCU_TradTCUControl_校验失败	
U017082	VCU_TradTCUControl_滚码计数器失败	
U017181	ABS_ESP_Status 校验失败	辅助控制器通信线路故障
U017182	ABS_ESP_Status_滚码计数器失败	
U017281	ABS_ESP_EPBControl_校验失败	
U017282	ABS_ESP_EPBControl_滚码计数器失败	
U017381	EPB_StatusControl_校验失败	
U017382	EPB_StatusControl_滚码计数器失败	
U017481	VCU_Manage1_校验失败	
U017482	VCU_Manage1_校验失败	
U007388	CAN 网络通信失败	
U100016	KL30 电源低电压	DTC U100016 U100017
U100017	KL30 电流高电压	

4.7.4 充电系统故障诊断

（1）充电感应信号（CC 信号）故障

❶ 电路图（图 4-7-8）。

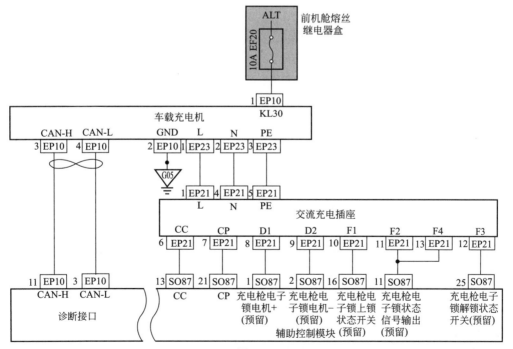

图 4-7-8

❷ 检查充电枪与充电口插针是否松动。
a. 操作启动开关使电源模式至 OFF 状态。
b. 拆卸维修开关。
c. 检查充电枪插针是否松动。
d. 检查充电口插针是否松动。
如果异常，则更换故障的充电枪或充电口。如果正常，则检查辅助控制器与交流充电接口之间的 CC 信号线路。

❸ 检查辅助控制器与交流充电接口之间的 CC 信号线路。
a. 操作启动开关使电源模式至 OFF 状态。
b. 拆卸维修开关。
c. 断开辅助控制器线束连接器 SO87（图 4-7-9）。
d. 断开交流充电接口线束连接器 EP21（图 4-7-10）。
e. 用万用表测量辅助控制器线束连接器 SO87 端子 13 和交流充电接口 EP21 端子 6 之间的电阻。电阻标准值：小于 1Ω。

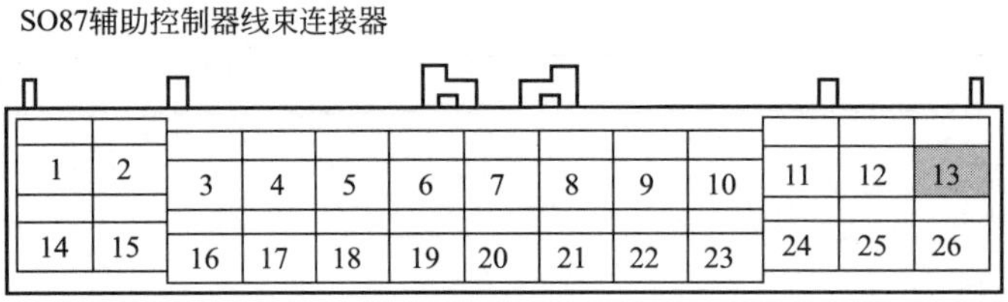

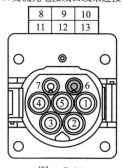

图 4-7-9　　　　　　　　　　　图 4-7-10

f. 确认测量值是否符合标准。
如果异常，则修理或更换线束。如果正常，则检查辅助控制器电源、接地之间的电压。

❹ 检查辅助控制器电源、接地之间的电压。
a. 操作启动开关使电源模式至 OFF 状态。
b. 断开辅助控制器线束连接器 SO87（图 4-7-11）。

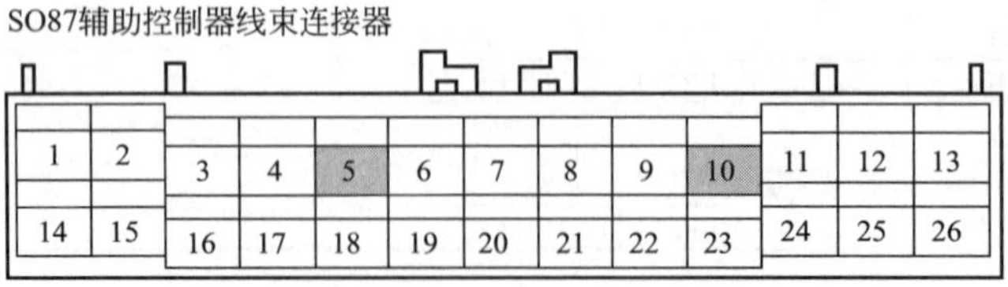

图 4-7-11

c. 用万用表测量辅助控制器线束连接器 SO87 端子 5 和端子 10 之间的电压。标准电压：11～14V。
d. 确认测量值是否符合标准。
如果异常，则修理或更换线束。如果正常，则更换辅助控制器。

❺ 更换辅助控制器。
a. 操作启动开关使电源模式至 OFF 状态。

b. 断开蓄电池负极电缆。
c. 更换辅助控制器。
d. 确认故障是否排除。

（2）CP 信号故障

❶ 电路图（图 4-7-12）。

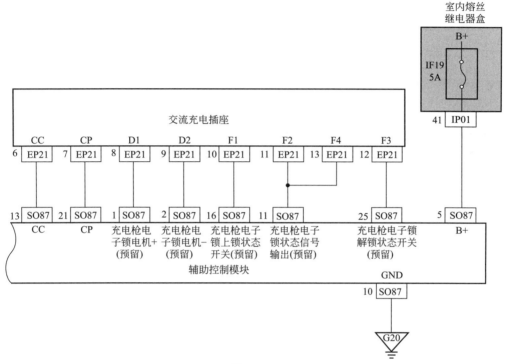

图 4-7-12

❷ 检查充电枪与充电口插针是否松动。

a. 操作启动开关使电源模式至 OFF 状态。
b. 拆卸维修开关。
c. 检查充电枪插针是否松动。
d. 检查充电口插针是否松动。

如果异常，则更换故障的充电枪或充电口。如果正常，则检查辅助控制器与交流充电接口之间的 CP 信号线路。

❸ 检查辅助控制器与交流充电接口之间的 CP 信号线路。

a. 操作启动开关使电源模式至 OFF 状态。
b. 拆卸维修开关。
c. 断开交流充电接口（图 4-7-14）。
d. 断开辅助控制器线束连接器 SO87（图 4-7-13）。
e. 用万用表测量辅助控制器线束连接器 SO87 端子 21 和交流充电接口 7 号端子之间的电阻。电阻标准值：小于 1Ω。
f. 确认测量值是否符合标准。

如果异常，则修理或更换线束。如果正常，则检查辅助控制器电源、接地之间的电压。

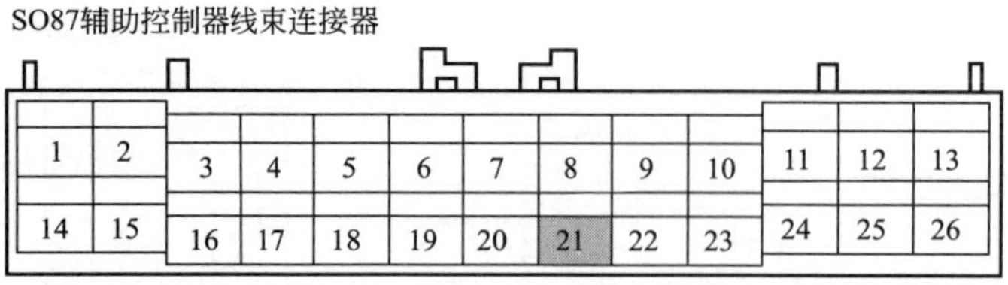

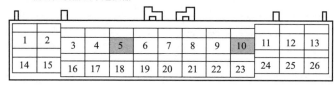

图 4-7-13 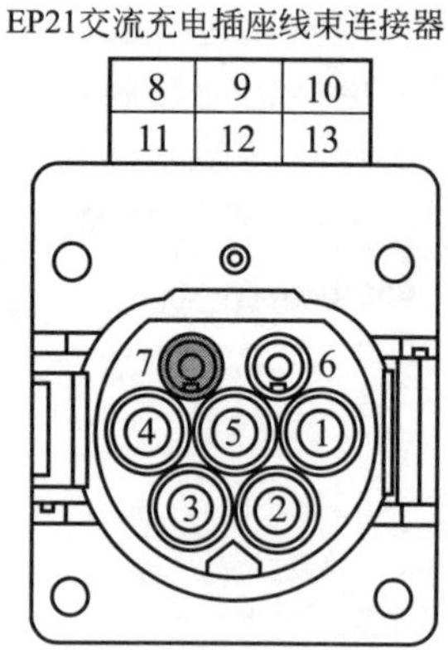　　　　　　　　　图 4-7-14

❹ 检查辅助控制器电源、接地之间的电压。

a. 操作启动开关使电源模式至 OFF 状态。

b. 断开辅助控制器线束连接器 SO87（图 4-7-15）。

图 4-7-15

c. 用万用表测量辅助控制器线束连接器 SO87 端子 5 和端子 10 之间的电压。标准电压：11～14V。

d. 确认测量值是否符合标准。

如果异常，则修理或更换线束。如果正常，则更换辅助控制器。

❺ 更换辅助控制器。

a. 操作启动开关使电源模式至 OFF 状态。

b. 断开蓄电池负极电缆。

c. 更换辅助控制器。

d. 确认故障是否排除。

4.7.5　充电系统拆装

（1）直流充电插座拆装

1）拆卸。

❶ 打开前机舱盖。

❷ 断开蓄电池负极电缆。

❸ 拆卸维修开关。

❹ 拆卸左后轮。

❺ 拆卸左后轮罩衬板。

❻ 拆卸直流充电插座。

a. 断开动力电池上的直流充电高压线束连接器（图 4-7-16）。

b. 拆卸直流充电高压线束支架固定螺母，脱开直流充电高压线束。
c. 脱开直流充电高压线束固定线卡。
d. 拆卸直流充电插座4个固定螺栓（图4-7-17）。

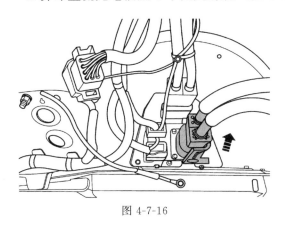

图 4-7-16

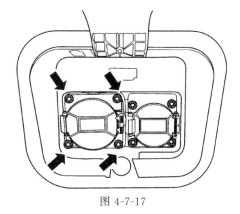

图 4-7-17

e. 拆卸直流充电插座搭铁线束固定螺栓1，脱开搭铁线束（图4-7-18）。
f. 拆卸直流充电插座线束胶套环箍2。
g. 断开直流充电插座线束连接器3。
h. 脱开直流充电插座高压线束固定支架4，取出直流充电插座总成。

2）安装。

❶ 安装直流充电插座。

a. 放置直流充电插座总成，紧固直流充电插座线束胶套环箍。

b. 连接搭铁线束，紧固直流充电插座搭铁线束固定螺栓。力矩：9N·m。

c. 连接直流充电插座线束连接器。

d. 固定直流充电插座高压线束固定支架。

e. 紧固直流充电插座4个固定螺栓。力矩：9N·m。

f. 连接动力电池上的直流充电高压线束连接器。

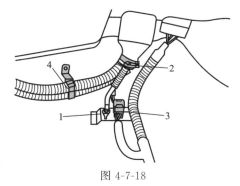

图 4-7-18

插接时注意"一插、二响、三确认"。

❷ 放置直流充电高压线束，紧固直流充电高压线束支架固定螺母。力矩：9N·m。
❸ 固定直流充电高压线束固定线卡。

先固定两头线卡再固定中间线卡。

❹ 安装左后轮罩衬板。

❺ 安装左后轮。
❻ 安装维修开关。
❼ 连接蓄电池负极电缆。
❽ 关闭前机舱盖。

（2）车载充电机拆装

1）拆卸。

❶ 打开前机舱盖。
❷ 断开蓄电池负极电缆。
❸ 拆卸维修开关。
❹ 拆卸车载充电机及水管。
a.断开车载充电机2个高压线束连接器（图4-7-19）。
b.拆卸车载充电机搭铁线束固定螺栓1，脱开车载充电机搭铁线束（图4-7-20）。
c.拆卸车载充电机4个固定螺栓2。

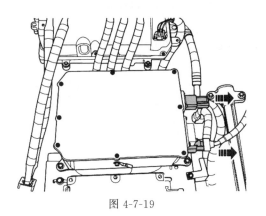

图 4-7-19

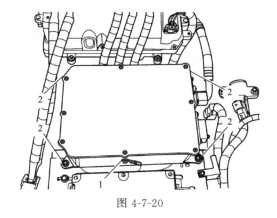

图 4-7-20

❺ 拆卸车载充电机及水管（2017款）。
a.断开车载充电机上的高压线束连接器（图4-7-21）。
b.拆卸车载充电机搭铁线束固定螺栓1，脱开车载充电机搭铁线束（图4-7-22）。
c.拆卸车载充电机4个固定螺栓。
d.断开车载充电机与电机控制器连接的高压线束2。

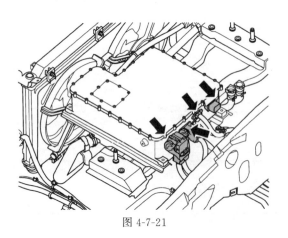

图 4-7-21

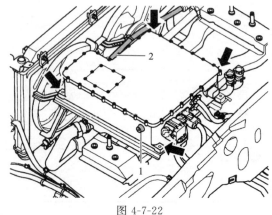

图 4-7-22

e. 拆卸车载充电机出水管环箍（电机侧），脱开车载充电机出水管。

注意

水管脱开前请在车辆底部放置容器，接住防冻液，以免污染地面。

f. 拆卸车载充电机进水管接头（电机控制器侧），脱开车载充电机进水管，取出车载充电机及水管。

❻ 拆卸车载充电机出水管。拆卸车载充电机出水管环箍（充电机侧），取下车载充电机出水管 1（图 4-7-23）。

❼ 拆卸车载充电机进水管。拆卸车载充电机进水管环箍（充电机侧），取下车载充电机进水管 2。

2）安装。

❶ 安装车载充电机出水管。连接车载充电机出水管（充电机侧），安装车载充电机出水管环箍。

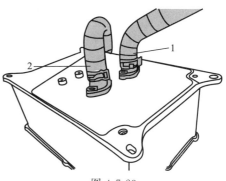

图 4-7-23

❷ 安装车载充电机进水管。连接车载充电机进水管（充电机侧），安装车载充电机进水管环箍。

注意

请根据水管上的箭头指示正确区分进水管、出水管。水管连接后将水管旋转，确保管口的缺口与充电机上的螺栓吻合。

❸ 安装车载充电机及水管（2017 款）。

a. 放置车载充电机，紧固 4 个固定螺栓。力矩：23N·m。

b. 连接车载充电机搭铁线束，紧固搭铁线束固定螺栓。力矩：8N·m。

c. 连接车载充电机与电机控制器连接的高压线束。

❹ 安装车载充电机及水管。

a. 放置车载充电机，紧固 4 个固定螺栓。力矩：9N·m。

b. 连接车载充电机搭铁线束，紧固搭铁线束固定螺栓。力矩：6N·m。

c. 连接车载充电机 2 个高压线束连接器。

注意

插接时注意"一插、二响、三确认"。

d. 连接车载充电机出水管（电机侧），安装车载充电机出水管环箍。

注意

环箍装配位置应该与管路标示线对齐。

e. 连接车载充电机进水管接头（电机控制器侧）。
❺ 加注冷却液。
❻ 安装维修开关。
❼ 连接蓄电池负极电缆。
❽ 关闭前机舱盖。

4.8 宝马 i3 纯电动汽车

4.8.1 充电系统简介

根据车辆装备系列，可以安装一个图 4-8-1 所示的便捷充电系统。

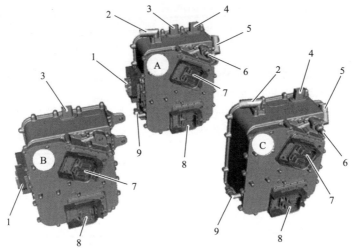

图 4-8-1
1—充电接口的高压线-直流电充电；2—充电接口的高压线-交流电充电；3—信号线连接-直流电充电；
4—信号线接口-交流电充电；5—EME 的高压接口-交流电充电；6—冷却液管始流接口（仅限交流电快冲）；
7—EME 的高压线；8—REME 的高压线（仅限增程设备）；9—冷却液管回流接口（仅限交流电快冲）；
A—直流电快冲（SA4U7）和交流电快冲装备系列（SA4U8）；B—直流电快充装备系列
（SA4U7）；C—交流电快充装备系列（SA4U8）

4.8.2 拆卸和安装/更新便捷充电系统

(1) 需要的准备工作
❶ 拆卸竖直支柱。
❷ 拆卸左侧水平支柱。
❸ 排放冷却液（仅限交流电快速充电装备 SA4U8）。
(2) 拆卸便捷充电系统
❶ 拆卸说明带有所有装备系列的最多分配情况（直流电快冲 SA4U7、交流电快冲 SA4U8 和增程设备）。
❷ 将冷却液管 1 解除联锁并脱开（图 4-8-2）。
❸ 将连接电机-电子伺控系统的高压线插头 2 解除联锁并脱开。
❹ 将连接电机-电子伺控系统增程设备的高压线插头 3 解除联锁并脱开。

❺ 将冷却液管 1 解除联锁并脱开（图 4-8-3）。
❻ 将连接充电插座的高压线插头 2 解除联锁并脱开。
❼ 将连接充电插座的高压线插头 3 解除联锁并脱开。
❽ 将信号线插头 4 解除联锁并脱开。
❾ 将连接电机-电子伺控系统的高压线插头 5 解除联锁并脱开。
❿ 松开螺栓 6 并取下便捷充电系统。

 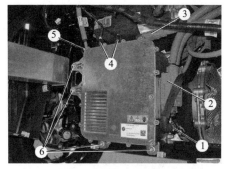

图 4-8-2　　　　　　　　　　　　图 4-8-3

（3）安装便捷充电系统
安装顺序与拆卸顺序相反。
（4）所需的修整
❶ 安装竖直支柱。
❷ 安装左侧水平支柱。
❸ 针对交流电快速充电装备 SA4U8：给冷却系统加注冷却液并进行排气。
（5）更新时
进行车辆编程/设码。

4.8.3　拆卸和安装/更换充电插座

 警告

工作开始之前务必遵守下列几点。

❶ 断开高压系统。
❷ 注意高压蓄电池单元操作的安全提示。
（1）需要的准备工作
拆卸右后侧部件。
（2）拆卸充电插座
❶ 松开螺栓 1，取下充电接口（图 4-8-4）。拧紧力矩：4.5N·m。

 安装说明

紧急操作装置的拉紧带必须以一定角度向上且从离开执行器方向铺设！

❷ 脱开充电电子单元上的高压插头 1 和高压插头 2（图 4-8-5）。

图 4-8-4

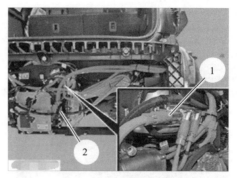
图 4-8-5

❸ 松开接地螺栓连接 1（图 4-8-6）。拧紧力矩：17N·m。
❹ 松脱高压线 1（图 4-8-7）。
❺ 松开螺栓 2，将高压线以及导线支架抽出。拧紧力矩：4.5N·m。

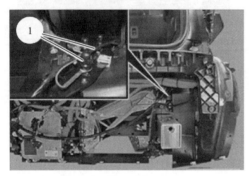
图 4-8-6

图 4-8-7

（3）安装充电插座

安装顺序与拆卸顺序相反。

安装说明

注意不同款型的紧急解锁布线！错误铺设拉紧带时可能导致紧急操作装置卡住，因此可能导致充电受阻。

4.9　特斯拉 Model X 纯电动汽车

4.9.1　单相充电端口拆装

警告

从车辆中拆卸充电端口前，必须从充电端口拆卸高压线束。若未断开高压线束连接，则不得从车辆中拆卸充电端口。否则会因接触高压而导致严重的伤害或死亡。仅已接受并完成高压培训的维修技师有权开展此项维修工作。

(1) 拆卸单相充电端口

❶ 执行车辆电气绝缘程序。

❷ 拆卸左侧后备厢饰板。

❸ 从高压入口盖中拆卸螺钉并松开夹子（×2），扭矩为4N·m（图4-9-1）。

❹ 拆卸高压入口盖。

> **注意**
>
> 若高压入口盖位于正确位置，则盖上的标杆按压充电端口的开关启动高压互锁回路。若盖子未正确安装或标杆受损，则车辆会显示高压互锁回路故障。

❺ 拆卸并弃用将高压电缆固定到充电端口的螺栓（×2）。弃用安装在螺栓和高压接线片之间的所有垫圈（图4-9-2）。

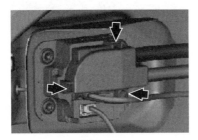 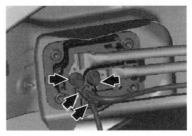

图4-9-1　　　　　　　　　　图4-9-2

❻ 从充电端口断开线束连接器（×2）。

❼ 拆卸将充电接口电缆夹固定到车身的下螺母（扭矩为6N·m）（图4-9-3）。

❽ 拆卸固定充电接口电缆夹的上螺母（扭矩为5N·m）。

❾ 从车身松开充电端口夹并将高压电缆置于一旁，以便进入（图4-9-4）。

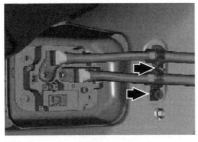 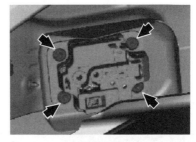

图4-9-3　　　　　　　　　　图4-9-4

❿ 拆卸并弃用固定充电端口的螺栓（×4）。

⓫ 拆卸充电端口总成（图4-9-5）。

(2) 安装单相充电端口　安装顺序与拆卸顺序相反。

4.9.2　三相充电端口拆装

(1) 拆卸三相充电端口

❶ 打开充电端口。

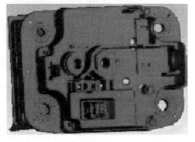

图4-9-5

❷ 执行车辆电气绝缘程序。
❸ 拆卸左侧后备厢饰板。
❹ 从充电端口处松开 12V 线束连接（图 4-9-6）。
❺ 通过松开将接地支架固定到车身的螺母来拆卸接地支架（扭矩为 6N·m）（图 4-9-7）。

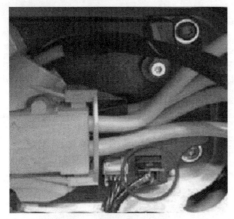
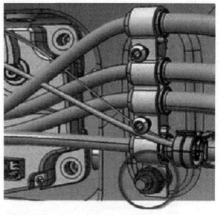

图 4-9-6　　　　　　　　　　　图 4-9-7

❻ 断开尾灯线束。
❼ 使用饰板工具或类似非导电工具弯曲将盖板固定到电缆连接器的 3 个锁片，以从电缆连接器中拆卸盖板。

注意

锁片的位置 E 通过盖板面上的箭头进行标示。

警告

请勿遗失或损坏电缆连接器外侧的磁体。

❽ 按显示的顺序（1→2→3）拆卸将电缆连接器固定到充电端口的 3 个螺栓（扭矩为 4N·m）。拆卸电缆连接器（图 4-9-8）。
❾ 拆卸左侧尾灯总成（图 4-9-9）。

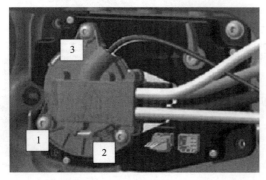
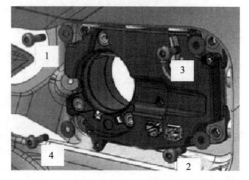

图 4-9-8　　　　　　　　　　　图 4-9-9

❿ 按显示的顺序（1→2→3→4）拆卸螺栓（扭矩为3N·m），拆卸充电端口。
（2）安装三相充电端口
安装顺序与拆卸顺序相反。

4.9.3 主充电器拆装

（1）拆卸主充电器
❶ 拆卸高压接线盒。
❷ 断开线束。
❸ 翻转地毯，以获取螺栓。
❹ 拆卸将充电器固定到地板的螺母（×4），扭矩为6.5N·m（图4-9-10）。
❺ 拆卸将接地带固定到充电器外壳的螺栓（扭矩为6.5N·m）。
❻ 将接地带置于一旁。
❼ 将两个软管夹到尽可能靠近充电器的地方，以最大限度地减少冷却剂流失。松开软管夹（×2）如图4-9-11所示。

图4-9-10

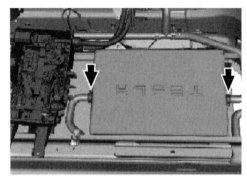

图4-9-11

注意

在受影响的区域放置合适的吸收性材料，以便吸收任何可能存在的液体溢出物。

警告

塞住组件开放端口并断开软管，以防止冷却剂流失。

❽ 断开两个冷却剂软管，将充电器端口向上倾斜，并立即塞住。
❾ 拆卸充电器。
（2）安装主充电器
安装顺序与拆卸顺序相反。

第5章 电池管理系统

5.1 比亚迪 E5 纯电动汽车

5.1.1 电池管理系统简介

电池管理系统由电池管理控制器(BMC)、电池信息采集器、动力电池采样线组成。电池管理控制器(图 5-1-1)的主要功能有充放电管理、接触器控制、功率控制、电池异常状态报警和保护、SOC/SOH 计算、自检以及通信功能等；电池信息采集器的主要功能有电池电压采样、温度采样、电池均衡、采样线异常检测等；动力电池采样线的主要功能是连接电池管理控制器和电池信息采集器，实现二者之间的通信及信息交换。

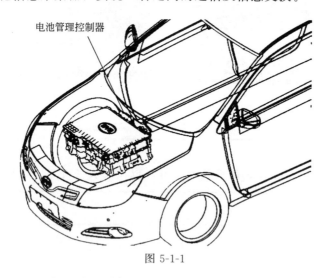

图 5-1-1

5.1.2 电池管理系统接口定义

电池管理插接器如图 5-1-2 所示。

(1) BCM01-34 针脚插挡器接口定义(表 5-1-1)

表 5-1-1

针脚号	端子描述	针脚号	端子描述
1	高压互锁输出信号	2	一般漏电信号

续表

针脚号	端子描述	针脚号	端子描述
6	整车低压地	28	直流霍尔屏蔽地
9	主接触器拉低控制信号	29	电流霍尔−15V
10	严重漏电信号	30	整车低压地
14	12V蓄电池正	31	仪表充电指示灯信号
17	预充接触器拉低控制信号	33	直流充电正负极接触器拉低控制信号
26	直流霍尔信号	34	交流充电接触器控制信号
27	电流霍尔+15V		

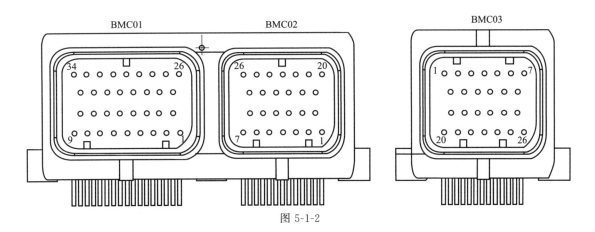

图 5-1-2

（2）BCM02-26针脚插挡器接口定义（表5-1-2）

表 5-1-2

针脚号	端子描述	针脚号	端子描述
1	12VDC电源正	15	整车CAN 1H
4	直流充电感应信号	16	整车CAN屏蔽地
6	整车低压地	18	VTOG/车载充电感应信号
7	高压互锁输入信号	20	直流充电口CAN 2L
11	直流温度传感器高	21	直流充电口CAN屏蔽地
13	直流温度传感器低	22	整车CAN H
14	直流充电口CAN 2H	25	碰撞信号

（3）BCM03-26针脚插挡器接口定义（表5-1-3）

表 5-1-3

针脚号	端子描述	针脚号	端子描述
1	采集器 CANL	11	正极接触器拉低控制信号
2	采集器 CAN 屏蔽地	14	1#分压接触器 12V 电源
3	1#分压接触器拉低控制信号	15	2#分压接触器 12V 电源
4	2#分压接触器拉低控制信号	20	负极接触器 12V 电源
7	BIC 供电电源正	21	正极接触器 12V 电源
8	采集器 CANH	26	采集器电源地
10	负极接触器拉低控制信号		

5.1.3 电池管理系统故障代码及检查

电池管理系统故障代码及检查如表 5-1-4 所示。

表 5-1-4

序号	DTC	描述	应检查部位
1	P1A3D00	负极接触器回检故障	电池管理器低压线束、高压电控总成
2	P1A3E00	主接触器回检故障	
3	P1A3F00	预充接触器回检故障	
4	P1A4000	充电接触器回检故障	
5	P1A4100	主接触器烧结故障	主接触器
6	P1A4300	电池管理器+15V 供电过高故障	电池管理器、蓄电池
7	P1A4400	电池管理器+15V 供电过低故障	
8	P1A4500	电池管理器-15V 供电过高故障	
9	P1A4600	电池管理器-15V 供电过低故障	
10	P1A4700	交流充电感应信号断线故障	高压电控总成、电池管理器、低压线束
11	P1A4800	主电机开盖故障	高压电控总成
12	P1A4900	高压互锁自检故障	电池管理器、高压电控总成、低压线束
13	P1A4A00	高压互锁一直检测为高信号故障	
14	P1A4B00	高压互锁一直检测为低信号故障	
15	P1A4C00	漏电传感器失效故障	漏电传感器、低压线束、电池管理器
16	P1A4F00	电池管理系统初始化错误	电池管理器
17	P1A5000	电池管理系统自检故障	

续表

序号	DTC	描述	应检查部位
18	P1A5100	碰撞硬线信号PWM异常告警（预留）	安全气囊ECU、低压线束、电池管理器
19	P1A5200	碰撞系统故障（预留）	
20	P1A6000	高压互锁故障	电池管理器、高压电控总成、低压线束

5.1.4 电池管理系统监测数据

检查碰撞、漏电数据如表5-1-5所示。

表 5-1-5

序号	名称	电池工作状态	警报	触发条件	措施
1	碰撞保护	充放电状态下	碰撞故障	接收碰撞信号	立即断开主接触器、分压接触器
2	动力电池漏电	充放电状态下	正常	R>500Ω/V	
3			一般漏电报警	100Ω/V<R≤500Ω/V	仪表灯亮，报动力系统故障
4		充放电状态下	严重漏电报警	R≤100Ω/V	行车中：仪表灯亮，立即断开主接触器、分压接触器 停车中： ①禁止上电 ②仪表灯亮，报动力系统故障 充电中： ①断开交流充电接触器、分压接触器 ②仪表灯亮，报动力系统故障

5.1.5 电池管理系统电脑板拆装

电池管理控制器拆装流程如下。

（1）将车辆退电至OFF挡，等待5min。

（2）打开前舱盖。

（3）拔掉电池管理控制器上连接的动力电池采样线和整车低压线束的接插件，拔掉整车低压线束在电池管理控制器支架上的固定卡扣。

（4）用10号套筒拆卸电池管理控制器的三个固定螺母。

（5）更换电池管理器，插上动力电池采样线和整车低压线束的接插件，确认连接到位。

（6）用10号套筒拧紧电池管理控制器的三个固定螺母。

（7）整车上电再次确认问题是否解决，解决结束。

5.1.6 电池管理系统电路图

电池管理系统电路图如图5-1-3、图5-1-4所示。

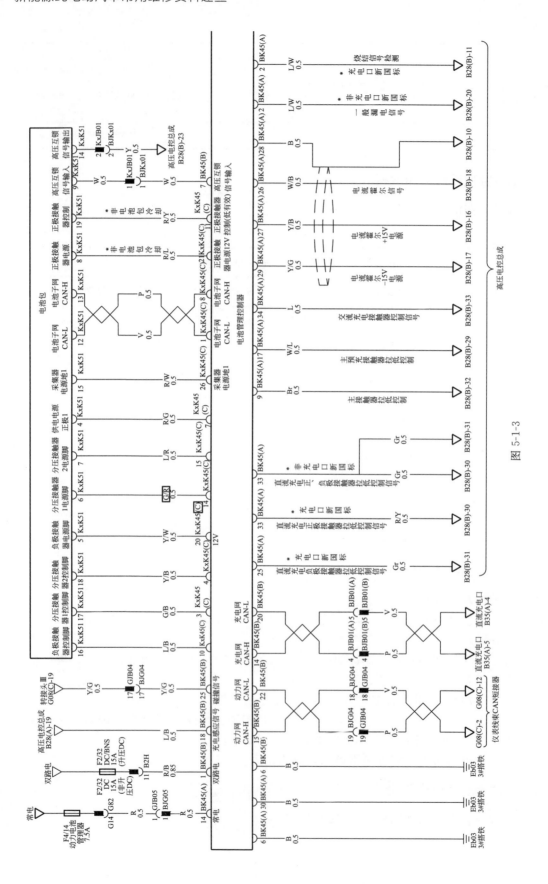

图 5-1-3

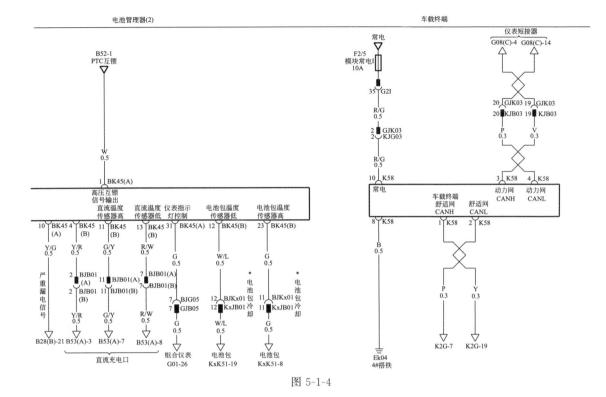

图 5-1-4

5.2 比亚迪 E6 纯电动汽车

5.2.1 电池管理系统简介

电池管理系统位于后备厢备胎处，主要管理动力电池的充放电接触器控制，功率限制，充放电电流检测，电池温度、电压采样等，在电池出现漏电、碰撞、电压过高过低或温度过高过低时及时控制接触器以保护动力电池的装置，是整车高压系统重要的控制器之一（图 5-2-1）。

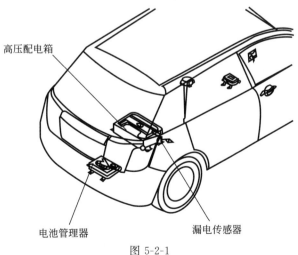

图 5-2-1

主要作用如下。

❶ 动力电池状态监测。

❷ 充放电功能控制。

❸ 预充控制。

5.2.2 电池管理系统接口定义

(1) 电池管理器插接器 M33、M32 (图 5-2-2)

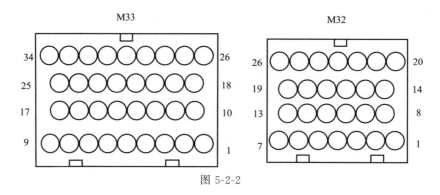

图 5-2-2

(2) 电池管理器插接器接口定义 (表 5-2-1)

表 5-2-1

M32 插接器		M33 插接器	
针脚号	端子描述	针脚号	端子描述
1	12VDC	2	一般漏电信号
3	常电 12VHC	9	放电主接触器
4	直流充电感应信号(预留)	10	严重漏电信号
5	车身地	11	漏电自检信号 TEST
6	车身地	17	主预充接触器
14	充电桩 CAN H(预留)	18	漏电传感器+15V 电源
15	整车 CANH	19	漏电 GND
16	整车 CAN 屏蔽地	20	漏电传感器-15V
17	快充电仪表信号(预留)	24	DC 预充接触器
18	交流充电感应信号	25	直流充电接触器(预留)
19	维修开关信号(预留)	26	电流霍尔信号
20	充电桩 CAN L(预留)	27	电流霍尔+15V 电源
21	充电桩 CAN 屏蔽地(预留)	28	接触器 GND
22	整车 CANL	29	电流霍尔-15V 电源
		30	接触器 GND
		33	交流充电接触器
		34	DC 接触器

5.2.3 电池管理系统故障代码及检查（表5-2-2）

表 5-2-2

DTC	描述	故障范围
P1A40-00	单节电池温度传感器故障	温度传感器、线束
P1A4B-00	电池采样故障	诊断码
P1A54-00	电池组漏电错误	漏电传感器、线束
P1A58-00	电池管理系统初始化错误	电池管理器
P1A5D-00	电机控制器预充未完成	诊断码
U029C00	电池管理器与VTOG通信故障	
U029800	电池管理系统与DC通信故障	
P1A9A00	电池管理系统初始化错误	
P1AA300	电池管理器电源输入过高	
P1AA400	电池管理器电源输入过低	
P1AAA00	电池管理器和漏电传感器通信故障	

5.2.4 电池管理系统监测

（1）动力电池监测（表5-2-3）

表 5-2-3

故障状态		电池管理器系统故障诊断状况
模块温度>65℃	1级故障	一般高温告警
模块(单体)电压>3.85V		一般高压告警
模块(单体)电压<2.6V		一般低压告警
充电电流>300A		充电过流告警
放电电流>450A		放电过流告警
绝缘电阻<设定值		一般漏电告警
模块温度>70℃	2级故障	严重高温告警
模块(单体)电压>4.1V		严重高压告警
模块(单体)电压<2.0V		严重低压告警
绝缘电阻<设定值		严重漏电告警

（2）安全保护功能（表5-2-4）

表 5-2-4

故障类别		整车系统级别的故障响应和处理	电池管理系统硬件响应
1级故障		电池管理系统发出告警后，整车的其他控制器模块可以根据具体故障内容启动相应的故障处理机制	无
2级故障	温度高		关断直流动力回路
	电压高		
	电压低		
	严重漏电		不允许放电

（3）漏电监测（表 5-2-5）

表 5-2-5

测量目标	绝缘阻值	结果
负极-车身	120～140kΩ	一般漏电
负极-车身	≤20kΩ	严重漏电

5.2.5 电池管理系统故障诊断

电池管理模块电源电路故障诊断步骤如下。

（1）检查保险

用万用表检查 F2/9 保险。

如果异常，则更换熔丝。

（2）检查线束

❶ 断开 M33 连接器（图 5-2-3）。

❷ 电源打到 ON 挡。

❸ 正常值（表 5-2-6）。

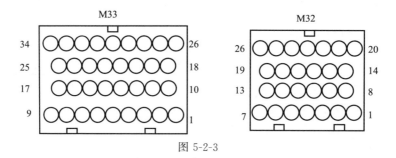

图 5-2-3

表 5-2-6

端子	线色	正常值
M33-5～车身地	B	小于 1Ω
M32-3～车身地	R/B	11～14V
M33-6～车身地	B	小于 1Ω
M33-28～车身地	B	小于 1Ω
M33-30～车身地	B	小于 1Ω
M33-1～车身地	W/R	11～14V

如果异常，则检查或更换线束。

5.3 吉利帝豪 EV300 纯电动汽车

5.3.1 电池管理系统简介

电池管理系统（Battery Management System，BMS）能够对动力电池组总电压、总电流、每个测点温度和电池单体的电压参数进行实时监控，并进行故障诊断、SOC（剩余电量比)计算、短路保护、漏电监测、报警显示、充放电模式选择等。BMS 可以将动力电池相关参数上报 VCU,由 VCU 控制动力电池的充电和放电功率。

5.3.2 电池管理系统故障代码(表 5-3-1)

表 5-3-1

故障码	说明	故障码	说明
U0AC47D	A-CAN 总线故障	U0AD407	CAN 报文"BMS_PwrLimit_ChgDchg,0x377"无效
U0AC486	BMU 的 CAN 网络中断	U0AD408	CAN 报文"BMS_Fault,0x380"无效
U0AD400	CAN 报文"BMS_General,0x230"无效	U0AD409	CAN 报文"BMS_Info,0x3BE"无效
U0AD415	CAN 报文"BMS_VoltCurr,0x2A6"无效	U0AD40A	CAN 报文"BMS_CCU_Control,0x618"无效
U0AD416	CAN 报文"BMS_Temp,0x3C6"无效	U0AD40B	CAN 报文"BMS_Event,0x30B"无效
U0AD401	CAN 报文"BMS_SOC,0x36F"无效		

5.3.3 电池管理系统故障诊断

(1) 故障代码说明(表 5-3-2)

表 5-3-2

故障码	说明
P21E023	不能充电原因:CC 硬件信号异常

(2) 电路图(图 5-3-1)

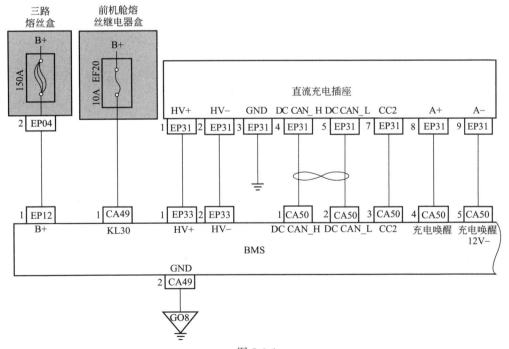

图 5-3-1

(3) 检查充电枪与充电口插针是否松动

❶ 操作启动开关使电源模式至 OFF 状态。

❷ 拆卸维修开关。

❸ 检查充电枪插针是否松动。

❹ 检查充电口插针是否松动。

如果异常，则更换故障的充电枪或充电口。如果正常，则检查 BMS 与直流充电接口之间的 CC 信号线。

(4) 检查 BMS 与直流充电接口之间的 CC 信号线

❶ 操作启动开关使电源模式至 OFF 状态。

❷ 拆卸维修开关。

❸ 断开 BMS 线束连接器 CA50（图 5-3-2）。

❹ 断开直流充电插座线束连接器 EP31（图 5-3-3）。

❺ 用万用表测量辅助控制器线束连接器 CA50 端子 3 和交流充电接口 EP31 端子 7 之间的电阻。电阻标准值：小于 1Ω。

❻ 确认测量值是否符合标准。

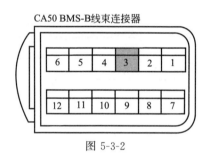
图 5-3-2

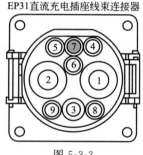
图 5-3-3

如果异常，则修理或更换线束。如果正常，则检查 BMS 电源线路。

(5) 检查 BMS 电源线路

❶ 操作启动开关使电源模式至 OFF 状态。

❷ 断开 BMS 线束连接器 CA49（图 5-3-4）。

❸ 操作启动开关使电源模式至 ON 状态。

❹ 用万用表测量 BMS 束连接器 CA49 的 1 号端子和车身可靠接地之间的电压。电压标准值：11～14V。

❺ 用万用表测量 BMS 束连接器 CA49 的 7 号端子和车身可靠接地之间的电压。电压标准值：11～14V。

❻ 确认测量值是否符合标准。

如果异常，则修理或更换线束。如果正常，则检查 BMS 接地线路。

(6) 检查 BMS 接地线路

❶ 操作启动开关使电源模式至 OFF 状态。

❷ 断开 BMS 线束连接器 CA49（图 5-3-5）。

❸ 用万用表测量 BMS 线束连接器 CA49 的 2 号端子和车身可靠接地之间的电阻。标准电阻：小于 1Ω。

❹ 确认测量值是否符合标准。

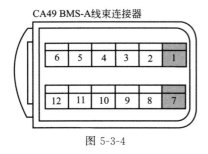

图 5-3-4

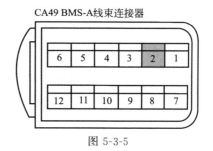

图 5-3-5

如果异常,则修理或更换线束。如果正常,则更换 BMS。

(7) 更换 BMS

❶ 操作启动开关使电源模式至 OFF 状态。

❷ 断开蓄电池负极电缆。

❸ 拆卸电池包,更换电池包 BMS。

❹ 确认故障排除。

第6章 空调系统

6.1 比亚迪 E5 纯电动汽车

6.1.1. 空调系统简介

空调系统主要由电动压缩机、冷凝器、HVAC 总成、制冷管路、PTC、暖风水管、风道、空调控制器等零部件组成，具有制冷、采暖、除霜除雾、通风换气四种功能。该系统利用 PTC 水暖采暖，利用蒸汽压缩式制冷循环制冷，制冷剂为 R410a，冷冻油型号为 POE。控制方式为按键操纵式。自动空调箱体的模式风门、冷暖混合风门和内外循环风门都是电机控制。

6.1.2 空调系统工作原理

（1）供暖系统原理

供暖系统采用 PTC 水加热器总成加热冷却液，冷却液先由水泵抽空调暖风副水箱总成内的冷却液泵进 PTC 水加热器总成，加热后的冷却液流经暖风芯体，再回至空调暖风副水箱总成，如此循环。加热后的空气，通过鼓风机鼓风将热量送至乘员舱或风窗玻璃，用以提高车厢内温度和除霜（图 6-1-1）。

（2）风扇控制逻辑

空调打开后，且 ECU 检测到中压开关低电平信号后，控制风扇高速转。

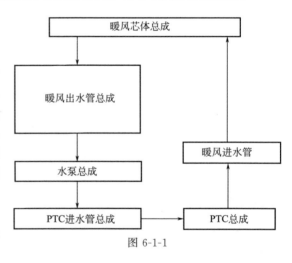

图 6-1-1

注意

风扇高速工作之前，低速风扇必须先运行 2s，然后风扇高速运转。

开启压缩机的同时，空调控制器检测系统压力值，向主控请求电子风扇挡位。

❶ 当空调系统压力＜2.7MPa 时，发送低速挡位。

❷ 当空调系统压力≥2.7MPa 时，发送高速挡位。

6.1.3 空调系统接口定义

空调控制模块插接器如图 6-1-2、表 6-1-1 所示。

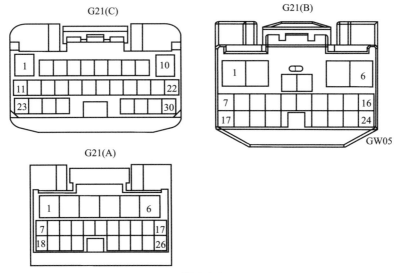

图 6-1-2

表 6-1-1

端子号	端子描述	端子号	端子描述
G21（A）-3	IG1 电	G21（B）-16	电子膨胀阀控制 B
G21（A）-4	空调水泵继电器	G21（C）-2	CAN-H
G21（A）-14	鼓风机继电器输出端	G21（C）-3	CAN-L
G21（A）-18	接地	G21（C）-5	压力温度传感器压力信号
G21（A）-21	压力温度传感器	G21（C）-7	室外温度传感器
G21（A）-22	模式风门电机反馈电压	G21（C）-8	主驾驶吹脚通道传感器
G21（B）-1	冷暖电机反馈电源	G21（C）-9	室内温度传感器
G21（B）-4	电子膨胀阀控制 A 端	G21（C）-10	前蒸发器温度传感器
G21（B）-6	电子膨胀阀控制 A'端	G21（C）-15	压力温度传感器温度信号
G21（B）-12	电子膨胀阀控制 B'端	G21（C）-18	小灯照明电源负输入端

6.1.4 空调系统故障代码

（1）电动压缩机模块故障代码（表 6-1-2）

表 6-1-2

电动压缩机故障码	故障定义	电动压缩机故障码	故障定义
B2AB0	电流采样电路故障	B2AB7	转速异常故障
B2AB1	电机缺相故障	B2AB8	相电压过高故障
B2AB2	IPM/IGBT 故障	B2AB9	负载过大故障
B2AB3	内部温度传感器故障	U2A01	负载电压过压故障
B2AB4	内部电流过大故障	U2A02	负载电压低压故障
B2AB5	启动失败故障	B2ABA	内部低压电源故障
B2AB6	内部温度异常		

(2) PTC 水加热器模块故障代码（表 6-1-3）

表 6-1-3

PTC 故障码	故障定义	PTC 故障码	故障定义
B1212	PTC 驱动组件故障	B122A	冷却液温度传感器断路
B1213	PTC 加热组件故障	B122B	冷却液温度传感器短路
B1216	PTC 回路电流过大	B1239	IG2 电源过压
B1217	控制器内部＋15V 电压异常	B123A	IG2 电源欠压
B1218	IGBT 组件功能失效（一个或多个 IGBT 不受控，常开或常闭）	B123B	负载电源过压
		B123C	负载电源欠压

6.1.5 空调系统故障检查

（1）车上检查

提示

空调系统出现不工作或工作不正常等故障时，会有一些外观的表现。通过直观的检查（眼看、手摸、耳听）能准确又简便地诊断故障所在，迅速排除故障。

❶ 直接观察。仔细观察管路有无破损、冷凝器的表面有无裂纹或油渍。如果冷凝器、蒸发器或其管路某处有油渍，确认有无渗漏，可用皂泡法重点检查渗漏的部位如下。

a. 各管路的接头处和阀的连接处。

b. 软管及软管接头处。

c. 压缩机油封、密封垫等处。

d. 冷凝器、蒸发器等表面有刮伤变形处。

e. 查看电气线路，仔细检查有关的线路连接有无断路之处。

❷ 通过手感检查故障。

a. 检查空调制冷系统高压端接通空调开关，使制冷压缩机工作 10～20min 后，用手触摸空调系统高压端管路及部件。从压缩机出口→冷凝器→干燥罐到膨胀阀进口处，手感温度应是从热到暖。如果中间的某处特别热，则说明其散热不良；如果这些部件发凉，则说明空调制冷系统可能有阻塞、无制冷剂、压缩机不工作或工作不良等故障。

b. 检查空调制冷系统低压端接通空调开关，使制冷压缩机工作 10～20min 后，用手触摸空调系统低压端管路及部件。从蒸发器到压缩机进口处，手感温度应是从凉到冷。如果不凉或是某处出现了霜冻，均说明制冷系统有异常。

c. 检查压缩机出口端温度差。接通空调开关，使制冷压缩机工作 10～20min 后，用手触摸压缩机进出口两端，压缩机的高、低压端应有明显的温度差。如果温差不明显或无温差，则可能是已完全无制冷剂或制冷剂严重不足。

d. 检查线路。用手检查导线插接器连接是否良好，空调系统线路各接插件应无松动和发热。如果接插件有松动或手感接插件表面的温度较高（发热），则说明接插件内部接触不良而导致了空调系统不工作或工作不正常。

❸ 用耳听检查故障。仔细听压缩机有无异响、压缩机是否工作，以判断空调系统不制

冷或制冷不良是否出自压缩机或是压缩机控制电路的问题。

（2）B2A2013 室内温度传感器断路和 B2A2111 室内温度传感器短路故障诊断

❶ 电路图（图 6-1-3）。

❷ 检查室内温度传感器。

a. 断开室内温度传感器连接器 G05，取下室内温度传感器。

b. 按照表 6-1-4 测量阻值。

表 6-1-4

端子	条件/℃	下限值/kΩ	上限值/kΩ
1-2	-25	126.4	134.7
	-10	54.60	57.65
	0	32.25	33.69
	10	19.68	20.35
	20	12.37	12.67
	30	7.95	8.14
	50	3.51	3.66

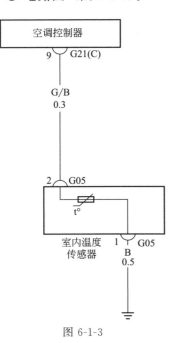

图 6-1-3

如果异常，则更换室内温度传感器。如果正常，则检查线束（室内温度传感器 AC ECU）。

❸ 检查线束（室内温度传感器 AC ECU）。

a. 断开前室内温度传感器连接器 G05。

b. 断开 AC ECU 连接器 G21（C）。

c. 检查端子间阻值（表 6-1-5）。

表 6-1-5

端子	线色	正常情况
G05-2-G21(C)-9	G/B	小于 1Ω
G05-1-车身地	B	小于 1Ω
G05-1-G05-2	—	大于 10kΩ

如果异常，则更换线束。如果正常，则更换空调控制器（AC ECU）。

（3）B2A2413 蒸发器温度传感器断路和 B2A2511 蒸发器温度传感器短路故障诊断

❶ 电路图（图 6-1-4）。

❷ 检查蒸发器温度传感器。

a. 断开蒸发器温度传感器连接器 HG06，取下蒸发器温

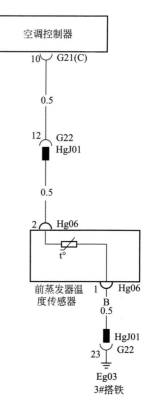

图 6-1-4

度传感器。

b. 按照表 6-1-6 测量阻值。如果异常，则更换蒸发器温度传感器。如果正常，则检查线束（蒸发器温度传感器 AC ECU）。

表 6-1-6

端子	条件/℃	下限值/kΩ	上限值/kΩ
1-2	−20	14.82	16.38
	0	5.081	5.559
	10	3.101	3.359
	15	2.466	2.644
	20	1.946	2.106
	30	1.276	1.354
	40	0.845	0.897

❸ 检查线束（蒸发器温度传感器 AC ECU）。

a. 断开空调系统连接器 G21（C）。

b. 断开蒸发器温度传感器 HG06。

c. 根据图 6-1-5 和表 6-1-7 的表检查端子间阻值。如果异常，则更换线束。如果正常，则更换空调控制器（AC ECU）。

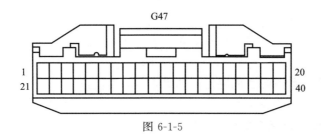

图 6-1-5

表 6-1-7

端子	线色	正常情况
G21(C0-10-HG06-2)	Br	小于1Ω
HG06-1-车身地	B	
HG06-1-HG06-2	—	大于10kΩ

6.1.6 空调系统关键零件拆装

（1）空调面板拆装

1）拆卸。

❶ 将电源挡位退至 OFF 挡。

❷ 断开蓄电池负极。

❸ 拆卸组合仪表盖罩。

❹ 拆卸仪表板中盖板（可不取下，只将其下部分翘起）。

❺ 拆卸中控装饰条。

❻ 拆卸换挡机构盖板。

❼ 拆卸点烟器盒。

❽ 拆卸空调面板。
a. 用十字螺丝刀拆卸两固定螺栓。
b. 用一字螺丝刀小心撬起周边卡扣。
c. 取出空调面板,断开后面板接插件。
2)安装。
❶ 安装空调面板。将空调面板放入固定位置,接上后面接插件。
❷ 安装点烟器盒(十字螺丝刀固定2个自攻螺钉)。
❸ 安装换挡机构盖板。
❹ 安装中控装饰条。
(2) PTC的拆装
1)拆卸。
❶ 将电源挡位退至OFF挡。
❷ 断开蓄电池负极。
❸ 拆掉四合一控制装置。
❹ 拆掉连接PTC的暖风管路。
❺ 拆卸PTC。
a. 断开PTC上的接插件。
b. 用棘轮扳手拆卸2个固定螺栓和1个双头螺柱,取下PTC。
2)安装。
❶ 安装PTC。
a. 将PTC与大支架固定,用棘轮扳手打紧2个固定螺栓和1个双头螺柱。
b. 接上PTC上的接插件。
❷ 接上连接PTC的暖风管路。
❸ 装上四合一控制装置。
❹ 加注冷却液。
❺ 接上蓄电池负极。

6.2 比亚迪E6纯电动汽车

6.2.1 空调系统简介

(1)电动空调系统组成

电动空调系统组成与常规车型类似,主要由HVAC总成、空调风管总成、空调管路总成、电动压缩机、冷凝器、空调控制面板及其相关传感器、空调驱动器等组成。其中空调驱动器与DC/DC布置于同一壳体中,位于前舱左侧,而由电加热模块(PTC)取代了暖风芯体,布置于HVAC总成中(图6-2-1)。

(2)空调压缩机

空调压缩机参数见表6-2-1。

表 6-2-1

工作电压	320V	压缩机油型号	RL68H
制冷剂型号	R134a	压缩机油加注量	120mL
制冷剂加注量	550g		

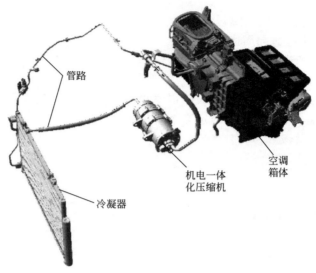

图 6-2-1

6.2.2 空调系统工作原理

供暖系统原理：供暖系统采用空调驱动器驱动 PTC 加热器制热，通过鼓风机吹出的空气将 PTC 散发出的热量送到车厢内或风窗玻璃，用以提高车厢内温度并除霜（图 6-2-2）。

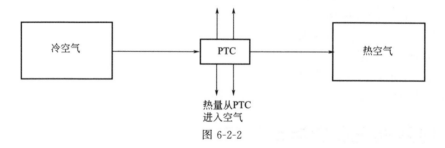

图 6-2-2

6.2.3 空调系统接口定义

（1）空调控制器 G51 连接器接口定义（表 6-2-2）

表 6-2-2

端子号	端子描述	正常值
G51-7	高/低压力开关信号输入端	11～14V
G51-8	中压压力开关信号输入端	
G51-24	ON 挡电源输入端	
G51-23		
G51-17	搭铁	小于 1Ω
G51-18		
G51-21		

(2) 空调控制器 G52 连接器接口定义（表 6-2-3）

表 6-2-3

端子号	端子描述	正常值
G52-9	鼓风机反馈端	反馈信号
G52-12	PTC 温度传感器输入端	温度信号
G52-5	室内温度传感器接地	小于 1Ω
G52-15	室内温度传感器输入端	温度信号
G52-14	日光照射传感器输入端	光照信号
G52-6	室外温度传感器接地	小于 1Ω
G52-16	室外温度传感器输入端	温度信号
G52-7	蒸发器温度传感器接地	小于 1Ω
G52-13	蒸发器温度传感器输入端	温度信号
G52-11	出风模式风门位置反馈端	风门位置信号
G52-10	冷暖风门位置反馈端	
G52-8	冷暖风门电机及模式电机高电位端	约 5V

6.2.4 空调系统故障代码

故障诊断码如表 6-2-4 所示。

表 6-2-4

故障诊断码(DTC)	故障描述	故障诊断码(DTC)	故障描述
B2A02	室外温度传感器	B2A0D	温控开关故障
B2A03	蒸发器温度传感器	B2A0E	主控不允许故障
B2A04	室内温度传感器	B2A1D	空调驱动器电机故障
B2A05	PTC 温度传感器	B2A1F	主控未吸合空调继电器
B2A06	高低压力故障	B2A20	电池电量严重报警
B2A07	电量不足,压缩机停止	B2A21	电池电量一般报警
B2A09	EEPROM	U0164	空调模块通信故障

6.2.5 空调系统故障检查

(1) B2A02 室外温度传感器故障诊断

❶ 电路图（图 6-2-3）。

❷ 检查室外温度传感器。

a. 拆下室外温度传感器。

b. 根据图 6-2-4 和表 6-2-5 测量传感器两端子在不同温度下的电阻。如果异常，则更换室外温度传感器。如果正常，则检查线束（室外温度传感器-空调控制器）。

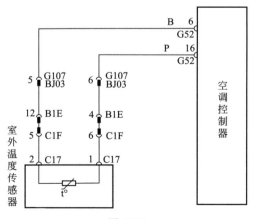

图 6-2-3

表 6-2-5

图 6-2-4

端子	条件/℃	正常值/kΩ
1-2	5	21.37～22.28
	15	13.81～14.41
	25	9.051～9.320

注意

轻微的接触温度传感器都会引起电阻值的改变，确保手持传感器的接插件部位。在测量电阻时，温度传感器的温度必须与环境温度一致。

❸ 检查线束（室外温度传感器-空调控制器）。

a. 拔下室外温度传感器 C17 连接器。

b. 拔下空调控制器 G52 连接器。

c. 根据图 6-2-5 和表 6-2-6 测量线束端连接器各端子间电阻。如果异常，则更换线束或连接器。如果正常，则更换空调控制器。

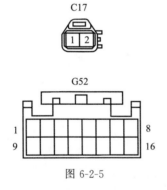

图 6-2-5

表 6-2-6

端子	正常值
C17-1-G52-16	小于 1Ω
C17-2-G52-6	
C17-1-车身地	大于 10kΩ
C17-2-车身地	

（2）B2A03 蒸发器温度传感器故障诊断

❶ 电路图（图 6-2-6）。

❷ 检查蒸发器温度传感器。

a. 拆下蒸发器温度传感器。

b. 测量传感器两端子在不同温度下的电阻（表 6-2-7）。如果异常，则更换蒸发器温度传感器。如果正常，则检查线束（蒸发器温度传感器-空调控制器）。

表 6-2-7

端子	条件/℃	正常值/kΩ
1-2	10	3.141～3.290
	15	2.482～2.600
	20	1.928～1.998

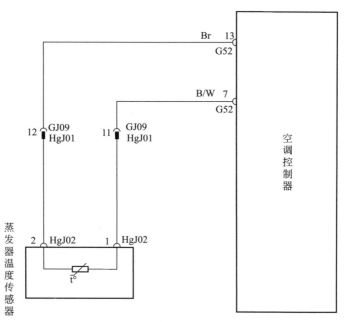

图 6-2-6

 注意

轻微的接触温度传感器都会引起电阻值的改变，确保手持传感器的接插件部位。在测量电阻时，温度传感器的温度必须与环境温度一致。

❸ 检查线束（蒸发器温度传感器-空调控制器）。

a. 拔下蒸发器温度传感器 Hg02 连接器。

b. 拔下空调控制器 G52 连接器。

c. 测量线束端连接器各端子间电阻（表 6-2-8）。如果异常，则更换线束或连接器。如果正常，则更换空调控制器。

表 6-2-8

端子	正常值
Hg02-1-G52-7	小于 1Ω
Hg02-2-G52-13	
Hg02-1-车身地	大于 10kΩ
Hg02-2-车身地	

(3) B2A05 PTC 温度传感器

❶ 电路图（图 6-2-7）。

❷ 检查 PTC 温度传感器。

a. 拆下 PTC 制热模块。

b. 测量 PTC 温度传感器在不同温度下两端子间电阻。如果异常，则更换 PTC 制热模块。如果正常，传感器无短路、断路，阻值随着温度变化有规律的变化，则检查线束（PTC 制热模块-空调控制器）。

❸ 检查线束（PTC 制热模块-空调控制器）。

a. 从空调箱体 GJ09 连接器后侧引线。

b. 拔下空调控制器 G51、G52 连接器。

c. 根据图 6-2-8 和表 6-2-9 测量线束端连接器各端子间电阻。如果异常，则更换线束或连接器。如果正常,则更换空调控制器。

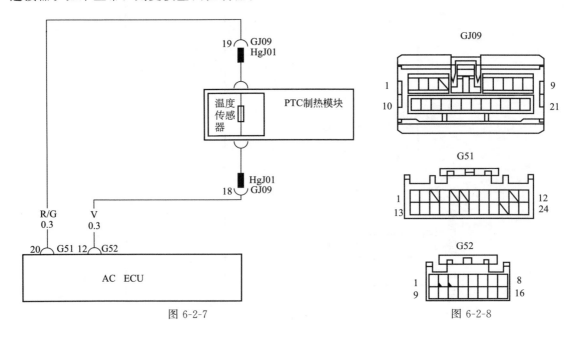

图 6-2-7   图 6-2-8

表 6-2-9

端子	正常值
GJ09-19-G51-20	小于1Ω
GJ09-18- G52-12	

6.2.6 空调系统关键零件拆装

(1) 电动压缩机拆装

1) 拆卸压缩机。

❶ 拆卸维修前的工作。

a. 电源挡位退至 OFF 挡。

b. 拔下紧急维修开关。

c. 蓄电瓶断电。

❷ 拆卸前驱动力系统总成。

❸ 断开管路与接插件。

❹ 拆卸 2 个螺栓+螺母与 2 个螺栓。

❺ 取下压缩机。

2) 安装压缩机。

❶ 将压缩机对准安装孔。

❷ 用扭力扳手拧紧 4 个螺栓,拧紧力矩为 44N·m。

❸ 安装管路,压缩机吸入管、排出管与压缩机连接的紧固件的拧紧力矩为 10N·m。

❹ 接上接插件。

(2) 室外温度传感器拆装。

1) 拆卸室外温度传感器。

❶ 拆卸前保险杠总成。
❷ 断开1个接插件。
❸ 脱开1个卡子。
❹ 取下室外温度传感器。
2) 安装室外温度传感器。
❶ 接合1个卡子，装上室外温度传感器。
❷ 接上1个接插件。
❸ 安装前保险杠总成。

6.3 北汽 E150EV 纯电动汽车

6.3.1 空调系统维修说明

❶ 维修空调系统时，应保持环境和工具整洁。
❷ 维修 PTC 系统前，必须断开蓄电池负极电缆。
❸ 进行制冷剂相关操作时，做好人身安全防护，避免接触、吸入制冷剂。
❹ 检修空调管路时，必须在良好的通风环境中作业，禁止焊接含有制冷剂的空调系统。
❺ 禁止将制冷剂直接排放到大气中，应使用专用设备进行回收，并根据相关规定处理废旧制冷剂。
❻ 装有制冷剂的容器应在阴凉处存放，避免存放在阳光照射及高温区域，以免发生膨胀爆裂。
❼ 压缩空气与制冷剂混合可形成可燃气体。
❽ 空调系统使用 R-134a 型制冷剂。
❾ 应使用 R-134a 型制冷剂的维修专用设备进行维修作业。
❿ 在加注制冷剂前，先进行系统抽真空，约 15～30min。
⓫ 制冷剂、制冷剂润滑油的储藏必须按要求存放，并防止空气中的水分或其他杂质渗入，禁止使用没有密封储藏的制冷剂润滑油及过期制冷剂。

6.3.2 空调系统工作原理

（1）制冷系统
制冷系统与传统汽车空调制冷系统并无太大的差别。
（2）PTC 加热
PTC 又称暖风加热器，是汽车制造热风的主要来源，PTC 最大的优势就是发热速度快，温度高（可控）、使用方便。该部件装于暖风蒸发箱总成内部。技术参数如表 6-3-1 所示。

表 6-3-1

序号	项目	技术要求
1	额定输入电压	380V DC
2	额定功率	2000W
3	功率偏差率	－10%～＋10%
4	最大起始电流	13A
5	冷态电阻	80～300Ω

6.3.3 空调系统接口定义

(1) PTC 低压插接器（图 6-3-1、表 6-3-2）

(2) PTC 高压插接器（图 6-3-2、表 6-3-3）

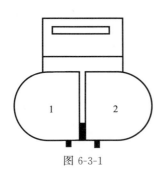

图 6-3-1

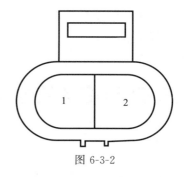

图 6-3-2

表 6-3-2

针脚号	针脚功能	线束走向
1	温控开关控制输出	整车控制器
2	温控开关控制输入	高压控制盒继电器

表 6-3-3

针脚号	针脚功能	线束走向
1	PTC 高压供电	高压控制盒负极
2		高压控制盒正极

6.3.4 空调系统故障代码及诊断

(1) 出风口间断有冷气故障诊断（表 6-3-4）

表 6-3-4

序号	检查步骤	检查结果		操作方法
		正常	有故障	
0	初步检查			
	检查制冷剂循环回路内是否有水分	进行第 1 步	制冷剂循环回路内有水分	空调系统抽真空，更换干燥贮液罐
1	检查蒸发器温度传感器	正常	有故障	操作方法
	检查蒸发器温度传感器是否损坏	进行第 2 步	蒸发器温度传感器损坏	检查蒸发器温度传感器，必要时更换
2	检查空调压力传感器	正常	有故障	操作方法
	检查空调压力传感器信号是否错误	进行第 3 步	空调压力传感器信号错误	更换空调压力传感器
3	检查空调压缩机	正常	有故障	操作方法
	检查空调压缩机是否损坏	进行第 4 步	空调压缩机损坏	更换空调压缩机
4	检查操作	正常	有故障	操作方法
	正确检修操作后，检查故障是否出现	诊断结束	故障未消失	从其他症状查找故障原因

(2) 空调压缩机异响故障诊断（表 6-3-5）

表 6-3-5

序号	检查步骤	检查结果		
0	初步检查	正常	有故障	操作方法
	检查空调压缩机安装是否松动	进行第 1 步	压缩机安装松动	紧固压缩机
1	检查压缩机本体	正常	有故障	操作方法
	检查压缩机轴承是否损坏	进行第 2 步	压缩机本体损坏	更换空调压缩机
2	检查操作	正常	有故障	操作方法
	正确检修操作后，检查故障是否出现	诊断结束	故障未消失	从其他症状查找故障原因

（3）空调压缩机不制冷故障诊断（表 6-3-6）

表 6-3-6

序号	检查步骤	检查结果		
0	初步检查	正常	有故障	操作方法
	检查压缩机是否工作	进行第 1 步	压缩机不工作	检查电路
1	检查	正常	有故障	操作方法
	检查低压熔丝是否熔断	进行第 2 步	熔丝熔断	更换熔丝
2	检查高压熔断器	正常	有故障	操作方法
	检查高压熔断器是否熔断	进行第 3 步	高压熔断器熔断	更换高压熔断器熔断
3	检查空调继电器	正常	有故障	操作方法
	检查空调继电器是否损坏	进行第 4 步	空调继电器损坏	更换空调继电器
4	检查控制器(VCU)	正常	有故障	操作方法
	检查控制器(VCU)是否损坏	进行第 5 步	控制器(VCU)损坏	更换控制器(VCU)
5	检查空调控制器电路	正常	有故障	操作方法
	检查空调控制器供电正常	进行第 6 步	空调控制器短路或断路	维修供电线路
6	检查空调控制器	正常	有故障	操作方法
	检查空调控制器是否损坏	进行第 7 步	空调控制器损坏	更坏空调控制器
7	检查蒸发器温度传感器	正常	有故障	操作方法
	检查蒸发器温度传感器是否失效	进行第 8 步	蒸发器温度传感器失效	更换蒸发器温度传感器
8	检查制冷系统压力	正常	有故障	操作方法
	检查制冷系统是否压力不足	进行第 9 步	制冷系统压力不足	检查管路泄漏，必要时补充制冷剂
9	检查制冷剂	正常	有故障	操作方法
	检查制冷剂是否不足或过量	进行第 10 步	制冷剂不足或过量	调整制冷剂量符合标准值
10	检查膨胀阀	正常	有故障	操作方法
	检查膨胀阀是否堵塞或失效	进行第 11 步	膨胀阀堵塞或失效	更换膨胀阀
11	检查空调压缩机	正常	有故障	操作方法
	检查空调压缩机是否损坏	进行第 12 步	压缩机损坏	更换空调压缩机
12	检查操作	正常	有故障	操作方法
	正确检修操作后，检查故障是否出现	诊断结束	故障未消失	从其他症状查找故障原因

(4) 空调系统压力过低故障诊断（表 6-3-7）

表 6-3-7

序号	检查步骤	检查结果		
0	初步检查	正常	有故障	操作方法
	检查空调管路是否泄漏	进行第 1 步	空调管路有泄漏	更换空调管路
1	检查制冷剂	正常	有故障	操作方法
	检查制冷剂是否不足	进行第 2 步	制冷剂不足	调整制冷剂量符合标准值
2	检查膨胀阀	正常	有故障	操作方法
	检查膨胀阀是否堵塞或失效	进行第 3 步	膨胀阀是否堵塞或失效	更换膨胀阀
3	检查压缩机	正常	有故障	操作方法
	检查压缩机是否损坏	进行第 4 步	压缩机是否损坏	更换空调压缩机
4	检查操作	正常	有故障	操作方法
	正确检修操作后，检查故障是否出现	诊断结束	故障未消失	从其他症状查找故障原因

(5) 空调系统压力过高故障诊断（表 6-3-8）

表 6-3-8

序号	检查步骤	检查结果		
0	初步检查	正常	有故障	操作方法
	检查冷凝器散热片是否堵塞	进行第 1 步	冷凝器散热器片堵塞	清洗或更换冷凝器
1	检查电子风扇	正常	有故障	操作方法
	检查电子风扇是否损坏	进行第 2 步	电子风扇损坏	检查电子风扇，必要时更换电子风扇总成
2	检查制冷剂	正常	有故障	操作方法
	检查制冷剂是否过量	进行第 3 步	制冷剂过量	调整制冷剂量至比标准值
3	检查膨胀阀	正常	有故障	操作方法
	检查膨胀阀是否堵塞或失效	进行第 4 步	膨胀阀堵塞或失效	更换膨胀阀
4	检查压缩机	正常	有故障	检查操作
	检查压缩机是否损坏	诊断结束	压缩机损坏	更坏空调压缩机
5	检查操作	正常	有故障	检查操作
	正确检修操作后，检查故障是否出现	诊断结束	故障未消失	从其他症状查找故障原因

6.3.5 空调系统关键零件拆装

(1) PTC 拆装

❶ 拆卸 PTC。

a. 将车钥匙置于 OFF 挡。

b. 断开低压蓄电池负极电缆。

c. 旋出子母扣。

d. 将副仪表右前挡板从副仪表骨架总成中撬出（图 6-3-3）。

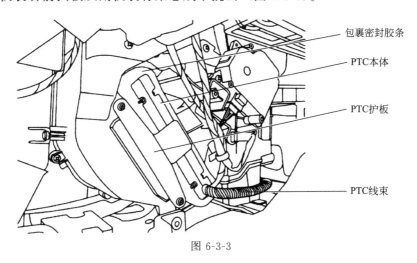

图 6-3-3

e. 拔掉 PTC 高压接插件。

 注意

在断开高压 5min 之后，使用万用表确认无高压后进行。

f. 拔掉 PTC 低压接插件。
g. 将 PTC 护板固定螺钉拧下，拆下护板。
h. 抽出 PTC 本体。

 提示

小心 PTC 温度，防止烫伤。

❷ 安装 PTC。安装以拆卸的倒序进行。

 注意

安装 PTC 本体前，进行以下检查：PTC 无有无磕碰、裂纹、损伤；PTC 本体的绝缘性。

（2）进风室总成拆装
❶ 拆卸。
a. 拆卸仪表板横梁。
b. 旋出螺母。螺母拧紧力矩：6～12N·m。
c. 松开暖风蒸发箱总成螺母。
d. 脱开循环电机连接插头。
e. 取下进风室总成。

图 6-3-4

❷ 安装。安装以倒序进行。

(3) 鼓风电机拆装

❶ 拆卸。

a. 拆卸仪表板横梁。

b. 旋出鼓风电机紧固螺钉箭头 B（图 6-3-4）。

c. 脱开鼓风电机上的连接插头 2。

d. 将鼓风电机沿箭头 A 方向略微旋转，并从暖风蒸发箱总成壳体中取出鼓风电机 1。

❷ 安装。安装以拆卸倒序进行。

6.4 北汽 EV160/EV200 纯电动汽车

6.4.1 空调系统简介

电动压缩机技术参数见表 6-4-1。

表 6-4-1

工作电压范围	220～420V	最小使用转速	1500r/min
额定输入电压	384V	转速误差	<1%
实际定输入功率	1000～1500W	排量	27mL/r
控制电源电压范围	9～15V	制冷剂	R134a
控制电源最大输入电流	500mA	冷冻油	RL68H(POE68)
电机类型	直流无刷无传感器电机,6 极	最大使用制冷量	2500W
最大使用转速	3500r/min		

6.4.2 空调系统工作原理

(1) 制冷系统

制冷系统与传统汽车空调制冷系统并无太大的差别。

(2) PTC 加热

PTC 又称暖风加热器，是汽车制造热风的主要来源，PTC 最大的优势就是发热速度快，温度高（可控）、使用方便。该部件装于暖风蒸发箱总成内部。PTC 技术参数如表 6-4-2 所示。

表 6-4-2

项目	技术要求	试验条件
额定输入电压	随动力电池电压	336V
额定功率	3500W	环境温度:(25±1)℃ 施加电压:(384±1)V 风速:4.5m/s
功率偏差率	−10%～+10%	
冷态最大起始电流	20A	环境温度:(25±1)℃ 施加电压:(336±1)V
单级冷态电阻	80～300Ω	在(25±1)℃环境下,放置 30min 后测量

6.4.3 空调系统接口定义

电动压缩机引脚定义如表 6-4-3 所示。电动压缩机针脚如图 6-4-1 所示。

表 6-4-3

接插件	端口	接口定义	备注
高压两芯 （动力接口）	A	高压正	控制器与动力 电池连接
	B	高压负	
低压六芯 （控制信号接口）	1	12VDC 正极	控制器与低压 控制系统连接
	2	高低压互锁信号	
	3	高低压互锁信号	
	4	地	
	5	CAN-H	
	6	CAN-L	

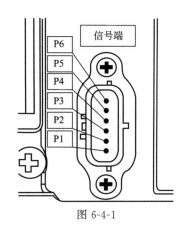

图 6-4-1

6.4.4 空调系统故障诊断

空调系统故障诊断流程如下。

(1) 确认空调制冷问题

需要维修人员启动空调 A/C，实际确认空调制冷功能是否异常。并检查管路中是否存在制冷剂泄漏点（图 6-4-2）。

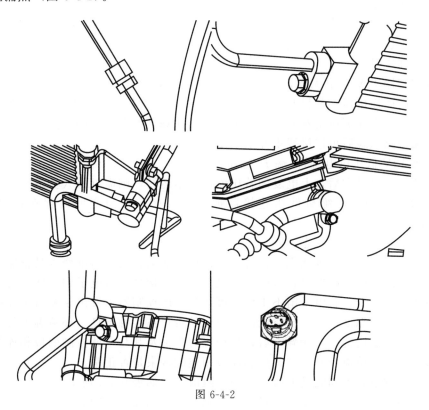

图 6-4-2

(2) 测量空调平衡压力

需要维修人员将空调系统关机，连接压力表后静置数分钟，待空调高、低压力数值趋于一致后读取，此数值为此时空调系统平衡压力。若平衡压力在 0.5～0.75MPa 范围内，则空调系统内制冷剂加注量基本正常，若平衡压力大于 0.75MPa，则系统内制冷剂加注量高于正常值，若平衡压力小于 0.5MPa，则系统内制冷剂少于正常值。制冷剂过多或过少均可能引起空调系统制冷性能衰减，均应按照标准数值要求重新加注制冷剂。

注：相同的制冷剂加注量在不同的环境温度下产生的系统压力略有差异，天气较热时压力偏高，反之偏低。常温下理想数值约为 0.6～0.7MPa。

(3) 测量系统工作压力

在确认平衡压力正常后，需要维修人员启动空调 A/C 功能，使空调制冷系统运转后测量工作状态下的高、低压管路压力。

压缩机启动后，当管路压力变化稳定后读数。若高压高于 2.0MPa，则认为高压端压力过高，若高压低于 0.9MPa，则认为高压端压力过低；若低压高于 0.35MPa，则认为低压端压力过高，若低压低于 0.1MPa，则认为低压端压力过低。

注：测试过程中建议设置为三至五挡风速、最大制冷、吹面模式、内循环，对车辆门窗开闭状态无特殊要求。

相同的制冷剂加注量、压缩机转速、压缩机排量条件下，在不同的环境温度工作时产生的系统压力略有差异，天气较热时整体压力偏高，反之整体偏低。夏季 30℃ 环境下理想数值为高压 1.0～1.5MPa，低压 0.2～0.3MPa。

(4) 检查低压保险

在确认压缩机无法工作后，需要维修人员断开压缩机低压连接器并打开前舱低压保险盒，检查并判断压缩机低压连接器是否存在松脱、压缩机低压熔丝是否存在熔断。若存在熔丝熔断，需在更换熔丝后检查压缩机低压插脚是否存在 12V 输入脚与 GND 脚短路，须确认无短路风险后再连接线束并上电复测。

(5) 检查高压保险

压缩机控制器 12V 供电无异常且仍不运转，须继续检查高压供电是否正常。维修人员需断开压缩机高压连接器，并打开高压盒（或 PDU）检查压缩机高压熔丝是否熔断。若存在高压熔丝熔断，需在更换熔丝后检查压缩机高压插脚是否存在短路、高压线束是否存在短路，须确认无短路风险后再连接线束并上电复测。

(6) 检查 12V 低压供电/插件端子/低压继电器

高压确认无供电异常后，上电复测若压缩机仍不运转，则需维修人员继续检查空调继电器是否存在接触不良、压缩机低压连接器护套是否存在破损变形而存在接触不良等现象（图 6-4-3）。

(7) 判断散热风扇工作状态

压缩机高、低压电源均确认无异常且压缩机仍无法运转的，需维修人员根据前端电子扇工作情况间接判断空调控制器是否未向压缩机发出工作指令。若电子扇工作，可认为空调控制器已经发出运转指令，若电子扇不工作，可认为空调控制器未发出压缩机工作指令，此时需维修人员检查环境温度传感器与空调控制面板是否存在接触不良、环境温度传感器本身是否损坏。确认环境温度传感器无异常后，检查压力开关及其与空调控制面板相连的线束是否正常、蒸发器温度传感器及其与空调控制面板相连的线束是否正常。

环境温度传感器在不同温度下所对应的电阻值参考如表 6-4-4 所示。

蒸发温度传感器在不同温度下所对应的电阻值参考如表 6-4-5 所示。

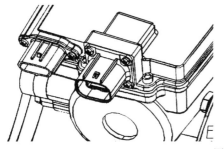 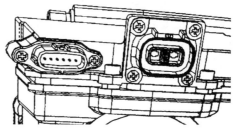

图 6-4-3

表 6-4-4

温度/℃	参考阻值/kΩ	温度/℃	参考阻值/kΩ
−35	37.00	25	2.20
0	6.27	30	1.82
5	5.02	35	1.51
10	4.05	40	1.26
15	3.29	80	0.36
20	2.68		

表 6-4-5

温度/℃	参考阻值/kΩ	温度/℃	参考阻值/kΩ
−35	37.00	25	2.20
0	6.27	30	1.82
5	5.02	35	1.51
10	4.05	40	1.26
15	3.29	80	0.36
20	2.68		

压力开关技术参数如表 6-4-6 所示。

表 6-4-6

低压值	0.196MPa
中压值	1.732MPa
高压值	3.14MPa
当压力小于 0.196MPa 或者大于 3.14MPa	空调系统受到保护,压缩机停机
当压力大于 0.196MPa 且小于 1.732MPa	空调系统可以正常工作,冷凝风速低速运转
当压力大于 1.732MPa 且小于 3.14MPa	空调系统可以正常工作,冷凝风速高速运转

6.5 荣威 E50 纯电动汽车

6.5.1 空调系统

(1) 简介

暖风、通风与空调系统控制车辆内部温度及空气分配。该系统包含有空调滤清器、空调箱总成、分配风道及控制系统。新鲜空气从空调滤清器总成流入空调箱总成内,通过鼓风机使空气流过整个系统。根据控制面板上的设置,空气被加热或冷却并通过分配风道,提供给仪表板、车门及地板上的出风口。

该纯电动驱动车型上安装一种电子控制空调系统，在电子控制空调系统中，进气、出气温度、空气分配及鼓风机速度等功能都是手动选择的。与传统车辆上配置的暖风、通风与空调系统不同的是，该纯电动驱动车辆上配置的暖风、通风与空调系统使用的是电空调压缩机和电加热器。

(2) 暖风和通风部件 (图 6-5-1)

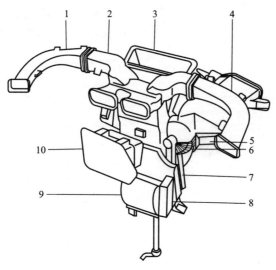

图 6-5-1

1—左仪表板出风管；2—中央出风风道；3—前挡风玻璃出风口；4—右仪表板出风管；5—空调控制器总成；6—循环控制风门；7—乘客舱空气滤清器；8—空调箱加热模块；9—空调箱；10—空调与娱乐控制面板

(3) 空调 (A/C) 制冷系统 (图 6-5-2)

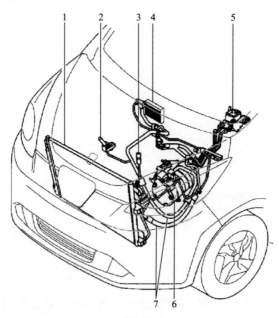

图 6-5-2

1—冷凝器；2—低压维修接头；3—高压维修接头；4—蒸发箱；5—电池冷却器 (Chiller)；6—电空调压缩机；7—空调管路

6.5.2 空调系统关键零件介绍

（1）电动压缩机

电空调压缩机通过压缩来自蒸发器的低压、低温蒸汽，并将其加载成到冷凝器的高压、高温蒸汽的方式，使制冷剂环绕系统循环。电空调压缩机安装在减速器的安装支架下，通过高压电机驱动。该电空调压缩机是一个定排量的压缩机，可以通过高压电机转速的变化向空调系统提供所需要的制冷剂量（图6-5-3）。

（2）热力膨胀阀

膨胀阀可调节制冷剂的流量，使制冷剂流量与通过蒸发器芯体的空气热负荷相匹配。热力膨胀阀安装在蒸发器的进口接口及出口接口上。该阀有一个铝制的壳体，壳体内有进口及出口通道。在进口通道内安装有计量阀，计量阀由连接在膜片上的热敏管控制。膜片顶部充有制冷剂可感应蒸发器出口压力，而热敏管感应蒸发器出口温度。通过调整热力膨胀阀开度使得受力平衡，保证蒸发器出口的合适的过热度，达到制冷量与空气热负荷平衡（图6-5-4）。

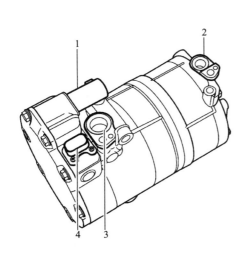

图 6-5-3
1—高压线束连接器；2—进气口；
3—出气口；4—低压线束连接器

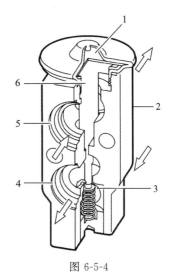

图 6-5-4
1—膜片；2—壳体；3—计量阀；4—至蒸发器的进口通道；5—自蒸发器的出口通道；6—热敏管

（3）空调压力传感器

压力传感器起到以下作用。

❶ 监视空调系统制冷剂压力，以调节电空调压缩机转速。

❷ 如果制冷剂压力超过指定值时，则关闭电空调压缩机。

❸ 监视空调系统制冷剂压力，以调节 M PWM 冷却风扇转速（表6-5-1）。

表 6-5-1

电空调压缩机状态	开启	关闭
制冷剂压力	<2.8MPa	≥2.8MPa

如果空调压力超过关闭压力的阈值时，电空调压缩机就会关闭。由于电空调压缩机是由制冷剂中悬浮的润滑油润滑，若系统中的制冷剂压力最小从而使制冷剂和润滑油最少时，应防止电空调压缩机运行。当制冷剂压力增大到需要额外的冷凝时，VCU 使冷却风扇继电器

单元接地,以请求相应的冷却风扇转速。

如果传感器发生故障,驾驶员可能会发现空调系统根本没有运行或在一段时间后停止。传感器可能出现以下故障情况

❶ 由于错误地加注制冷剂而造成制冷剂压力太高。

❷ 内部短路。

❸ 外部线路开路。

❹ 外部线路对 12V 电源短路。

❺ 传感器体没有接地。

6.5.3 空调关键零件拆装

(1) 电动压缩机拆装

❶ 拆卸电动压缩机。

a. 回收空调系统制冷剂。

b. 断开蓄电池负极。

c. 拆下蓄电池盒支架。

d. 拆下前舱熔丝盒。

e. 断开电空调压缩机高压线束。

f. 断开电空调压缩机低压控制连接器 1(图 6-5-5)。

g. 分别拆下 2 个将空调管路固定到电空调压缩机上的螺栓 2、3,从电空调压缩机上松开空调管路,并废弃掉密封圈。

注意

要拿塞子堵住断开的接头,以防止污染物的进入。

h. 在举升机上举升车辆。

i. 拆下底部导流板。

j. 拆下将电空调压缩机固定到电空调压缩机安装支架上的 3 个螺栓(图 6-5-6)。

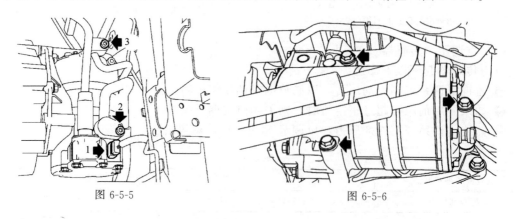

图 6-5-5　　　　　　　　图 6-5-6

k. 在机舱内移动电空调压缩机并拿出电空调压缩机。

❷ 安装电动压缩机。

a. 将电空调压缩机固定到电空调压缩机安装支架上,装上 3 个螺栓拧紧到 26~32N·m,

并检查扭矩。

b. 装上底部导流板。

c. 降低车辆。

d. 取下塞子,在2个与电空调压缩机连接的空调管上装上新的密封圈,并涂上干净的压缩机油。

e. 将2个空调管分别安装到电空调压缩机上,装上2个螺栓拧紧到19~25N·m,并检查扭矩。

f. 连接电空调压缩机低压控制连接器。

g. 连接电空调压缩机高压线束。

h. 装上前舱熔丝盒。

i. 装上蓄电池盒支架。

j. 连接蓄电池负极。

k. 加注空调系统制冷剂。

(2) 冷凝器拆装

❶ 拆卸冷凝器。

a. 断开蓄电池负极。

b. 拆下蓄电池盒支架。

c. 回收空调系统制冷剂。

d. 在举升机上举升车辆。

e. 拆下底部导流板。

f. 排空电机冷却系统。

g. 拆下散热器。

h. 拆下将冷凝器空调液管固定到冷凝器上的1个螺栓,断开管路,并废弃掉密封圈(图6-5-7)。

注意

要拿塞子堵住断开的接头,以防止污染物的进入。

i. 拆下将压缩机到冷凝器空调管固定到冷凝器上的1个螺栓,断开管路,并废弃掉密封圈(图6-5-8)。

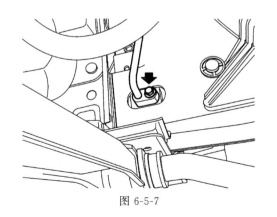

图 6-5-7

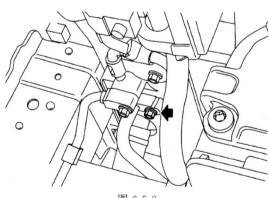

图 6-5-8

j. 拆下将冷凝器固定在冷却风扇罩上的 4 个螺栓，并取下冷凝器（图 6-5-9）。

❷ 安装冷凝器。

a. 将冷凝器固定在冷却风扇罩上，装上 4 个螺栓拧紧到 5N·m，并检查扭矩。

b. 取下塞子，在压缩机到冷凝器空调管上装上新的密封圈，并涂上干净的压缩机油。

c. 将压缩机到冷凝器空调管固定到冷凝器上，装上 1 个螺栓拧紧到 7~11N·m，并检查扭矩。

d. 取下塞子，在冷凝器空调液管上装上新的密封圈，并涂上干净的压缩机油。

e. 将冷凝器空调液管固定到冷凝器上，装上 1 个螺栓拧紧到 7~11N·m，并检查扭矩。

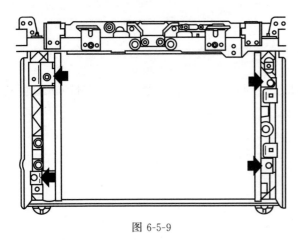

图 6-5-9

f. 装上散热器。

g. 加注空调系统制冷剂。

h. 装上蓄电池盒支架。

i. 连接蓄电池负极。

j. 在举升机上举升车辆。

k. 装上底部导流板。

l. 降低车辆。

m. 加注电机冷却系统。

(3) 空调箱总成拆装

❶ 拆卸空调箱总成。

a. 回收空调系统制冷剂。

b. 断开蓄电池负极。

c. 拆下蓄电池盒支架。

d. 拆下 PEB 总成。

e. 拆下高压配电单元。

f. 拆下将电力电子模块及高压配电单元托盘固定到前横梁总成上的 5 个螺栓，拆下托盘。

g. 拆下熔丝盒。

h. 拆下将空调管路-蒸发器到压缩机空调管 A 和 TXV 进液管固定在膨胀阀上的螺母，断开管路并废弃掉密封圈（图 6-5-10）。

 注意

要拿塞子堵住断开的接头，以防止污染物的进入。

i. 断开膨胀阀连接器（图 6-5-11）。

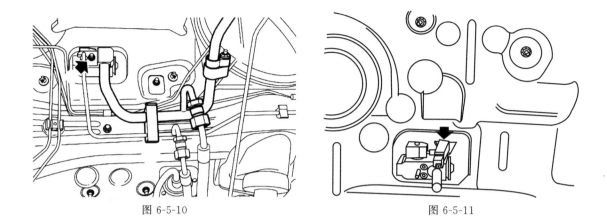

图 6-5-10　　　　　　　　　　　　　　图 6-5-11

j. 拆下中控台。

k. 拆下仪表板（I/P）总成。

l. 拆下仪表板横梁总成。

m. 断开空调箱上连接器，拆下将线束固定到空调箱上的卡钉（图 6-5-12）。

n. 拆下将空调箱固定到车身上的 2 个螺母（图 6-5-13）。

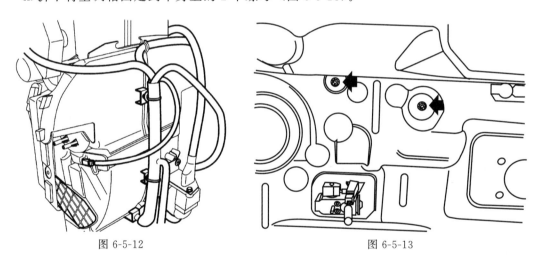

图 6-5-12　　　　　　　　　　　　　　图 6-5-13

o. 拆下将空调箱固定到车身上的 4 个螺栓 1（图 6-5-14）。

p. 拆下将空调控制器固定到空调箱上的螺钉 2。

q. 拆下加热器搭铁线（图 6-5-15）。

r. 断开空调箱底部的排水管，拆下空调箱总成。

❷ 安装空调箱总成。

a. 连接空调箱底部的排水管。

b. 将加热器搭铁线固定好。

c. 将空调箱固定到车身上，装上 2 个螺母拧紧到 7～9N·m，4 个螺栓拧紧到 8～10N·m，并检查扭矩。

d. 将空调控制器固定到空调箱上，装上 2 个螺钉拧紧到 1～1.3N·m，并检查扭矩。

e. 连接空调箱上的连接器，将线束的卡钉固定到空调箱上。

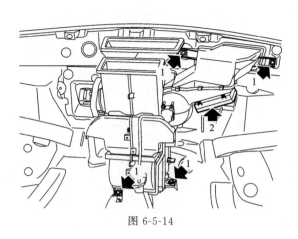
图 6-5-14

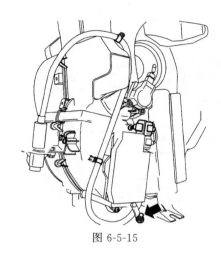
图 6-5-15

f. 装上仪表板横梁总成。

g. 装上仪表板（I/P）总成。

h. 装上中控台。

i. 连接膨胀阀连接器。

j. 取下塞子，在蒸发器到压缩机空调管 A 和 TXV 进液管上装上新的密封圈，并涂上干净的压缩机油。

k. 将空调管路-蒸发器到压缩机空调管 A 和 TXV 进液管固定在膨胀阀上，装上 1 个螺母拧紧到 9~11N·m，并检查扭矩。

l. 装上熔丝盒。

m. 将 PEB 托盘固定到车身上，装上 5 个螺栓拧紧到 19~25N·m，并检查扭矩。

n. 装上高压配电单元。

o. 装上 PEB 总成。

p. 装上蓄电池盒支架。

q. 连接蓄电池负极。

r. 加注空调系统制冷剂。

（4）蒸发器芯拆装

❶ 拆卸蒸发器芯。

a. 回收空调系统制冷剂。

b. 断开蓄电池负极。

c. 拆下空调箱总成。

d. 拆下进气源导管。

e. 拆下将乘客舱空气滤清器盖固定到空调箱上的 2 个螺钉，拆下乘客舱空气滤清器（图 6-5-16）。

f. 拆下蒸发器温度传感器（图 6-5-17）。

g. 拆下将膨胀阀固定到蒸发器芯上的 2 个螺栓，拆下膨胀阀，并废弃掉密封圈（图 6-5-18）。

h. 拆下将空调加热器芯高压线固定到空调箱上的 2 个螺钉 2。

i. 拆下将空调加热器芯高压线连接器固定到空调箱上的 2 个螺钉 1。

j. 拆下将空调加热器芯固定到空调箱上的 2 个螺栓 3，并拆下加热器芯（图 6-5-19）。

图 6-5-16　　　　　　　　　　　图 6-5-17

图 6-5-18　　　　　　　　　　　图 6-5-19

k. 拆下将加热器芯温度传感器固定到空调箱上的 1 个螺钉，拆下加热器芯温度传感器（图 6-5-20）。

l. 拆下将鼓风机固定在空调箱上的 1 个螺钉，拆下鼓风机（图 6-5-21）。

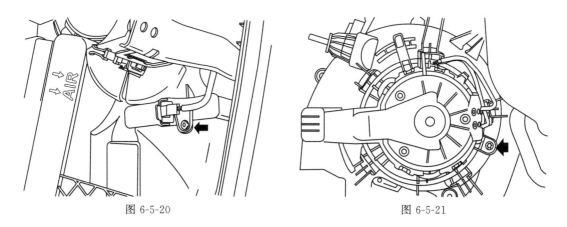

图 6-5-20　　　　　　　　　　　图 6-5-21

m.拆下空调箱壳体连接的11个螺钉、7个卡口,分解开空调箱,拆下蒸发器芯(图6-5-22)。

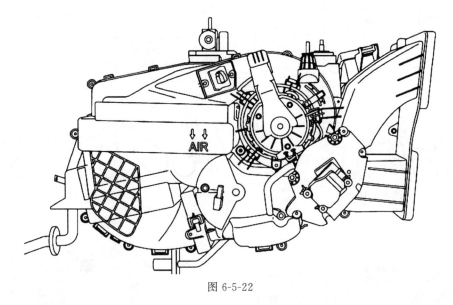

图 6-5-22

❷ 安装蒸发器芯。

a.将蒸发器芯固定在空调箱内,连接好空调箱壳体,装上11个螺钉拧紧到1~1.3N·m,并检查扭矩。

b.将鼓风机固定在空调箱上,装上1个螺钉拧紧到1~1.3N·m,并检查扭矩。

c.将加热器芯温度传感器固定到空调箱上,装上1个螺钉拧紧到1~1.3N·m,并检查扭矩。

d.将空调加热器芯固定到空调箱上,装上2个螺钉拧紧到1~1.3N·m,并检查扭矩。

e.将空调加热器芯高压线连接器固定到空调箱上,装上2个螺栓拧紧,并检查扭矩。

f.将空调加热器芯高压线固定到空调箱上,装上2个螺钉拧紧到1~1.3N·m,并检查扭矩。

g.取下塞子,在蒸发器芯连接管上装上新的密封圈,并涂上干净的压缩机油。

h.将膨胀阀固定到蒸发器芯上,装上2个螺栓拧紧到4.5~5.5N·m,并检查扭矩。

i.装上蒸发器温度传感器。

j.装上乘客舱空气滤清器,将花粉滤清器盖固定到空调箱上,装上2个螺钉拧紧到1~1.3N·m,并检查扭矩。

k.装上进气源导管。

l.装空调箱总成。

m.连接蓄电池负极。

n.加注空调系统制冷剂。

6.5.4 空调系统电路图

空调系统电路图如图6-5-23、图6-5-24所示。

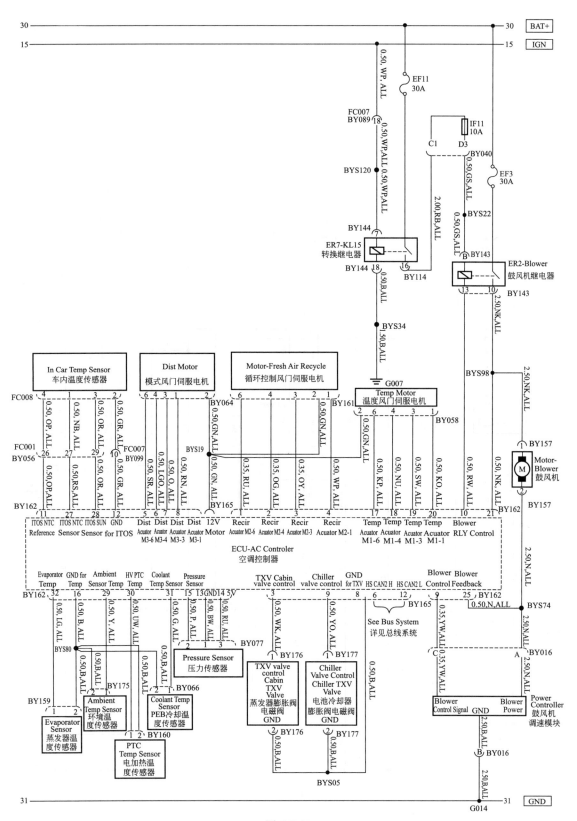

图 6-5-23

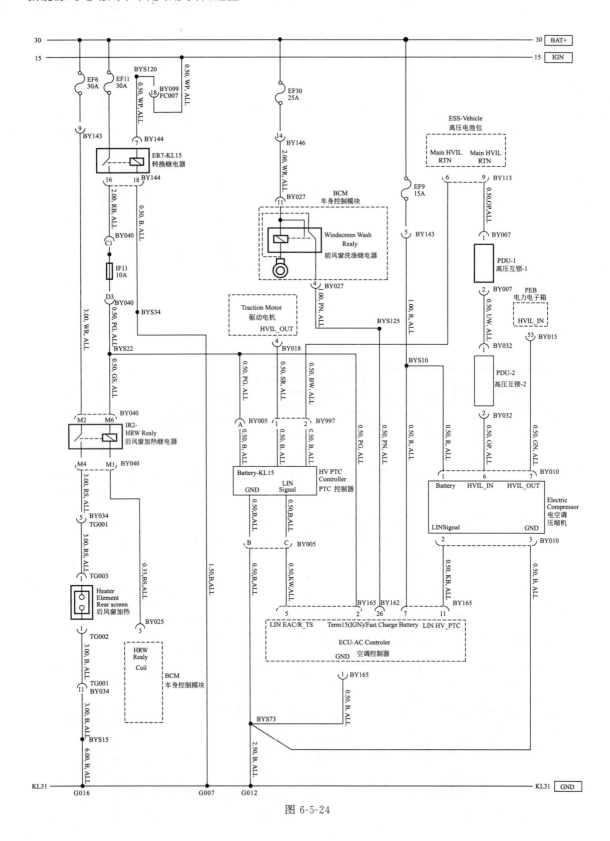

图 6-5-24